城市群与产业集群耦合发展研究

——以呼包鄂城市群为例

付桂军　齐义军　著

中国财经出版传媒集团

经济科学出版社

Economic Science Press

图书在版编目（CIP）数据

城市群与产业集群耦合发展研究：以呼包鄂城市群
为例/付桂军，齐义军著.—北京：经济科学出版社，
2019.1

ISBN 978 - 7 - 5218 - 0241 - 2

Ⅰ.①城…　Ⅱ.①付…②齐…　Ⅲ.①城市群 - 协调
发展 - 产业集群 - 研究 - 内蒙古　Ⅳ.①F299.272.6
②F269.272.6

中国版本图书馆 CIP 数据核字（2019）第 018575 号

责任编辑：宋　涛
责任校对：靳玉环
责任印制：李　鹏

城市群与产业集群耦合发展研究
——以呼包鄂城市群为例

付桂军　齐义军　著

经济科学出版社出版、发行　新华书店经销
社址：北京市海淀区阜成路甲 28 号　邮编：100142
总编部电话：010 - 88191217　发行部电话：010 - 88191522
网址：www. esp. com. cn
电子邮件：esp@ esp. com. cn
天猫网店：经济科学出版社旗舰店
网址：http：//jjkxcbs. tmall. com
北京季蜂印刷有限公司印装
710×1000　16 开　14.5 印张　240000 字
2019 年 1 月第 1 版　2019 年 1 月第 1 次印刷
ISBN 978 - 7 - 5218 - 0241 - 2　定价：45.00 元
（图书出现印装问题，本社负责调换。电话：010 - 88191510）
（版权所有　侵权必究　打击盗版　举报热线：010 - 88191661
QQ：2242791300　营销中心电话：010 - 88191537
电子邮箱：dbts@ esp. com. cn）

本书由国家自然科学基金项目资助出版
项目名称：呼包鄂城市群与产业集群耦合机理及耦合发展模式
研究（项目批准号：71463042）

前　言

　　城市群的形成与发展是经济发展和产业布局的客观反映，是经济发展的主要载体，是支撑世界各主要经济体发展的核心区和增长极，国家间的竞争正日益演化为主要城市群之间的综合实力比拼。进入 21 世纪以来，长三角城市群、珠三角城市群和京津冀城市群等的快速发展使城市群成为我国城市化进程的重要选择，成为我国经济增长的主要推动力量。党的十九大报告明确提出，要"以城市群为主体构建大中小城市和小城镇协调发展的城镇格局，加快农业转移人口市民化。"2018 年 12 月中央经济工作会议指出，要增强中心城市辐射带动力，形成高质量发展的重要助推力。而要做到这一点，就需要提升产业链水平，注重利用技术创新和规模效应形成新的竞争优势，培育和发展新的产业集群。

　　在方创琳划分的 23 个城市群中，呼包鄂城市群是 21 世纪以来经济增长速度最快的城市群，在中国城市群发育水平综合排序中列第 16 位，是中国西部最具增长潜力的城市群。为了进一步促进呼包鄂城市群的发展，内蒙古自治区政府 2012 年批准实施《呼包鄂城市群规划（2010 ~ 2020）》。2018 年 3 月国务院批复《呼包鄂榆城市群发展规划》，为城市群发展提供了规划性指导。呼包鄂城市群作为省域内城市群，在府际合作和产业整合上相对阻力较小，也是呼包鄂榆城市群能否成为中西部地区具有重要影响力城市群的关键。而呼包鄂城市群与产业集群能否实现耦合发展直接关系到呼包鄂城市群发展战略的成败。现阶段呼包鄂城市群与产业集群耦合度如何？存在哪些问题？如何实现呼包鄂城市群与产业集群的耦合发展？这些是摆在我们面前亟待解决的课题。这一课题的解决，对于促进内蒙古这一民族地区经济的可持续发展和地区稳定，实现呼包鄂城市群产业合理布局与谋划新的产业集聚具有重要现实意义，也有利于中国中西部地区新的经济增长极的培育。

本书在系统梳理国内外关于产业集群、城市群、"五化"协同发展、经济发展质量等方面研究文献的基础上，阐释了城市群与产业集群互动机理，揭示了中国城市群与产业集群发展进程，对呼包鄂城市群与产业集群发展现状进行了描述性分析。通过构建城市群与产业集群耦合发展评价指标体系，利用耦合度模型和耦合协调度模型，对呼包鄂城市群与产业集群耦合发展水平进行测度，并通过与哈长城市群、辽中南城市群和长株潭城市群与产业集群耦合发展程度测度的比较分析，揭示呼包鄂城市群与产业集群耦合发展的水平及存在的问题，提出进一步推进呼包鄂城市群与产业集群耦合发展的模式和对策措施，以期推动呼包鄂城市群经济高质量发展。

实现城市群与产业集群耦合发展是推进城市群建设、培育新经济增长点的必然选择。在实现城市群与产业集群耦合发展的进程中，既要发挥市场在资源配置中的决定性作用，又要更好地发挥政府的作用。在政府和市场的双重作用下，城市群与产业集群形成了良性循环的耦合机理。政府通过制定规划和加强交通通信等基础设施建设推进城市群建设，通过产业集群发展规划、园区（或开发区等）建设规划推进产业布局，并通过宏观调控政策和产业政策等对市场施加影响。市场一方面通过资源有效配置，实现产业分工协调和产业链条上中下游产业在不同区域间的分布；另一方面通过提供准公共产品推进城市群建设。通过产业集群的发展，实现人口集聚，一方面解决农业转移人口市民化问题；另一方面通过产城融合推进城市群建设。城市群规模的扩大和各节点城市间经济紧密度的提升，以及交通便利、设施配套、服务便捷、营商环境改善程度的提升，实现原有产业集群规模的扩大和新产业的进入或新产业集群的形成，进一步提高了产业集群水平，相互协调，相互推进，使城市群与产业集群耦合水平不断提升。

通过构建城市群与产业集群耦合发展评价指标体系，利用层次分析法和耦合度及耦合协调度模型，对呼包鄂城市群与产业集群耦合发展水平进行评价，评价结果表明，呼包鄂城市群与产业集群处于低水平的高度耦合状态，但一般来说，当城市群与产业集群均处于低水平发展阶段，二者可以表现为高度耦合状态；随着城市群发育进程的加快或产业集群发展进程的加快，二者可能表现为耦合水平的下降；耦合协调度总体处于调和状态；产业集群发展总体滞后于城市群发展。对哈长城市群、辽中南城市群和长株潭城市群与产业集群的耦合发展水平的评价结果表明，作为东北老工业基地和中部城市群，均表现为高耦合度和低耦合协调度，产业集群程度也滞后于城市群发展水平。这表明在中国中西部地区和东北老工业基地，政府的作用更为突出，市场作用发挥更明显的产业集群滞后于政府作用发挥更明显的城市群。需要更有效地发挥政府宏观调控的作用，构建市场在资源配置中发挥决定性作用的环境和条件。

从中国城市群发展的历程看，由于区位优势（临海、临路、临江等）、政策先行优势（改革开放先行优势、国家级新区建设、自由贸易区建设等）、产业集群优势等，实现了产业集聚、人口集聚、技术集聚，推动了经济的快速发展、城市规模的扩大，加强了城市间的经济紧密度，形成了不同发育程度的城市群。在城市群的形成和发展过程中，产业集群的形成和发展起到了极大的推动作用。从耦合发展的进程看，可以分为市场驱动城市群与产业集群耦合发展、政府驱动城市群与产业集群耦合发展、市场政府混合推动城市群与产业集群耦合发展三种模式。呼包鄂城市群作为发育程度相对较低的城市群，应该采用市场政府混合推动城市群与产业集群耦合发展模式。

城市群与产业集群耦合发展，会推进城市化和工业化的进程，为"五化"协同发展奠定基础。通过构建城市群"五化"协同发展水平评价指标体系，利用熵权法和耦合分析模型对呼包鄂城市群"五化"协同发展水平进行评价，评价结果表明，呼包鄂城市群紧凑度低；新型工业化发展水平低；信息化发展融合度低；农业现代化发展进程缓慢；绿色化发展的波动性大。"五化"协同发展水平亟须提升。呼包鄂城市群"五化"协同发展水平的提升会进一步提升城市群与产业集群的耦合发展水平。

十九大报告明确指出，我国经济已由高速增长阶段转向高质量发展阶段，要推动经济发展质量变革、效率变革、动力变革。经济高质量发展的核心区域应该为区域经济增长极的城市群，城市群因其产业、人才、科技等的集聚，为形成新动能，提高经济发展质量和效益创设了良好的环境。城市群与产业集群的耦合发展是实现城市群经济高质量发展的必然选择。通过构建城市群经济发展质量评价指标体系，利用主成分分析法，对呼包鄂城市群经济发展质量进行了评价，评价结果表明，经济发展有效性不足，经济抗风险能力差；经济发展创新性程度不够，经济发展动力亟须转换；经济发展不稳定、不协调性阻碍发展质量提升；经济发展可持续性面临新挑战，生态环境质量仍低下；经济发展共享程度不足，城乡居民生活质量差距较大。需要进一步优化产业结构，实现产业转型升级；充分发挥创新驱动力，培育高质量发展的新动能；加快融入京津冀一体化进程中，承接京津冀产业转移；加强生态环境保护，提高资源利用效率；全面改善民生，强化经济成果共享。呼包鄂城市群经济发展质量的提升和呼包鄂城市群与产业集群耦合发展水平提升相向而行，既是耦合发展的结果，又能进一步提升耦合发展水平。

本书作为国家自然科学基金项目（批准号：71463042）的最终成果，对呼包鄂城市群与产业集群耦合发展机理及耦合发展模式进行了初步探索，尚不能做到尽善尽美，一些观点和建议略显粗糙，尚需进一步深化、充实和提高。在后续研究中，笔者将会进一步丰富和完善，并会对呼包鄂榆城市群与产业集群耦合发展、呼包鄂榆城市群与生态环境交互胁迫效应及耦合发展机理进行研究，以期能对资源型区域经济高质量发展有所贡献，也希望能引起更多学者的关注。

目　录

第1章 导 论

1.1 研究背景及研究意义

城市群的形成与发展是经济发展和产业布局的客观反映,已成为发达国家城市化、工业化的主体形态。进入21世纪以来,长三角城市群、珠三角城市群和京津冀城市群等的快速发展使城市群成为我国城市化进程的重要选择,成为我国经济增长的主要推动力量。《中华人民共和国国民经济和社会发展第十一个五年规划纲要》(以下简称《"十一五"规划纲要》)强调"城市群的发展将作为中国推进城市化的主体形态",《中华人民共和国国民经济和社会发展第十二个五年规划纲要》(以下简称《"十二五"规划纲要》)明确提出,未来5年要"形成以大城市为依托,中小城市为重点,逐步形成辐射作用大的城市群"。与此相呼应,地方政府也将城市群作为地方经济发展的主要战略选择,纷纷出台城市群发展规划。《中华人民共和国国民经济和社会发展第十三个五年规划纲要》(以下简称《"十三五"规划纲要》)进一步强调"优化提升东部地区城市群,建设京津冀、长三角、珠三角世界级城市群,提升山东半岛、海峡西岸城市群开放竞争水平。培育中西部地区城市群,发展壮大东北地区、中原地区、长江中游、成渝地区、关中平原城市群,规划引导北部湾、山西中部、呼包鄂榆、黔中、滇中、兰州—西宁、宁夏沿黄、天山北坡城市群发展,形成更多支撑区域发展的增长极。促进以拉萨为中心、以喀什为中心的城市圈发展。建立健全城市群发展协调机制,推动跨区域城市间产业分工、基础设施、生态保护、环境治理等协调联动,实现城市群一体化高效发展"。

城市群的发展水平直接关系到地方乃至中国经济的可持续发展。城市群发展一直是中央关注的重点，2014 年 2 月 26 日习近平总书记在北京主持召开座谈会，专门听取京津冀协同发展工作汇报时强调：把交通一体化作为先行领域，推动京津冀抱团发展。习近平总书记为实现京津冀协同发展提出的 7 点要求和其他重要指示，不仅会加快推动京津冀城市群发展进程，而且一定会加速其他城市群的发展。城市群是城镇化的主体形态，是经济发展的主要载体，城市群已成为支撑世界各主要经济体发展的核心区和增长极，国家间的竞争正日益演化为主要城市群之间的综合实力比拼。

内蒙古作为民族地区，2002 ~ 2009 年连续 8 年经济增长速度列中国首位。内蒙古经济的快速增长离不开呼包鄂城市群经济的快速发展，从 2012 年来看，呼包鄂城市群地区生产总值为 9324.68 亿元，占内蒙古同期地区生产总值的 58.72%。在方创琳划分的 23 个城市群中，呼包鄂城市群是近些年经济增长速度最快的城市群，在中国城市群发育水平综合排序中列第 16 位，是中国西部最具增长潜力的城市群。为了进一步促进呼包鄂城市群的发展，内蒙古自治区政府 2012 年批准实施《呼包鄂城市群规划 (2010 ~ 2020)》。2018 年 3 月国务院批复《呼包鄂榆城市群发展规划》，作为落实《"十三五"规划纲要》的重要举措，提出"全面贯彻党的十九大精神，以习近平新时代中国特色社会主义思想为指导，统筹推进'五位一体'总体布局、协调推进'四个全面'战略布局，坚持以人民为中心的发展思想，牢固树立和贯彻落实新发展理念，坚持质量第一、效益优先，以供给侧结构性改革为主线，推动经济发展质量变革、效率变革、动力变革，着力推进生态环境共建共保，着力构建开放合作新格局，着力创新协同发展体制机制，着力引导产业协同发展，着力加快基础设施互联互通，努力提升人口和经济集聚水平，将呼包鄂榆城市群培育发展成为中西部地区具有重要影响力的城市群。"呼包鄂城市群作为省域内城市群，在府际合作和产业整合上更容易，也是呼包鄂榆城市群能否成为中西部地区具有重要影响力的城市群的关键。而呼包鄂城市群与产业集群能否实现耦合发展直接关系到呼包鄂城市群发展战略的成败。现阶段呼包鄂城市群与产业集群耦合度如何？存在哪些问题？如何实现呼包鄂城市群与产业集群的耦合发展？这些是摆在我们面前亟待解决的课题。这一课题的解决，对于促进内蒙古这一民族地区经济的可持续发展和地区稳定，实现呼包鄂城市群产业合理布局与规划具有重要现实意义，也有利于中国中西部地区新的经济增长极的培育。

1.2 城市群与产业集群理论研究综述

1.2.1 城市群概念与内涵研究综述

国外对城市群的研究经历了大都市带—半城市化区域—全球城市区域—多中心巨型城市区域四个阶段。现代意义上城市群研究的开拓者当属法国地理学家戈特曼，他在 1957 年提出了大都市带（Megalopolis）的概念，引起了国际学术界持续的研究热潮。戈特曼认为大都市带是在特定地区出现的沿着特定轴线发展的巨大的多中心城市网络，城市之间通过人口、交通、信息、资金等各种流动发生着强烈的相互作用，预示着人类聚居和经济活动领域一个新时代的来临。戈特曼（1976）以最低 2500 万人口为限，提出了世界范围的 6 大都市带，至今仍被许多学者采用[①]。加拿大地理学家麦吉（1991）认为不仅存在着城市化过程，也存在着城乡互动过程，用印尼语 Desakota 来表示半城市化区域，即在巨型城市周边形成的，有时是在连接相邻城市的主要公路或者铁路走廊呈现的城乡之间相互作用的原乡村地区[②]。随着跨国公司的迅猛发展和新的国际劳动分工的出现，科恩（1981）提出了全球城市的概念，随后，学者们相继提出"世界城市""世界城市体系""世界城市网络"等概念。20 世纪末，斯科特（Scott）等提出了"全球城市—区域"的概念[③]。彼得·霍尔（Peter Hall）早在 1966 年就关注并研究了以荷兰兰斯塔德为代表的多中心城市—区域，1990 年后多中心城市—区域研究取得了大量研究成果。彼得·霍尔

---

① Gottmann Jean. Megalopolis, or the urbanization of the north eastern seaboard [J]. *Economic Geography*, 1957 (3): 189 – 200.

② McGee T G. The emergence of Desakota region in Asia: Expanding a hypothesis [J]. *In*: *N Ginburg, B Koppel T G, McGee, The extended metropolis: Settlement transition in Asia. Honolulu: University of Hawaii Press*, 1991.

③ Scott A J. *Global city-regions: trends, theory, policy* [M]. Oxford: Oxford University Press, 2001.

（2006）提出了多中心巨型城市—区域的概念，并通过深入研究取得了大量的先驱性成果①。

国内研究主要采用都市连绵区和城市群两个概念。周一星（1988）在都市区的基础上提出了都市连绵区（Metropolitan Interlocking Region）的概念，尺度与大都市带近似②。随着中国城市化进程的加快，在一些经济发达地区，以中心城市为核心并与周边区县存在紧密交互作用的都市区成为中国城市化的新形式，也出现了以若干个都市区组成的城市密集区。适应这一现实，姚士谋等（1992）提出了城市群的概念③。国家《"十一五"规划纲要》采用了城市群的提法。目前，国内学术界在城市群的界定、划分等方面仍存在分歧，代合治（1998）界定了 17 个城市群④，方创琳等（2008）界定了 23 个城市群⑤。宁越敏（2011）界定了 13 个大城市群等⑥。刘玉亭等（2013）认为城市群是区域思想影响下，随城市集聚发展，城市的功能影响范围超过行政边界，城市区域协作出现并逐步加强而产生的一种人类聚居形式⑦。江曼琦（2013）则把城市群定义为城市密集区内以多核心组团模式所形成的城市区域空间组合形式⑧。牛方曲等人（2015）认为城市群是一群空间组织紧凑、相互联系的城市组成地域单元；城市群体现社会经济一体化的群体特征；有一个或多个核心城市⑨。陈彦光和姜世国（2017）认为城市群在理论上是某类城镇体系的俗名，在经验

① Hall P, Pain K. *The Polycentric Metropolis*：*Learning from Mega-city Regions in Europe* ［M］. London：Earthscan Ltd，2006.

② 周一星：《中国都市区和都市连绵区研究》，引自《城市地理求索：周一星自选集》，商务印书馆 2010 年版，第 333～341 页。

③ 姚士谋、陈振光、朱英明等：《中国城市群》，中国科技大学出版社 2006 年版。

④ 代合治：《中国城市群的界定及其分布研究》，载《地域研究与开发》1998 年第 2 期，第 41～44、56 页。

⑤ 方创琳、祁巍锋、宋吉涛：《中国城市群紧凑度的综合测度分析》，载《地理学报》2008 年第 10 期，第 1011～1021 页。

⑥ 宁越敏、高丰：《中国大都市区的界定和发展特点》，引自宁越敏：《中国城市研究（第一辑）》，中国大百科全书出版社 2008 年版，第 10～22 页。

⑦ 刘玉亭、王勇、吴丽娟：《城市群概念、形成机制及其未来研究方向评述》，载《人文地理》2013 年第 1 期，第 62～68 页。

⑧ 江曼琦：《对城市群及其相关概念的重新认识》，载《城市发展研究》2013 年第 5 期，第 30～35 页。

⑨ 牛方曲、刘卫东、宋涛、胡志丁：《城市群多层次空间结构分析算法及其应用——以京津冀城市群为例》，载《地理研究》2015 年第 8 期，第 1447～1460 页。

上则是城镇体系的别称。城市群概念产生的根源在于国内城镇体系定义的失度——人们误以为一个区域的城镇集合不能等闲地视之为城镇体系，只好叫作城市群①。尽管界定不同，但对 10 个具有国家级意义和大区级意义的大城市群的划分比较一致。而目前国内研究更多的主要是 10 大城市群，其他城市群的研究相对较少。

1.2.2　产业集群及其驱动要素研究综述

城市群的发育成熟与产业集群程度密切相关，城市群的研究主要集中于驱动力分析，学者们从不同角度研究了产业集群的驱动要素。马歇尔（1920）首先注意到了经济外部性与产业集群的密切关系，认为外部性、企业间合作和竞争是产业集群形成的动力。克鲁格曼（1991）通过数学模型分析了产业集聚将导致制造业中心区的形成，证明了低运输成本、高制造业比例和规模经济有利于区域集群的形成。马基尔·凡·迪克（Machiel Van Dijk，2000）从供给和需求的角度解释了产业的动力学原理。卡洛斯·昆德（Carlos Quandz，2000）认为创新集群和合作网络是促进区域发展的主要工具。安东尼（Anthony，2001）认为地理仍然是产业集聚的重要条件。卡尼尔斯（Caniels，2003）认为技术是最重要的集聚要素。埃雷丁（Eraydin，2005）通过实证分析认为创新和网络是产业集群的关键要素。费尔德曼（Feldman，2005）认为企业家在产业集群形成中是一个非常关键的因素。布伦纳（Brenner，2005）认为大量创新过程和区域合作有助于产业集群的演化。阿里塔（Arita，2006）发现大学和产业的联盟对产业集群的成长具有积极意义。我国学者近些年也进行了深入研究，吴丰林、方创琳等（2011）在定量求解的基础上，分析了城市产业集聚的动力机制和模式的关系②。洪娟等（2012）在理论上拓展了 Fujita & Thisse 模型，得出了城市群内产业集聚与经济增长存在一种非线性共生关系的结论性命题③。

　① 陈彦光、姜世国：《城市集聚体、城市群和城镇体系》，载《城市发展研究》2017 年第 12 期，第 8～15 页。
　② 吴丰林、方创琳、赵雅萍：《城市产业集聚动力机制与模式研究的 PAF 模型》，载《地理研究》2011 年第 1 期，第 71～82 页。
　③ 洪娟、廖信林：《长三角城市群内制造业集聚与经济增长的实证研究——基于动态面板数据一阶差分广义矩方法的分析》，载《中央财经大学学报》2012 年第 4 期，第 85～90 页。

王佳（2013）对产业集群在城镇化过程中的作用进行了分析①。张立军（2016）以重庆市为例对产业集群的空间特征进行了细致分析②。王伟（2016）对模块化产业集群进行了研究，指出产业集群的模块化发展能够促使产业集群内的企业达到规模经济的效果③。欧光军等（2018）通过构建出高技术产业集群创新生态能力综合评价指标体系来对国家高新区产业集群创新生态能力进行评价④。

1.2.3　城市群与产业集群互动关系研究综述

近些年，国内学者对城市群和产业集群的互动也进行了比较丰富的研究。苏雪串（2004）认为，加速我国的城市化进程，需要同时发挥城市聚集经济、产业集聚和城市群的作用⑤。刘艳军等（2006）认为产业集聚是城市群的增长极核，产业集群在城市群发展中的作用机制可以分为驱动机制和约束机制⑥。方创琳等（2008）分析了武汉城市群的空间整合与产业合理化组织⑦。罗洪群等（2008）认为川渝城市群必须走一条以产业集聚、关联发展为支撑、网络化发展双中心—外围城市群落的双核型城市群发展道路⑧。宋吉涛等（2009）基于投入产出理论，分析了城市群产业空间联系，确立了网络密集型、结构分散型、聚核集中型和聚核偏离型四种空间结构类型，明确了城市群内部的空间开发时序和不同城市群在不同时

①　王佳：《产业集群推动城镇化进程的机制研究——以河南省为例》，西南财经大学，2013 年。

②　张立军、刘春霞：《重庆市产业集群辨识及空间特征》，载《重庆师范大学学报（自然科学版）》2016 年第 3 期，第 170 ~ 176 页。

③　王伟、张烁：《基于模块化的产业集群及其竞争优势研究》，载《南阳师范学院学报（社会科学版）》2016 年第 1 期，第 17 ~ 22 页。

④　欧光军、杨青、雷霖：《国家高新区产业集群创新生态能力评价研究》，载《科研管理》2018 年第 8 期，第 63 ~ 71 页。

⑤　苏雪串：《城市化进程中的要素集聚、产业集群和城市群发展》，载《中央财经大学学报》2004 年第 1 期，第 49 ~ 52 页。

⑥　刘艳军、李诚固、孙迪：《城市区域空间结构：系统演化及驱动机制》，载《城市规划学刊》2006 年第 6 期，第 73 ~ 78 页。

⑦　方创琳、蔺雪芹：《武汉城市群的空间整合与产业合理化组织》，载《地理研究》2008 年第 2 期，第 397 ~ 408 页。

⑧　罗洪群、肖丹：《产业集聚支撑的川渝城市群发展研究》，载《软科学》2008 年第 12 期，第 102 ~ 105 页。

期的开发重点①。沈玉芳等（2010）以长三角城市群为例，分析了产业群、城市群和港口群协同发展状况，并提出了相应的对策②。陈剑锋（2010）在理论回顾的基础上提出了未来基于产业集群的城市群演化的重点内容、逻辑框架和研究目标③。郭荣朝（2010）以特色产业簇群为视角，提出了城市群空间结构优化路径④。王欢芳等（2012）研究了长株潭城市群产业集聚低碳化升级模式⑤。姜江等（2012）研究了内陆城市群产业集聚的区域创新机制⑥。刘升学（2012）以湖南"3＋5＋6"城市群为例，在协同视角下研究了城市群建设和产业群优化⑦。陈甬军（2016）通过构建一个多指标的评价体系，运用熵值法对京津冀城市群"产城融合"进行了评价⑧。项文彪（2017）对中部地区城市集聚和产业集聚的时空演化与互动进行了分析⑨。马志东等（2018）以京津冀地区协同发展为例，对促进创新型产业集群与创新型城市的互动发展的路径进行了分析⑩。唐承丽等（2018）基于宏观与微观相结合的视角，梳理了城市群、产业集群与开发区三者之间的关系及互动机制⑪。

①　宋吉涛、赵晖、陆军、李铭、蔺雪芹：《基于投入产出理论的城市群产业空间联系》，载《地理科学进展》2009 年第 6 期，第 932 ~ 943 页。

②　沈玉芳、刘曙华、张婧、王能洲：《长三角地区产业群、城市群和港口群协同发展研究》，载《经济地理》2010 年第 5 期，第 778 ~ 783 页。

③　陈剑锋：《基于产业集群的城市群演化理论分析与研究框架构建》，载《科技进步与对策》2010 年第 1 期，第 81 ~ 83 页。

④　郭荣朝、苗长虹：《基于特色产业簇群的城市群空间结构优化研究》，载《人文地理》2010 年第 5 期，第 47 ~ 52 页。

⑤　王欢芳、胡振华：《产业集群低碳化升级路径研究——以长株潭城市群为例》，载《现代城市研究》2012 年第 2 期，第 76 ~ 81 页。

⑥　姜江、胡振华：《内陆城市群产业集群的区域创新机制研究》，载《湖南师范大学社会科学学报》2012 年第 4 期，第 114 ~ 117 页。

⑦　刘升学：《协同视角下城市群建设与产业群优化研究——以湖南省"3＋5＋6"城市群为例》，载《湖南社会科学》2012 年第 6 期，第 99 ~ 102 页。

⑧　陈甬军、张廷海：《京津冀城市群"产城融合"及其协同策略评价》，载《河北学刊》2016 年第 5 期，第 136 ~ 140 页。

⑨　项文彪、陈雁云：《产业集群、城市群与经济增长——以中部地区城市群为例》，载《当代财经》2017 年第 4 期，第 109 ~ 115 页。

⑩　马志东、俞会新、续亚萍：《创新型产业与创新型城市互动发展研究——以京津冀地区为例》，载《经济研究参考》2018 年第 22 期，第 70 ~ 72 页。

⑪　唐承丽、吴艳、周国华：《城市群、产业集群与开发区互动发展研究——以长株潭城市群为例》，载《地理研究》2018 年第 2 期，第 292 ~ 306 页。

1.2.4 城市群与产业集群耦合发展研究综述

国内学者对城市群和产业集群耦合发展也开展了一定程度的研究。王琦等（2008）利用系统科学的协同思想和复杂系统涌现性理论，构建了城市群与产业集群的耦合度和耦合协调度模型[1]。张虹（2008）通过对创新型城市群与产业集群之间耦合演进的路径、耦合发展的动力进行研究，认为产业集群和创新型城市群存在耦合互动发展的关系[2]。李东光（2011）对城市群、产业集群的耦合与区域经济发展进行了比较深入的研究[3]。林敏（2009）认为城市群和产业集群存在耦合关系，其耦合度与区域经济发展存在正相关性[4]。朱丽萌（2010）认为促进城市群与产业集群的耦合发展是鄱阳湖生态经济区的必然选择[5]。牟群月（2012）基于产业集群理论和温台沿海城市群的实证研究，分析了产业集群与城市群的耦合机理及形成的原因，提出了推进耦合发展的对策措施[6]。高楠等（2013）分析了旅游产业与城市化协调发展的作用机理，构建了两个系统的耦合评价模型和指标体系，并以西安市为例进行了实证分析[7]。当前，国内很多学者对城市群与产业集群之间的耦合发展进行了理论研究，王琦（2008）构建了城市群与产业集群之间的耦合模型以及耦合协调度模型，并总结了产业集群与城市群之间的耦合发展特点[8]。伏晓伟（2013）对广西北部湾城市群与产业集群之间的耦合关系进行了实证分析，认为应通过加强调控力度和提

---

① 王琦、陈才：《产业集群与区域经济空间的耦合度分析》，载《地理科学》2008 年第 2 期，第 145～149 页。

② 张虹：《创新型城市群与产业集群耦合演进关系研究》，载《湘潭师范学院学报（社会科学版）》2009 年第 1 期，第 55～57 页。

③ 李东光、郭凤城：《产业集群与城市群协调发展对区域经济的影响》，载《经济纵横》2011 年第 8 期，第 40～43 页。

④ 林敏：《产业群与城市群的耦合机制初探》，载《商场现代化》2009 年第 18 期，第 125 页。

⑤ 朱丽萌：《鄱阳湖生态经济区大南昌城市群与产业集群空间耦合构想》，载《江西财经大学学报》2010 年第 5 期，第 5～9 页。

⑥ 牟群月：《产业集群与城市群的耦合发展研究——以温台沿海城市群为例》，载《特区经济》2012 年第 5 期，第 41～43 页。

⑦ 高楠、马耀峰、李天、白凯：《基于耦合模型的旅游产业与城市化协调发展研究——以西安市为例》，载《旅游学刊》2013 年第 1 期，第 62～68 页。

⑧ 王琦、陈才：《产业集群与区域经济空间的耦合度分析》，载《地理科学》2008 年第 2 期，第 145～149 页。

高创新能力来促进两者之间的互动发展[1]。张莉萍（2015）通过对中原城市群构建衡量产业集聚程度与城市化程度的区位商指数，对其第二产业集聚指数、第三产业集聚指数与城市化指数的耦合效应进行实证分析[2]。陈雁云等（2016）基于中国 15 个城市群面板数据的实证研究发现，东部地区的产业集聚与城市聚集对经济增长的推动作用比中西部更明显[3]。赵增耀等（2017）通过构建城镇化与产业集群的耦合模型，认为提高城镇化与产业集群耦合水平会对技术创新效率产生正面影响[4]。陈国生等（2017）基于空间"偏离—份额"理论，建立了洞庭湖生态经济区城市群与产业群分析拓展模型来评价该城市群与产业群的耦合程度[5]。王方依（2018）通过构建城镇化—产业集群耦合模型，测算山东省 17 市耦合协调度指数，科学评价了山东省产城耦合发展程度[6]。

1.2.5　呼包鄂城市群、产业集群相关研究综述

国内学者对呼包鄂区域的研究主要集中在区域一体化、城市群府际关系、工业布局等领域，以及对呼和浩特市、包头市和鄂尔多斯市资源开发、重化工业发展和产业结构转型升级、经济增长等方面的县（市）域研究。如徐境等（2010）分析了呼包鄂区域一体化发展的现状、存在的问题，探讨了呼包鄂区域一体化发展的空间动力机制及适宜发展模式[7]。付桂军等（2015）对呼包鄂城市群的水资源承载力进行相关研究[8]。田雨

---

① 伏晓伟：《广西北部湾产业群与城市群的耦合发展研究》，广西大学，2013 年。

② 张莉萍：《中原城市群产业集聚与城市化的耦合效应研究》，载《现代城市研究》2015 年第 7 期，第 52～57 页。

③ 陈雁云、朱丽萌、习明明：《产业集群和城市群的耦合与经济增长的关系》，载《经济地理》2016 年第 10 期，第 117～122、144 页。

④ 赵增耀、陈斌：《城镇化与产业集群的耦合对技术创新效率的影响——基于江苏省的实证研究》，载《苏州大学学报（哲学社会科学版）》2017 年第 3 期，第 32～40、191～192 页。

⑤ 陈国生、阳琴：《洞庭湖生态经济区城市群与产业群空间耦合研究——以湖南省岳阳市为例》，载《岳阳职业技术学院学报》2017 年第 3 期，第 18～21 页。

⑥ 王方依：《山东省城镇化与产业集群耦合发展研究》，载《现代商贸工业》2018 年第 8 期，第 3～4 页。

⑦ 徐境、石利高：《呼包鄂区域一体化发展的空间动力机制及模式框架研究》，载《干旱区资源与环境》2010 年第 7 期，第 52～57 页。

⑧ 付桂军、曹相东、齐义军：《区域城市群水资源承载力研究》，载《经济纵横》2015 年第 2 期，第 54～58 页。

（2016）在对呼包鄂城市群府际合作的特点及存在的主要问题进行深入分析的基础上，从理念创新、组织创新、制度创新、领域创新四个方面提出了促进呼包鄂城市群府际合作的对策建议①。刘婷（2016）运用区位基尼系数法测算了呼包鄂地区三大产业内部的集聚情况，并且提出了区域产业协调发展的对策②。佟宝全（2017）运用系统动力学方法，以最低脆弱度为约束，对呼包鄂城市群 2016～2020 年间发展情景进行仿真③。王蕾等（2017）采用基于 DEA 的 Malmquist 生产率指数模型对呼包鄂城市群全要素生产率进行测算和分析，提出了呼包鄂城市群经济增长的路径选择④。崔新蕾等（2018）采用社会网络分析方法构建呼包鄂城市群经济联系网络，并从网络密度、网络中心度和内部凝聚子群进行了测度⑤。

　　经过对呼包鄂城市群研究的梳理可以看出，关于呼包鄂城市群与产业集群互动关系和耦合发展的研究较少，课题组成员指导的学生吴金叶（2015）研究了呼包鄂城市群与产业集群耦合发展问题，张凯（2015）研究了呼包鄂城市群工业产业发展与环境保护耦合发展问题，曹相东（2016）基于呼包鄂城市群与长株潭城市群比较视角研究了呼包鄂城市群与产业集群耦合发展问题，余冰（2017）对呼包鄂城市群"五化"协同发展问题进行了研究。这一问题的研究可以填补内蒙古自治区相关研究领域的不足。作为中国增长最快、具备较大潜力的民族地区发育阶段城市群，研究呼包鄂城市群与产业集群的耦合机理，构建耦合模型，分析其耦合效应，定量分析呼包鄂城市群与产业集群的耦合度，探索实现二者耦合发展的路径和模式，对于丰富城市群理论、产业集群理论和增长极理论具有一定的理论价值。对于探索资源丰裕地区产业结构升级和转型的路径，避免陷入"资源诅咒"陷阱具有一定的应用价值。对于促进内蒙古这一民族地区经济可持续发展和社会稳定具有重大的现实意义。

　　① 田雨、张彬：《呼包鄂城市群府际合作问题研究》，载《内蒙古社会科学（汉文版）》2016 年第 1 期，第 187～192 页。
　　② 刘婷：《"呼包鄂"城市群产业结构趋同研究》，载《内蒙古科技与经济》2016 年第 14 期，第 39～40 页。
　　③ 佟宝全：《基于系统动力学的城市群发展情景仿真模拟——以呼包鄂地区为例》，载《干旱区资源与环境》2017 年第 4 期，第 34～40 页。
　　④ 王蕾、付桂军：《基于全要素生产率分析的呼包鄂城市群经济增长路径》，载《前沿》2017 年第 7 期，第 63～68 页。
　　⑤ 崔新蕾、赵燕霞：《资源型城市群经济联系网络特征及演化研究——以呼包鄂城市群为例》，载《资源与产业》2018 年第 5 期，第 1～18 页。

1.3 研究思路、研究方法与技术路线

1.3.1 研究思路

在系统梳理国内外关于城市群、产业集群以及城市群与产业集群耦合发展相关文献的基础上，阐释城市群与产业集群互动机理，揭示中国城市群与产业集群发展进程，对呼包鄂城市群与产业集群发展现状进行描述性分析。通过构建城市群与产业集群耦合发展评价指标体系，利用耦合度模型和耦合协调度模型，对呼包鄂城市群与产业集群耦合发展水平进行测度，并通过哈长城市群、辽中南城市群和长株潭城市群与产业集群耦合发展程度测度的比较分析，揭示呼包鄂城市群与产业集群耦合发展的水平及存在的问题，提出进一步推进呼包鄂城市群与产业集群耦合发展的模式和对策措施，推动呼包鄂城市群经济高质量发展。

1.3.2 研究方法

1. 统计分析方法

采用统计分析方法计算各指标数值，对呼包鄂城市群、哈长城市群、辽中南城市群和长株潭城市群与产业集群发展情况进行统计分析，利用统计指标描述城市群发育发展和产业集群发展的基本情况，为计量分析奠定分析基础。

2. 层次分析方法

采用层次分析法对城市群与产业集群耦合评价指标进行赋权，为耦合分析奠定基础。用熵值法分析呼包鄂城市群"五化"协同发展水平，提出实现协同发展的对策措施。用主成分分析法测度呼包鄂城市群经济发展质量水平，为实现经济高质量发展奠定分析基础。

3. 耦合分析方法

利用耦合度模型和耦合协调度模型分析城市群与产业集群耦合发展水平，通过耦合发展水平评价，探寻耦合发展中存在的问题，为提升耦合发展水平提供研究基础。

1.3.3　技术路线

依据研究的思路，在对呼包鄂城市群和产业集群发展进行调研以及对现有相关研究文献进行系统梳理的基础上，通过构建城市群与产业集群耦合发展评价指标体系，利用层次分析法、耦合分析法等对呼包鄂城市群与产业集群耦合发展水平进行测度，通过对哈长城市群、辽中南城市群和长株潭城市群与产业集群耦合发展水平进行比较研究，探寻呼包鄂城市群与产业集群耦合发展存在的问题，揭示其原因，建立呼包鄂城市群与产业集群耦合发展的模式，提出具体的机制设计和路径措施，着力提高呼包鄂城市群经济发展质量。

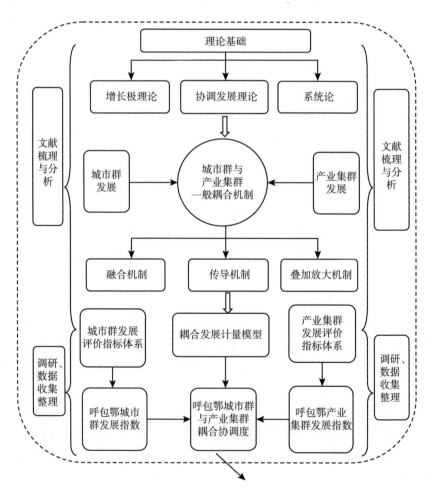

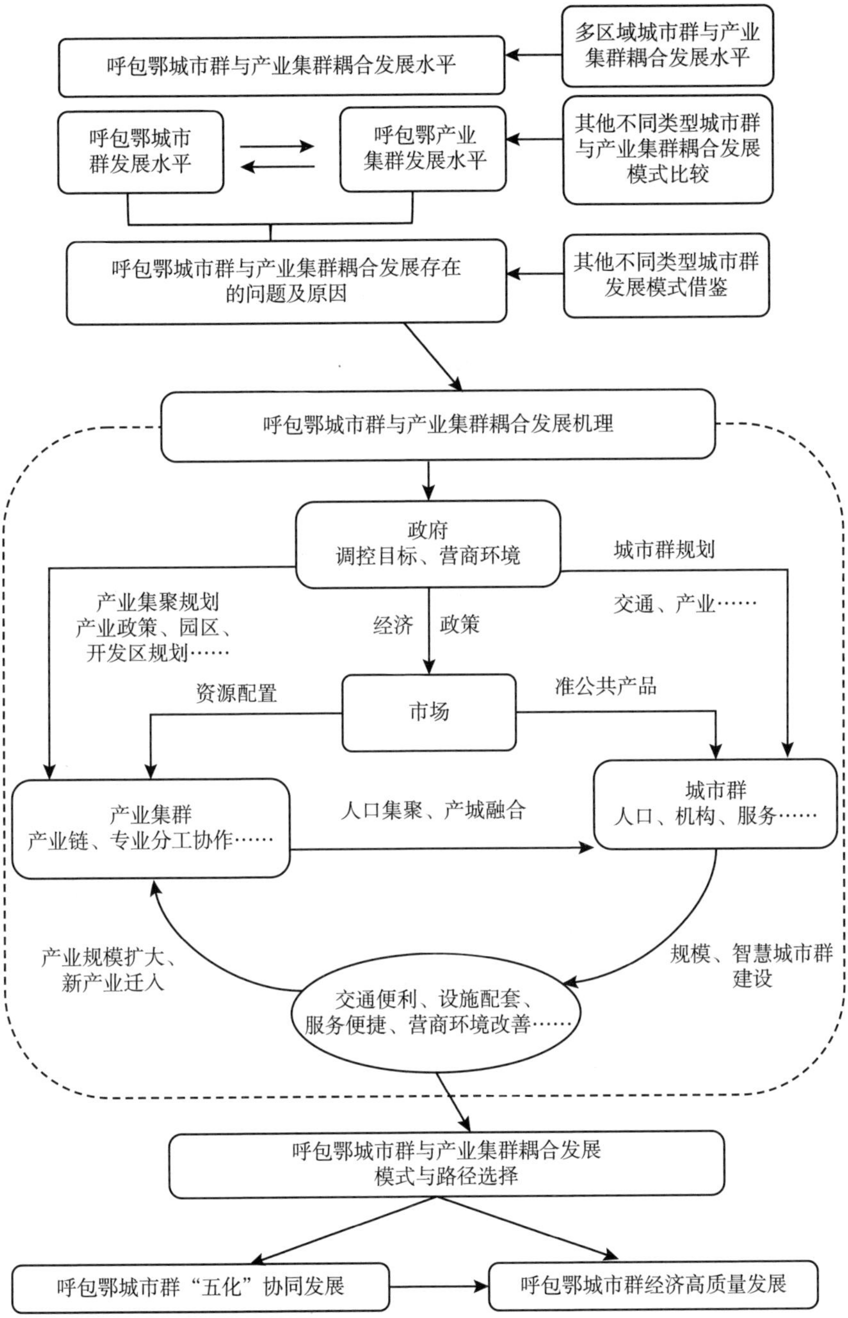

呼包鄂城市群与产业集群耦合发展水平 ← 多区域城市群与产业集群耦合发展水平

呼包鄂城市群发展水平 → ← 呼包鄂产业集群发展水平 ← 其他不同类型城市群与产业集群耦合发展模式比较

呼包鄂城市群与产业集群耦合发展存在的问题及原因 ← 其他不同类型城市群发展模式借鉴

呼包鄂城市群与产业集群耦合发展机理

政府
调控目标、营商环境

城市群规划

产业集聚规划
产业政策、园区、开发区规划……

交通、产业……

经济 政策

资源配置

市场

准公共产品

产业集群
产业链、专业分工协作……

人口集聚、产城融合

城市群
人口、机构、服务……

产业规模扩大、新产业迁入

规模、智慧城市群建设

交通便利、设施配套、服务便捷、营商环境改善……

呼包鄂城市群与产业集群耦合发展
模式与路径选择

呼包鄂城市群"五化"协同发展 → 呼包鄂城市群经济高质量发展

图1-1 技术路线图

1.4 研究的内容框架

第1章为导论。主要包括研究背景及研究意义、城市群与产业集群相关研究综述、研究思路、研究方法与技术路线以及创新、不足与展望。

第2章为城市群、产业集群与耦合发展。主要包括城市群的产生与发展过程、城市群及其在经济发展中的地位与作用、中国城市群的分类与发育及其在中国经济中的贡献、产业集群产生与发展的进程、中国产业集群的地区分布及其影响、产业集群效应、城市群与产业集群耦合发展的必要性和可能性等内容。

第3章为城市群与产业集群耦合发展评价指标体系构建。主要包括耦合发展理论及其研究进展、耦合发展模型及其选择、城市群与产业集群耦合发展评价指标体系构建等内容。

第4章为呼包鄂城市群与产业集群发展的历史与现实。主要包括呼包鄂城市群的演进过程、呼包鄂城市群内产业集群演进过程等内容。

第5章为呼包鄂城市群与产业集群耦合发展评价。主要包括耦合评价方法选择、耦合发展评价的基本程序以及数据处理方法、评价过程、主要结论等内容。

第6章为城市群与产业集群耦合发展水平比较。主要包括哈长城市群与产业集群耦合发展水平、辽中南城市群与产业集群耦合发展水平、长株潭城市群与产业集群耦合发展水平以及比较与借鉴等内容。

第7章为呼包鄂城市群与产业集群耦合发展模式与路径选择。主要包括呼包鄂城市群与产业集群耦合机理与耦合实施机制、呼包鄂城市群与产业集群耦合发展模式、耦合发展模式比较与选择以及具体路径选择等内容。

第8章为呼包鄂城市群"五化"协同发展。主要包括呼包鄂城市群"五化"协同发展指标体系构建、"五化"协同发展水平评价、实现"五化"协同发展的路径与措施等内容。

第9章为呼包鄂城市群经济高质量发展路径探索。主要包括呼包鄂城市群经济高质量发展的必要性和可能性、耦合发展与经济高质量发展的内在联系、以耦合发展推动呼包鄂城市群经济高质量发展的路径和具体措施等内容。

1.5 创新、不足与展望

1.5.1 创新

（1）研究民族地区和发育雏形阶段的城市群与产业集群的耦合发展。利用耦合模型，采用计量方法对民族地区城市群与产业集群耦合发展水平进行评价，研究实现耦合发展的路径和具体措施。对民族地区城市群发展和形成新的经济增长极具有重要的理论和实践价值。

（2）将城市群与产业集群的耦合发展与"新型工业化、城镇化、信息化、农业现代化和绿色化"协同发展结合起来。认为实现城市群与产业集群耦合发展是实现城市群地区"五化"协同发展的基础和关键。

（3）将城市群与产业集群的耦合发展与城市群经济发展质量提升结合起来。分析了城市群与产业集群耦合发展与呼包鄂城市群经济高质量发展的关系，揭示了实现经济高质量发展的路径和具体措施。

1.5.2 不足与展望

（1）由于指标体系构建过程中，部分指标数据获取困难或无法获取，因此构建的指标体系尚不完美，随着统计体系的健全，将逐步将其完善。但不影响相关分析结论。

（2）对呼包鄂城市群经济的分析笔墨颇多，但构建城市群和推动城市群与产业集群耦合发展的目的是打造经济增长极，相关问题的分析将在后续研究中开展。

（3）不论是城市群发展还是产业集群发展，都需要良好的生态环境予以保障。有关呼包鄂城市群与生态环境交互胁迫效应及其耦合发展机理分析将在后续研究中展开。

第2章 城市群、产业集群与耦合发展

2.1 城市群及其在经济发展中的地位与作用

城市群是指在特定的空间范围内，不同等级规模的临近城市依托发达的基础设施网络形成有一定内在的联系，从而具有独特性质的经济单元[①]。城市群是我国未来经济发展格局中最具活力和潜力的核心地区，是我国主体功能区划中的重点开发区和优化开发区，也是未来中国城市发展的重要方向，现已成为我国各地区经济社会发展的重要核心区、产业高度集聚区、经济增长区和财富积聚以及科技文化的创新地区，在全国生产力布局格局中起着战略支撑点、增长极点和核心节点的作用。

"十三五"规划中提出，要加快建设发展我国城市群，形成更多支撑区域发展的增长极。十九大报告中再次强调，要构建以城市群为主体的大中小城市和小城镇协调发展的城镇格局，以建立有效的区域协调发展新机制。当前我国的城市群形成发育与时俱进，不断壮大，集聚能力越来越强，总体发展趋势越来越明显，随着新型城镇化的不断推进，传统意义上封闭的行政经济正在向区域经济转型，建设同城化和高度一体化的城市群对于区域协同发展具有重大意义。

---

① 方创琳：《中国城市群形成发育的新格局及新趋向》，载《地理科学》2011 年第 9 期，第 1025～1034 页。

2.1.1　城市群的产生与发展

1. 城市群的产生

自 19 世纪以来，伴随着社会生产力的快速发展，世界范围内的城镇化发展不仅在速度上呈现快速增长的特征，在空间上也越来越明显地表现出城市区域化的特点，发达国家和发展中国家的一些区域先后出现了高度密集而又有着密切联系的、具有一定数量的城市集聚体。法国地理学家戈特曼于 1957 年首次提出了大都市带（Megalopolis）这一崭新的城镇群体理念。我国城市群的概念最早是由姚士谋（1992）提出来的，他将城市群定义为：在特定的地域范围内具有相当数量的不同性质、类型和规模的城市，依托一定的自然环境条件，以一个或两个超大或特大城市作为地区经济核心，借助运输网的通达性，以及高度发达的信息网络，发生与发展着城市个体之间的内在联系，共同构成一个相对完整的城市"集合体"[①]。

2. 城市群的发展

英国学者弗里德曼（1964）将城市群的形成发展划分为工业化以前的农业社会、工业化初期、工业化的成熟期、工业化后期四个阶段。官卫华和姚士谋（2003）将城市群的发展阶段分为城市区域阶段、城市群阶段、城市群组阶段、大都市带阶段四个阶段[②]。张京祥（2000）认为城市群空间的形成和扩展经历了多中心孤立城镇膨胀阶段、城市空间定向蔓生阶段、城市间的向心与离心扩展阶段和城市连绵区内的复合式扩展阶段四个阶段[③]。尽管对城市群发展阶段的划分存在一定的差异，但却包含着一个共同点，即城市群的发展必然是由低级到高级的逐步演进过程；城市群内部城市之间的关系由松散的关联发展到紧密的联系；城市群内部城镇之间的分工合作由不成熟逐渐走向成熟，最终形成合理的劳动地域分工体系；

---

① 姚士谋：《我国城市群的特征、类型与空间布局》，载《城市问题》1992 年第 1 期，第 10～15、66 页。

② 官卫华、姚士谋：《城市群空间发展演化态势研究——以福厦城市群为例》，载《现代城市研究》2003 年第 2 期，第 82～86 页。

③ 张京祥、崔功豪：《城市空间结构增长原理》，载《人文地理》2000 年第 2 期，第 15～18 页。

城市群的结构和功能趋于不断的发展和完善之中。

2.1.2 中国城市群的分类与发育

1. 中国城市群的分类

将城市群按照发育阶段可分为发育雏形阶段城市群、快速发展阶段城市群、发育成熟阶段城市群、趋向鼎盛阶段城市群和鼎盛阶段城市群五类[①]；按照行政关系划分，可将城市群分为跨省行政区域城市群和省级行政区域城市群两类；按照形成的动因可将其分为政府主导型城市群、市场主导型城市群、政府市场双导型城市群、外资推动型城市群以及技术主导型城市群；按照空间区位的不同可将城市群划分为临海型城市群、临江型城市群、临路型城市群以及临政型城市群。不同发育程度、不同等级、不同行政隶属关系、不同成因和空间区位的城市群，通过各种物质流、能量流、信息流和知识流有机耦合构成了城市群结构体系的组成框架。

2. 中国城市群的发育

改革开放初期，全球城市群已经进入了成熟阶段之时，我国城市群的发育才刚刚起步，比全球城市群发育晚了 80 年左右。但改革开放 40 年以来，不断的改革创新推动了我国城市群处在引领全球城市群研究与发展的新时代。从发展数量来看，学术界和政府部门公认的我国城市群数量从长江三角洲城市群 1 个发展到 19 个，其中，由 1980 年的 1 个，变为 1990 年的 3 个，2005 年增加到了 10 个，2010 年增加到了 23 个，2015 年合并减少为 20 个，2015 年至今进一步合并减少为 19 个，2010～2015 年期间城市群的名称和空间范围相应发生了变化，空间范围不断扩大，但城市群数量随发育程度不断提高进一步减少[②]。从我国城市群发展战略来看，要着力将长江三角洲城市群打造成世界级城市群，进一步推进东部城市群发展质量，提升珠江三角洲城市群、京津冀城市群和长江中游城市群在中国和

18

---

① 方创琳、宋吉涛、张蔷、李铭：《中国城市群结构体系的组成与空间分异格局》，载《地理学报》2005 年第 5 期，第 827～840 页。

② 方创琳：《改革开放 40 年来中国城镇化与城市群取得的重要进展与展望》，载《经济地理》2018 年第 9 期，第 1～9 页。

世界城市群中的地位。加强中西部城市群建设，推进城市群与产业集群的耦合程度，将城市群打造成区域或省域经济增长极。

2.1.3　城市群在经济发展中的地位与作用

自 2006 年《"十一五"规划纲要》首次提出"把城市群作为推进城镇化的主体形态"，迄今已达十多年，城市群在我国城镇化进程中的"主体形态"地位逐渐明显、作用日益凸显。党的十七大、十八大、十九大报告连续 15 年把城市群作为新的经济增长极，国家"十一五""十二五""十三五"三个五年规划纲要连续 15 年均把城市群作为推进新型城镇化的空间主体，《国家主体功能区规划》把城市群作为重点开发区和优化开发区，2013 年底召开的首次中央城镇化工作会议和中共中央发布的《国家新型城镇化规划（2014~2020 年)》也把城市群作为推进国家新型城镇化的空间主体，提出以城市群为主导，构建大中小城市与小城镇协调发展的城镇化新格局。城市群的国家地位不断提升，近 9 年来国务院相继发布的《"十二五"规划纲要》《"十三五"规划纲要》《国务院关于依托黄金水道推动长江经济带发展的指导意见》《推动共建丝绸之路经济带和 21 世纪海上丝绸之路的愿景与行动》以及《国务院关于大力实施促进中部地区崛起战略的若干意见》等文件至少 300 次提到城市群的发展。

与全球其他城市群相比，中国城市群起步比西方发达国家要晚，但成长速度很快，在短短 40 年时间里拉动中国经济快速成为世界第二大经济体。其中，京津冀、长三角和珠三角代表着我国城市群发展的最高水平和发展方向，2016 年三大城市群 GDP 总额约占中国总量的 38.86%。全球城市群的发展已经进入到 21 世纪的中国时代，中国是 21 世纪全球城市群研究与发展的主战场，中国城市群成为世界进入中国和中国走向世界的关键门户，中国城市群发展的国际战略地位得到显著提升。目前，全国 95% 以上的城市群处在丝绸之路经济带和 21 世纪海上丝绸之路上，这使得中国城市群成了"一带一路"建设的主阵地，成为我国参与国外经济合作与竞争的主要平台，其发展深刻地影响着我国的国际竞争力。中国城市群研究与建设的经验与模式正在被全球城市群建设所效仿和借鉴，美国、英国和印度正在效仿中国建设新的城市群。中国城市群研究与建设经验及模式正在影响欧美等西方发达国家新的城市群建设思路与方向。

2.2　产业集群及其效应

产业集群是指在某一特定的区域中，在地理位置上相对集中的、有交互关联性的企业、专业化供应商、服务供应商、金融机构（银行、风险投资机构）、知识创造机构（如大学、科研机构）、中介机构（如经纪人和咨询公司），为了从互补资本和知识同盟中获得先进的互补技术，缩短学习进程，分散创新风险，降低各种成本，克服（或构建）市场壁垒，获得合作经济效益，而建立的相互依存、相互联系的网络。它是介于市场和等级制之间的一种新的空间经济组织形式[①]。

2.2.1　产业集群的产生与发展

具有近代工业意义上的产业集群现象首先是在欧洲出现的。无论是在欧洲工业革命前的荷兰和意大利，还是在工业革命期间以及以后的英国和德国，都能看到比较明显的产业集群发展轨迹，这几乎和欧洲的工业化是同步的。这样的例子有很多，比如 17 世纪末和 18 世纪初在荷兰出现了相当集中的造船业；在德国鲁尔区集中了大部分重工业；瑞士不仅钟表工业非常集中，而且纺织机械工业、化工医药制造业、食品制造业也有相当高的群聚现象。19 世纪下半叶，美国东北部相对较小的地方，以及中西部的东面（大致来讲，在格林湾—圣路易斯—巴尔的摩—波特兰所组成的一个近似平行四边形的区域内）集中了美国大部分制造业（克鲁格曼，1991）。自 20 世纪初以来，加利福尼亚州的硅谷就成为一个充满活力的电子信息产业集聚地。早在 1957 年时，马萨诸塞州的 128 号公路旁就已经聚集了 99 家公司，雇用员工数目达到 17000 人，并且此后不断发展[②]。而我国产业集群的产生发展主要经历以下三个进程。

---

①　刘晋军：《区域经济发展中的产业集群效应研究》，载《商业时代》2012 年第 14 期，第 129~130 页。
②　陈丹红：《对产业集群产生与发展的思考》，载《合作经济与科技》2010 年第 2 期，第 4~6 页。

1. 萌芽阶段（20 世纪 70 年代末到 80 年代末）

20 世纪 70 年代末，十一届三中全会确立以经济建设为中心的思想，特别是农村联产承包责任制，农村经济迅速发展。20 世纪 80 年代中期城市经济体制改革使工业、商业、贸易、金融等产业迅猛发展，并带动乡镇地区经济发展，由此，产业集群的最初萌芽出现了。

改革开放初期，在国家政策的指引下，浙江、江苏、广东等东南沿海乡镇地区家庭作坊式的个体、私营企业纷纷涌现，前店后场的经营方式快速发展，呈现出"一村一品一乡一业"的景象。到了 20 世纪 80 年代末期，大量中小企业集聚，并形成一定规模，这是早期东南沿海地区产业集群的萌芽阶段。这一阶段，企业聚集在某个地区，直接生产成品，规模都不大，企业之间分工协作表现为横向分工和横向联合；大多数企业处于地理空间上的集中，但这并不是真正意义上的产业集群，仅仅是空间上的集中布局，只是形成简单的企业"扎堆"，产业集群只是处于萌芽阶段，没有出现集群效应；集群的生长方式表现为当地企业的缓慢形成、衍生、裂变，以及外来企业的零星潜入，产业关联处于离散状态，内在的经济往来关系较弱，企业生长动力不强，而市场竞争却非常激烈，企业集群效应没有真正发挥出来，也不具备集群应该具有的各种优势与特征。然而，这一时期我国理论界开始对国内外产业集群现象进行研究，并很快进入高潮，在全国范围内理论研究和分析给予实践的指导，加快了产业集群的发展。

2. 成长阶段（20 世纪 90 年代初期至末期）

20 世纪 90 年代初期，邓小平南方谈话及十四大召开，全国掀起投资热潮，东南沿海地区，如浙江、江苏、广东等地乡镇企业发展进入快车道，企业数量迅速增加，企业规模快速扩大，这一切加快了农村经济发展，也推动农村地区工业化进程。与此同时，这些地区专业市场作为地区特定历史时期商品流通的产物也从无到有、从小到大，迅速发展，为乡镇企业和家庭工场提供顺畅的产品销售渠道。不仅如此，市场细化现象日益明显，原材料市场、中间产品市场、消费品市场等各类商品的专业市场快速增加。这一阶段，随着我国市场经济的逐步发展，产业集群步入成长阶段，其主要特征是某一地域内产业链条开始形成并逐步完善。由于大量企业特别是生产同一种产品的企业在该地区集中，企业竞争加剧，导致部分企业竞争力提升，生产规模扩大，为了专注于市场开发、提高技术、研制新产品，企业开始把内部分工社会化，实行外包生产，企业之间分工协作表现为纵向分工和纵向联合。由此社会分工更加明确，一些相互联系并互相提供产品和服务的供应商或者服务商也应运而生，产业集群开始发挥较强的竞争力和集群效应；与此同时，政府也加大基础设施、公共环境建设，为区域产业发展营造良好的外部环境。

3. 迅速发展阶段（21世纪初期至今）

进入21世纪，我国社会主义市场经济体制基本确立，不论是从理论上，还是从实践上，市场经济体制都在逐渐完善，这给经济发展注入了活力，产业集群也进入全面发展时期。全国范围的产业集聚从东南沿海地区逐渐向中部地区及西部地区推进，特别是东部地区产业集群发展基本进入成熟阶段。突出表现为两种情况：一是原来成长中的产业集群逐渐成熟起来。主导产业的延伸加长了产业链，关联产业的出现拓宽了主导产业的需求渠道，主导产业和关联产业共同对市场需求的增加也加速了专业化市场和辅助性服务业的发展和完善，从而带动第三产业快速发展。二是特色产业园区迅速发展。产业园区是我国政府为吸引外资、引进技术及发展对外贸易并给予优惠政策的特殊区域。产业园区建设首先考虑产业关联性及能否形成产业集聚。产业园区包括出口加工区、经济技术开发区、保税工业区及多功能综合性经济特区等。截至2015年9月，我国共设立219个国家级经济技术开发区。截至2017年3月，我国国家级高新技术产业开发区总数已达到157个，遍布全国30个省、自治区、市，国家级高新区具有极大的发展空间。自2005年以来，国内文化创意产业园区迅猛发展，数量不断增加，各种民营企业、私营企业以及社会团体等纷纷投资建设文化创意产业园区。这一阶段，某一成熟集群区域或是产业园区内，已构建一个完整的产业价值体系，产业集群进入成熟期。突出表现为：产业集群拥有众多数量的相关企业，既有生产同种产品的大量企业或企业群，也有与产业配套的大量企业或企业群，集群内的产业关联性越来越强，集群内形成了以价值链为基础的分工协作网络；企业之间分工明确、联系密切，相关企业之间彼此竞争又相互合作，形成一个根植于本地社会的稳定的、密切的关系网络，产业集群的竞争优势和竞合效应充分发挥；由于市场需求日益多样化，品牌效应成为竞争获胜的法宝，大企业或大企业集团以品牌为纽带，以产业链为基础，与中小企业分工协作、互相依存、共同发展，推动产业集群纵向一体化的进程；有些更加成熟的产业集群，企业利用国内劳动力成本低、原材料便宜等优势，生产物美价廉的消费品，进入国际市场，远销世界各地，开始实施全球化战略，我国产业集群也加入了全球价值链①。

产业集群作为一个地区经济发展的主要载体，经过一段时间的发展之后，集群会出现同质化竞争加剧、劳动力要素成本上升等问题，从而导致集群衰落甚至消失，集群面临着产业结构调整和优化的压力，要突破低端锁定、避免衰落，必须进行产业集群的升级。

2.2.2　中国产业集群的地区分布及其影响

1. 中国产业集群的地区分布

我国产业集群首先出现在经济开放度较高的沿海地区。20 世纪 80 年代初，随着我国东部沿海省份的对外开放，一些市县如深圳、珠海、中山、顺德、南海、东莞等利用优惠政策积极吸引外资，在"珠三角"形成了一批产业集群。与此同时，在改革开放政策的激励下，一些高校与科研单位集中创办企业，形成了一些高技术产业集群。如北京的中关村 IT 产业集群。进入 20 世纪 90 年代中期，我国的产业集群进入快速发展时期，全国各地都涌现出一批产业集群。在北京、上海、浙江、广东、江苏、福建、山东、河北、河南等省市都出现了大量专业化区域。从全国来看，集群经济比较发达的省份有浙江、广东、江苏、福建等省，其中浙江省和广东省产业集群最为集中。近几年，产业集群的发展趋势已引起我国政府和经济界的关注，在地方政府有重点有意识的引导、扶持和市场内在需求双重作用下，一个产业在一个市县、一个镇内集中，形成数十、数百乃至上千家企业集群，这些县镇的产业因此迅速壮大，经济实力明显增强②。总体来看，我国产业集群按区域划分主要存在以下地区。

（1）珠江三角洲城市群产业集群。珠江三角洲是中国经济改革起步较

23

---

① 宫秀芬：《基于历史视角的我国产业集群形成机制》，载《商业时代》2013 年第 28 期，第 101~103 页。

② 赵云平：《内蒙古产业集群战略》，经济管理出版社 2010 年版。

早的地区，产业集群发展也早于其他地区。目前，这里的典型产业集群主要有东莞电脑及相关产业集群、惠州的电子信息产业集群、佛山市顺德的家电产业集群和石湾镇的陶瓷产业集群、汕头市澄海的玩具产业集群和潮阳的针织品产业集群及中山市古镇灯饰产业集群等。20 世纪 70 年代末以来，我国改革开放的政策首先在深圳等地区进行试点，随后珠江三角洲地区依靠其区位优势和各项优惠政策迅速发展起来。该地区发挥靠近我国香港、澳门和台湾的区位优势，吸收大量的外商直接投资，依靠地区廉价劳动力大力发展外向型的加工业。由于外商直接投资在选择投资地时为了规避风险，减少信息成本，一般偏好已有外商投资的地方，使得这种产业发展一开始就带有明显的地区集聚的特点，尤其是投资方向相同或相关的外资企业，这种"扎堆"的集聚倾向更为明显。因此，珠江三角洲的许多地区从发展之初就集中了大量的相关产业的外商投资，这些外商投资的集中地很快成为某一产业的集中地。

（2）长江三角洲城市群产业集群。长江三角洲地区的产业集群发展与珠江三角洲地区不同，如果说珠江三角洲地区的产业集群发展主要是"三来一补"等加工贸易带动的话，长江三角洲地区产业集群发展则主要是以地区产业园区为主形成的。

浙江是改革开放初期民营经济发展最为突出的地区，也是中国产业集群发展最为迅猛的省份，"一乡一品、一县一业"的集群成长模式已成为浙江经济的一大特色，并成为浙江经济快速发展的主流模式之一。根据浙江省经贸委调查，2003 年全省工业总产值（或销售收入）在 10 亿元以上的制造业产业集群有 149 个，工业总产值（或销售收入）合计 1 万亿元，约占全省总量的 52%。其中，产值 50 亿元以上的有 35 个，100 亿元以上的有 26 个，200 亿元以上的有 6 个（朱华晟，2003）[①]。这些地区的单个企业规模并不大，有很多甚至是家庭作坊式企业。但由于大量小企业在空间上集聚，该地区形成的行业规模却很大。从专业化类型看，有绍兴的轻纺产业、海宁的皮革产业、嵊州的领带产业、永康的五金产业、乐清的低压电器产业、诸暨的袜业等。这些产业集群的不断发展和壮大，已经成为浙江省经济发展和建设先进制造业基地的重要依托。

苏州、宁波及其周边地区依托临近上海这一经济、技术辐射中心，乡

---

① 朱华晟：《集群系统：浙江服装产业的竞争优势之源》，载《浙江经济》2003 年第 4 期，第 36～37 页。

镇企业发展较早，经济基础比较好等优势，在 20 世纪 90 年代前后建立了一批不同规模的产业园区。这些园区根据自身特点和市场经济发展规律取得了巨大的成就，形成了许多很有竞争优势的产业集群，主要有苏州的高科技产业集群、宁波的服装产业集群等。

（3）环渤海湾地区。除东南沿海之外，山东、河北、北京等地也涌现了一批产业集群，主要有山东寿光水果蔬菜产业集群、文登工艺家纺产业集群，河北清河的羊绒产业集群、辛集的皮革产业集群、白沟箱包产业集群、胜芳金属玻璃家具产业集群，北京的中关村高科技产业集群等。在上述产业集群中，北京的中关村可以视为中国高科技产业集群的代表，发展较早，其他主要集中在传统产业，发展较晚。这些特色产业有些是发挥传统的优势，在过去传统产品的基础上发展起来的，如安国的中药产业集群；有些是接受城市工业的辐射，在为城市工业的服务中，由城市逐步带动发展起来的；有的则是引进技术、人才、资金，先在一些点上干起来，然后逐步扩展，由专业户发展到专业村，最后在一个区域内形成生产同类产品的特色产业集群，如清河的羊绒产业集群；有些则是依靠本地资源优势，通过不断扩大市场影响力形成的，如寿光的果蔬产业集群。

（4）其他地区。虽然中国的产业集群主要集中在沿海地区，尤其是发育较好的产业集群更是集中于珠江三角洲和浙东南地区。但是，近年来中西部一些地区也出现了产业集群化的趋势，或者说具有了产业集群的雏形和发展潜力。如中部地区有湖北武汉光电子产业集群、湖南浏阳花炮产业集群、江西赣州稀土新材料集群等；西部地区有陕西户县纸箱产业集群、四川夹江陶瓷产业集群、重庆摩托车产业也有集群化的趋势；东北地区长春汽车产业、光电子信息产业，大庆石化产业等也出现了较明显的集群化趋势。不过，从总体上看，目前中西部地区还没有充分发挥产业集群的优势，企业之间的联系还比较少，同类或相关企业没有形成有机的整体，地方产业配套能力较低[1]。

2. 产业集群的影响

（1）为城市群发展提供经济基础。产业集群能够通过临近效应、规模效应、协同效应和社会化效应来拉动区域经济增长，从而提高城市群的综

---

[1]　吴利学、魏后凯、刘长会：《中国产业集群发展现状及特征》，载《经济研究参考》2009年第 15 期，第 2~15 页。

合竞争力。产业集群能够促进企业之间的信息共享，有效降低企业的整合风险和整合成本①。产业集群内的企业可以通过不断适应市场环境变化而使其保持较高的市场竞争力，使产业链能够为城市群创造出更多的财富。产业集群集中了大量的稀缺资源，能够使集群内的基础设施、服务水平以及医疗卫生水平得到快速的发展，从而带动城市群经济和社会的快速发展。产业集群具有天然的创新特性，能够为城市群的发展赢得更多的资源，从而加速城市群的发展。产业集群能够促进所在区域的劳动力市场和周边消费市场的发展，能够促进基础设施的不断完善、服务业的不断发展，从而加快城市化的进程。在城市化初期，大城市周边的中小城市的生产要素和资源能源不断向大城市流动，从而获取更高的要素报酬率，但是当大城市扩大到一定程度，产业集群内的一些企业便开始向小城市转移和扩散，从而为小城市的发展带来契机，企业的转移也能够增加大、中、小城市之间的联系，从而使城市群不断得到发展和完善。

（2）资源共享促进市场繁荣。产业集群能够使所在区域的资源得到有效整合，通过资源的共享来达到提高能源效率的目的，也可以通过增强产业集群在市场上的竞争力，从而带动整个城市群经济的发展。首先，产业集群能够提高资源的利用效率，能够减少企业采购原材料的成本，进而提高企业的经济效益。企业的集聚可以实现社会服务及基础设施的共享，从而达到节约资源的目的；企业由于彼此间的临近，能够节约企业采购原材料的成本；集群内的企业通过分工与合作，不但能够使企业获得范围经济，而且能够提高企业的运营效率。其次，产业集群能够实现资本的集中。产业集群具有较强的信息对称性，能够吸引较多的投资者对其投资，资本的高度集中能够促进集群内基础设施的不断完善和企业的快速发展，从而形成城市群的增长极。最后，产业集聚能够形成良好的集群品牌，进而提高所在城市群的竞争力。良好的集群品牌能够使其具有较高的声誉，从而提高所在城市群的长期竞争优势，集群品牌也能够使一些国内产品走出国门而进入国际市场。总之，产业集群能够通过资源共享、资本集中和区域品牌来提高城市群的竞争力，促使城市群的市场繁荣和经济发展。

（3）降低创新成本提高经济发展质量。产业集群不但能够激励企业进行创新，而且能够促进产业集群创新体系的形成，从而提高整个城市群的

---

① 黎文飞、郭惠武、唐清泉：《产业集群、信息传递与并购价值创造》，载《财经研究》2016年第1期，第123~133页。

创新水平。政府的主要作用是为产业集群提供一个良好的商业氛围和创新环境，从而使技术和知识能够在产业集群各部门之间良性循环，促进产业集群创新能力的提高。产业集群作为一种产业组织形式具有较高的效率，产业集群内的企业可以通过正式或非正式的交流与合作，提高技术及知识的流动性和互补性，进而降低企业的创新风险。政府通过出台各项激励政策为产业集群提供一个良好的创新环境，能够有效地降低企业的创新成本。企业可以通过与大学、科研机构进行深入合作来提高产学研一体化程度，进而使生产效率真正得到提高。总之，产业集群创新体系的形成能够使创新成本大大降低，从而为产业集群创造更多的财富，提高城市群的经济发展质量。

（4）促进产业结构的不断调整。产业结构不合理是制约城市群经济健康发展的重要影响因素之一，而产业集群的发展能够促使产业结构不断得到优化，提高城市群的经济发展质量。首先，产业集群作为一种产业的自组织形式，能够根据市场环境的不断变化而自动调整要素的投入结构，也能通过产业的分工与合作使企业得到发展与进步，进而使区域的产业结构不断趋于合理化；其次，产业集群内较高的企业竞争程度能够增加企业的发展压力，从而迫使企业通过技术创新来降低生产成本，并通过推出多样化产品约束来满足不同顾客的需要，使企业通过调整产品结构来避免过度竞争带来的损失；再次，产业集群能够使第二产业和第三产业的比重得到提高，从而通过农村剩余劳动力的不断转移使农业的产业化水平得到提高，使城市群的产业结构得到优化；最后，产业集群能够带动主导产业的相关产业和下游产业的发展，通过构建更加细密的产业体系，为城市群的经济发展增添活力。

2.2.3　产业集群效应

产业集群对经济发展的促进作用，也称产业集群效应，就是指依托产业集群这种形式，集群内部的各个企业（服务机构）通过分工合作（竞争）获得超额利润、降低各种成本、实现资源共享和知识的溢出与技术扩散，从而提高企业的竞争力，塑造区域品牌，最终提高整个区域的竞争力，形成经济增长极。产业集群效应主要表现在以下方面。

1. 产业集群区域化有利于知识创新和知识溢出

20 世纪 80 年代中期，罗默、卢卡斯等人建立内生经济增长模型，认为知识的使用具有外部性和边际收益递增效应，从而可以弥补劳动力和资本对经济增长的边际效益递减效应，促进经济的持续发展。在产业集群内部，一方面具有相似产业特征和主营业务的经济合作体比较集中，彼此之间存在竞争与合作的关系，为了能在竞争中胜出，企业间不断进行技术升级改造和管理创新；另一方面，由于产业集群是一个相互关联、高度专业化的、有规律的经济合作体，彼此之间有分工合作，也可以共享资源和环境，甚至企业间可以通过参观访问、正式交流、员工私下交流的方式获取显性知识和隐性知识，这有利于知识溢出，使彼此产生协同。

2. 产业集群区域化有利于成本节约

总体而言，产业集群的各种竞争优势都可以直接或间接地通过成本优势体现出来。在产业集群内部，彼此临近的企业之间可以进行密切地交流，从而具有了降低群内企业各种成本的倾向或能力，也就是产生了成本节约效应。集群减少了企业的创新成本。企业间通过知识外溢可以减少创新风险，降低研发成本；集群还可以降低交易成本。在集群内部企业之间可以通过关系网络和基于共同文化价值观的互信理念进行交易，减少了搜索市场信息的时间和费用，还减少了运输费用和交易费用；集群还可以减少管理成本和代理成本。集群内相互独立的企业可以按照市场规则，通过委托代管的方式进行管理。例如，有一些中小企业，可以通过人力资源机构进行委托招聘和入职培训；也可以通过会计师事务所进行账务管理，还可以通过法律事务所进行法律咨询，可以有效地减少管理成本和代理成本。

3. 产业集群区域化有利于形成区域品牌

产业集群的一大重要特征是空间集中，集群内部相互关联的企业及其相应的辅助性机构通过空间上集聚，从而形成了集群区域整体的核心竞争力，并且创造区域品牌。区域品牌是众多企业个体品牌的综合体，和企业个体品牌相比，它的影响力更大、更广泛、更持久，这种区域品牌又有利于个体品牌的提升。很多知名产品都因其产地而著称，如硅谷的电子信息产业、意大利的皮草、我国苏州的刺绣等[①]。

[①] 刘晋军：《区域经济发展中的产业集群效应研究》，载《商业时代》2012 年第 14 期，第 129～130 页。

2.3 城市群与产业集群耦合发展机理

2.3.1 城市群与产业集群耦合的概念和内涵

1. 城市群与产业集群耦合的概念

"耦合（coupling）"一词来源于物理学的基本概念，是指两个或两个以上的体系或运动形式之间通过各种相互作用而彼此影响以至联合起来的现象，是在各子系统间的良性互动下，互相依赖、互相协调、互相促进的动态关联关系①。将耦合这个物理学概念应用于经济学，可将城市群和产业集群看作两个系统，构成这两个系统的各要素之间在经济发展过程中相互依赖、相互影响、相互促进的现象称之为城市群和产业集群的耦合。耦合程度高，能加快区域经济一体化发展，并产生更多的溢出效应；耦合程度低，则减缓城市群和产业集群各自发育和发展步伐，并影响区域经济发展，从而不利于提升区域综合竞争力。

2. 城市群与产业集群耦合的内涵

城市群和产业集群的耦合，不仅是城市群与产业集群这两个系统间的耦合，更是城市群与产业集群各个子系统内元素之间的耦合。城市群与产业集群的耦合构成了产业链与城市链的交互网络体系，在这个网络体系内资源要素流动、企业、城市相互交织在一起，通过区域内城市功能定位、企业优势互补，共同促进资源要素的优化配置，产业结构不断升级、企业组织结构不断优化，两大系统实现系统内组成要素彼此融合的动态的区域经济共同体，发挥单个产业和单个城市无法达到的规模效益和联动效益②。

在城市发展上，它不是相邻城市的简单加和，而是由拥有功能等级和分工协作有机联系在一起的多城市组合；在产业发展上，它不是企业在某

① 周宏等：《现代汉语辞海》，光明日报出版社 2003 年版，第 820~822 页。
② 林敏：《产业群与城市群的耦合机制初探》，载《商场现代化》2009 年第 6 期，第 125~126 页。

一特定城市群域内的简单集聚，而是一个或多个产业链有机联动；在耦合发展的原因上，城市群与产业集群的耦合不仅受自然优势条件影响，政府的公共政策、市场竞争意识、人文凝聚力等因素对耦合同样发挥重要作用；在耦合过程上，城市群的空间布局既定，而城市功能定位仍存在优化空间，在城市群与产业集群耦合的过程中，需要完善城市功能，并重点优化调整产业布局，使产业布局与城市功能相互匹配进而实现良好耦合。

2.3.2 城市群与产业集群耦合的生成机理

1. 专业化分工的外部经济性推动

根据科斯交易费用理论，在一定区域内专业化分工与合作的不断深化，会降低区域内各企业间的交易成本，由于企业的逐利性会促使企业产生集聚现象，进而形成产业集群。同样对于城市而言，不同城市资源要素的多样性、互补性为城市间的功能定位和分工协作提供了条件，是相邻城市结成城市群的动力。一个城市和单个企业的资源要素是有限的，城市间及产业间的分工协作不但可以解决资源要素受限的难题，还能发挥比单个城市和企业更多的效益。随着产业群和城市群专业化分工的不断深入，资源要素的相互依赖度会进一步加深，经济合作体之间的相互交流会进一步加强，城市群与产业集群两个系统内各元素之间的耦合互动会进一步提升。因此专业化分工与协作不仅促进了城市群和产业集群的培育，更推动了城市群和产业集群两个系统的耦合发展。

2. 规模经济与范围经济的外部经济性促进

规模经济存在两种类型即内在规模经济和外在规模经济。内在规模经济是指一个经济体因其自身规模的扩大，而使得在经济运作中的边际成本降低，或者边际收益增加。外在规模经济是指一个经济体在其所处行业环境中因各组成部分的相互联动而产生增加收益和节约成本的效益。城市群和产业集群的规模经济是指城市和企业的资源要素在一定空间区域内发生集聚，使得城市和企业或者产业实现规模报酬递增，即产业、城市集聚比各自分散发展会因规模的扩张而产生更多的收益更少的成本。范围经济，从区域上看，是指在一个区域内生产和提供不同种的产品或服务所花费的成本要低于多个区域分别生产和提供这些产品或服务花费的各自成本总和。从产业上看，范围经济是单个企业专业化生产与多个企业之间分工协作共同构成的地方生产系统。企业在追求规模经济和范围经济的过程中，首先在一个城市集聚产业，随产品种类多样化，产业规模不断扩大，使产业集群内企业获得更多竞争优势，但因城市空间、资源要素有限，要保持这种优势，就要向周边城市延伸产业链，而产业链的延伸使得相邻城市的联系更加紧密促进了城市群形成与发展①。这样在规模经济与范围经济的共同作用下，使城市群与产业集群相互融合进而实现耦合成为可能。

3. 区域经济一体化进程要求

区域经济一体化这一外部环境给城市群与产业集群的耦合发展施加一定程度的压力。在区域经济一体化的时代背景下，区域间的竞争日益激烈，其竞争则越来越表现为以产业集群为支撑的城市群与城市群之间的竞争。单个城市由于空间、资源、要素、产业发展等有限，孤军奋战于区域竞争中显然力量薄弱，还很有可能面临被边缘化的威胁。为获得竞争优势，在区域经济一体化进程中，相邻城市分工合作结成联盟形成城市群，企业不断聚集形成产业集群，产业集群以城市群为载体，城市群以产业集群为支撑，通过城市群与产业群的耦合互动，获得"1 + 1 > 2"的群域合作力量，才可能在激烈的区域竞争中，实现双赢或多赢。

4. 政府政策的引导带动

任何一个经济活动都离不开良好的制度环境。国内外关于在城市群、产业集群和群域经济体的形成发展过程中，恰当的政府政策引导发挥很大作用。在作用方式上，欧美发达国家市场经济体制较为完善，政府很少干预市场，城市群与产业集群间的耦合在市场经济制度作用下自发形成自我运行。而我国正处于经济体制转型期，市场经济不成熟，大部分地方政府干预力度相对较大，如制定城市群发展规划、产业布局规划、工业园区的建设规划、培育地方特色优势产业的相关扶持政策等。政府在尊重市场基础上，出台恰当的政府政策，能够更好地引导城市群和产业集群的培育和发展，并为城市群与产业集群二者的耦合发展提供良好的外在政策环境。

---

① 郭凤城：《产业群、城市群的耦合与区域经济发展》，吉林大学，2008 年，第 75 ~ 78 页。

2.3.3 城市群与产业集群耦合机制

1. 产业链与城市链的融合机制

产业链是以专业化分工协作为基础，依据一定的行业逻辑和空间布局而形成的供需链条。是商品在被最终顾客接受之前所经历的一系列产品增值、流转过程，不同企业分别处于产业链的不同区间段，不同链段的产品增值空间也有所区别。城市链以产业链为依托，在空间上以优势城市为中心，相邻城市为节点，沿主要交通线路紧密连接起来而形成城市群。在利润最大化的利益驱动下，产业链上的不同环节会分散到城市群内生产成本和交易成本最低的空间区域，并实现产业链的延伸和扩张。各城市根据产业链的上中下游不同生产环节进行专业化分工与协作，在城市之间构成不同类型的城际产业链。这样产业链与城市链相互依存、相互协调而融为一体。而随产业群与城市群的进一步发展，原有的产业链会在群域经济体内交叉并延伸，修复断开的产业链，拓展已有产业链并衍生新的产业链。各城市会以保持整体性为原则，根据各自的资源要素禀赋、优势产业等与群域内其他城市形成良好的互动，这样产业链与城市链的相互融合促进了城市群与产业集群的耦合发展①。

2. 传导机制

城市群与产业集群耦合的传导机制，是指城市群与产业集群两个系统及各耦合要素，为追求专业化分工的便利性、规模经济和范围经济的外部经济性，在一定区域内链接、传输、融合过程中相互影响，实现资源要素空间配置最优化的内在机理。具体而言，资源、要素、人口、企业由于追求规模经济和范围经济所带来的好处，往往会向城市和产业发展条件优越的地区聚集，促使企业向城市聚拢并进一步形成产业集群，但随产业的不断发展又受到城市空间区域的约束，需要周边城市的资源要素的供给，而交通基础设施、信息网络系统、开放的市场等为产业集群向其他城市传导扩散提供有利的条件，推动了城市之间物质、人才、技术、资金等要素的

---

① 吴勒堂：《产业集群与区域经济发展耦合机理分析》，载《管理世界》2004 年第 2 期，第 133～135 页。

快速流动，加强了城市间的互动联系，群域空间的扩大又使得新的产业形成和集聚，产业集群和城市群的边界不断得到扩大延伸，产业之间、城市之间、产业与城市之间的联系也更加密切，促进了城市群域经济体的形成与发展。城市群域经济体的出现，又会使得资源、要素、人口、企业的不断聚集，这样形成一个循环传导的过程。但是这一传导过程是有界限的，因为相邻城市之间的距离不能太远、产业链也不可能无限地延伸，一般而言，城市群与产业集群的耦合程度是与交通运输的便利性呈正相关的。

3. 叠加放大机制

叠加放大机制也就是宏观经济学中的乘数效应机制，在经济运行过程中，某个环节的成本减少或收益增加，都会引起其他相关环节的成本减少或收益增加，进而使整个经济体减少数倍的成本或增加数倍的收益[①]。而城市群与产业集群耦合的叠加放大机制可以从四个层面来解释。第一，群域内产业链的某个环节的收益增加（或成本减少）会引起产业链上的其他环节的收益增加（或成本减少），进而使整个产业链甚至产业集群的收益增加量（或成本减少量）叠加放大；第二，城市群内某一城市的收益增加会使得城市群整体收益叠加放大；第三，产业链上某一环节或者某一企业的收益增加会引起产业所在城市收益增加，进而使城市群收益增加叠加放大；第四，城市群某个城市的收益增加会引起产业链进而产业集群的收益增加叠加放大。

---

① 刘艳军、孙迪、李诚固：《城市群发展的产业集群作用机制探析》，载《规划师》2006年第 3 期，第 29～31 页。

第3章 城市群与产业集群耦合发展评价指标体系构建

3.1 耦合机理与模型

3.1.1 城市群与产业集群耦合机理

产业群与城市群的耦合机制，是指在产业群与城市群发展及由其构成的群域经济体系统中，各组成要素之间相互适应与融合、相互支撑与促进，并在整体结构上和功能上走向完善的内在作用机理[①]。

1. 产业集群促进产业创新和城市群的拓展

产业集群主要通过发挥产业集群效应来推动城市群的发展。产业集群促使城市群产业分工细化，并形成产业链，有利于加快创新步伐，从而提高城市群中的企业竞争力，延长企业的生命周期；集群中的企业能获取共享利益并形成共同发展机制，从而延缓产业衰退，还能共同使用基础设施、专用设备或技术，共同利用劳动力与金融市场、信息资源，共同承担风险，从而促进了集群内成员的共同进化和成长；城市群的行业规模不断扩大，将形成"块状经济"，由于技术、管理、劳动力水平的提高，集聚和规模经济所带来的成本降低，使得产品的竞争力增强，市场也越来越大，城市群通过市场化和市场网的拓展，获得企业和行业外部经济利益。

[①] 邬丽萍：《城市群形成演化机理与发展战略》，中国社会科学出版社 2011 年版。

2. 产业集群提升城市群经济竞争力

产业集群是经济全球化和区域经济一体化快速发展的表征，其核心是在一定空间范围内产业的高度集中，这有利于提高集群由于集聚经济而带来的外部经济效益，实现报酬递增加速器的作用，增强产业和企业的市场竞争力。产业集群的发展使城市成为各种资源要素和企业的聚集地，进而形成一些经济关联度高、产业互补性强的城市群。产业集群通过乘数效应、扩展效应等机制，以及通过分工、交易费用、规模经济、范围经济、技术创新等因素来推动城市群的发展，促进城市群体系的完善。产业集群为城市群提供强有力的产业支撑，产业集群的形成和发展是提升城市群核心竞争力的基础，产业集群化是城市群经济一体化的核心内容与必由之路，其发展是城市群经济竞争优势的象征，是提升城市群经济竞争力的强劲"引擎"。

3. 城市群内的产业集群规避负外部效应

在现有的市场机制下，城市内的若干企业在生产过程中所造成的负外部效应，无法内化到这些企业的生产成本之中，从而导致整个企业生存环境的日趋恶化，而造成负外部效应的这些企业却得不到惩罚。城市群内的产业集群对负外部效应的规避，是在考虑整个城市群的可持续发展和城市群的整体利益的基础上，充分发挥相对于单个企业在治理环境、外在成本内部化及资金技术方面具有的更大优势和承受能力，并通过制定统一的行业环境治理标准来控制整个城市群的环境水平，从而使产业集群在城市群内部最大限度地纠正市场失灵所带来的问题。

4. 城市群是产业集群发展升级的基础

城市群的市场发育程度、制度创新能力及各城市发展的最优规模等对产业集群效应的发挥产生反馈作用。城市群功能整合的过程中伴随着产业的高度分工，分工的后果就是产业集群的形成。城市群的集聚与扩散为新的产业布局提供了空间，为产业集群开辟广阔的空间载体。若城市群的交通、知识信息网络基础结构得到改善，将会为城市群中产业集群效应的发挥提供更广阔的空间，若其存在缺陷，将会成为产业集群效应发挥的约束条件。一个城市可以在某个产业上一时有很好的产品，在一个城市内，产业之间也可以形成一个产业链乃至某种意义上的产业集群。产业集群代表着更高一级的经济社会文明，也能够产生更大的发展红利。但是，真正规模意义上的产业集群的发展与一个产业或产业链相比，需要驾驭更多的资源、人力、技术及战略空间，所以产业集群的发展仅仅基于一个城市是难以为继的，只有城市群才能够支撑起真正规模意义的产业集群。而且，基于城市群的产业集群，可以通过其强大有力的网络，使城市群内的产业及产业集群快速升级，积极寻求与城市群外界的合作，成为全国乃至全球的产业中心及经济中心。

总之，从动力学角度来看，产业集群与城市群这两个发展体系构成一种动态系统。首先由于边际报酬递增的自我强化特性，部分产业开始集聚，迁入城市或城镇。随着集聚程度的提高，产业及企业的分工和专业化程度不断深化，外部经济和规模经济效益逐渐显现，迫切要求城市服务与宏观指导的跟踪配套，由此引起城市政府机构、法律咨询、教育科研等组织机构的扩大和完善，最终导致城市规模扩大。随着区域内生产要素的流动，不断有新的产业集群迁入城市，由此形成大城市或核心城市，并带动一些产业迁入周边的城市并使之发展起来，周边城市的壮大又吸引更多的产业集聚到这个城市圈中来。随着扩散效应和辐射效应的不断增强，大城市和周边城市或对等城市之间最终形成相互关联的城市群。产业集群化程度越高，企业专业化分工越细，城市群的产业结构越专业化，创新优势就越强，就越具有广告效应与品牌效应。最终，产业集群集聚效益与城市群集聚效益形成相互催化的强化机制，产业集群与城市群的发展构成互动的耦合关系。

3.1.2　耦合发展模型及其选择

1. 产业集群与城市群的耦合性分析模型

假定由 n 个城市组成的某城市群，包括 m 个产业集群。且为了分析方便，假定该城市群的所有产业都包含在 m 个产业集群中。因此，该城市群的国民收入（或 GDP）可以分别由各城市或各产业集群的国民收入加总而成，以 Y 代表城市群的国民收入（或 GDP），y_i 代表各城市的国民收入，y_j 代表各产业集群的国民收入，则：

$$Y = \sum_i y_i = \sum_j y_j \qquad (3-1)$$

但是，公式（3-1）中分别反映的只是城市群收入在纵向、横向层面的简单构成，没有反映城市群收入在纵向、横向两个层面的构成关系。其实，一个产业集群可能分属于几个城市，或者一个城市可能拥有几个产业集群。于是，城市经济与产业经济构成城市群经济的网络关系。若以 y_{ij} 代表第 i 个城市在第 j 个产业集群的收入份额，以 y_{ji} 代表第 j 个产业集群在第 i 个城市的收入份额，则

$$Y = \sum_{ij} y_{ij} = \sum_{ji} y_{ji} \qquad (3-2)$$

以上是经济指标在绝对值上的应用分析，下面通过城市群收入增长率来进行经济指标的相对值分析。以 P_{ij} 代表第 j 个城市的第 i 个产业集群的收入增长优势，而这种优势来源于三个方面：产业集群优势、城市群优势以及产业集群和城市群的耦合优势。产业集群与城市群发展的耦合关系是指城市群与产业集群这两个集群体系在经济发展过程中相互作用而彼此影响以至联合起来的非线性关系的总和。以 r_{ij} 代表第 i 个城市在第 j 个产业集群的收入增长率，r_i 代表第 i 个城市的整体增长率，r_j 代表第 j 个产业集群的整体增长率，则

$$P_{ij} = \alpha(r_{ij} - r_i) + \beta(r_{ij} - r_j) + \lambda(r_{ij} - r_i)(r_{ij} - r_j) + \varepsilon \qquad (3-3)$$

公式（3-3）中值得关注的是 $(r_{ij} - r_i)(r_{ij} - r_j)$ 部分，它综合了产业集群方面和城市方面的优势，形成了所谓的耦合优势（或者是劣势），这启示我们不能分别独立运用针对产业集群或城市的政策措施，因为两者作用于同一个实体，会发生相互作用，可能产生相互促进的耦合正效应，也可能产生相互制约的耦合负效应。如何优化两者的耦合效应（即最大化城市群收入）是城市群地区的政策决策者不可忽视的问题。

公式（3-3）表示一个城市的产业集群优势是城市层面和产业层面相互作用的结果，要想形成城市经济和产业经济乃至整体经济的发展优势及趋势，必须构建城市群与产业集群两者发展的空间耦合性。公式（3-3）仅仅是城市经济和产业经济相互作用的一种微观形态，至于城市群中城市经济和产业经济相互作用的宏观形态是十分复杂的，可用如下调整的回归模型来近似表示。

2. 产业集群与城市群耦合发展的计量模型

上面是产业集群与城市群的耦合性分析的概念模型，以下对公式（3-3）

进行适当调整，以建立实用的多元回归模型进行计量实证分析。模型及指标说明如下：

$$G = \alpha \times CY + \beta \times CS + \lambda \times (CY \times CS) + \varepsilon \qquad (3-4)$$

其中，G 代表某城市群的国内生产总值的增长率，作为被解释变量；CY、CS 作为解释变量，CY 代表某产业集群的集聚程度，即产业集群优势；CS 代表某城市群的集聚程度，即城市群优势；$CY \times CS$ 的值代表着耦合优势。

由于中国目前的产业集群是以第二产业中的工业为主的，而工业占了第二产业中的绝大部分比重，所以选择第二产业作为产业集群中的代表产业进行分析。由于区位商是一种较为普遍的集群识别方法，可以有效地用来衡量某一产业或城市群在一特定区域的相对集中程度，所以选择区位商来测度产业和城市的集聚程度。令 t 期 i 地区的第二产业集聚指数为 CY_{it}，则

$$CY_{it} = (D_{it}/D_t)/(R_{it}/R_t) \qquad (3-5)$$

其中，D_{it} 为 t 期 i 地区的第二产业人口，R_{it} 为 t 期 i 地区的就业人口，D_t 和 R_t 分别为 t 期的全国第二产业人口和全国总就业人口。由上式可知，CY_{it} 大于 0。当各地区的 CY_{it} 值都为 1 时，第二产业呈均匀分布，即不集中于任一地区；如果某地区的 CY_{it} 大于 1，则表明该地区的第二产业处于集聚状态，且值越大，集聚程度越高。若某地区的 CY_{it} 趋近于零，则第二产业完全分布于其他地区。

同理，令 t 期 i 地区的城市集聚指数为 CS_{it}，则：

$$CS_{it} = (S_{it}/S_t)/(Z_{it}/Z_t) \qquad (3-6)$$

其中，S_{it} 为 t 期 i 地区的城市人口，Z_{it} 为 t 期 i 地区的总人口，S_t 和 Z_t 分别为 t 期的全国城市人口和全国总人口。如果某地区的 CS_{it} 大于 1，则表明该地区的城市处于集聚状态，且值越大，集聚程度越高[1]。

3. 城市群与产业集群耦合发展评价

本书采用的城市群与产业集群两个子系统之间耦合度的公式（3-7）。

$$C = \left[\frac{U_1 U_2}{\left(\frac{(U_1 + U_2)}{2} \right)^2} \right]^k \qquad (3-7)$$

---

[1] 陈雁云：《中国产业集群与城市群耦合发展研究》，江西人民出版社 2011 年版。

其中，C 表示城市群与产业集群的耦合度，U_1 表示城市群系统的综合评价指数，U_2 表示产业集群系统的综合评价指数，k 为调节系数，令 $k = 2$。这是当前国内常用的计算耦合度的方法，为了能客观反映城市群与产业集群两大系统的耦合协调情况，需计算两大系统间的耦合协调度，耦合协调度 D 公式如公式（3-8）所示。

$$D = \sqrt{C \times T} \qquad (3-8)$$

其中，

$$T = \alpha U_1 + \beta U_2 \qquad (3-9)$$

T 为城市群与产业集群两个子系统的综合协调指数，反映城市群与产业集群整体发展水平对协调度的贡献，U_1、U_2 分别表示城市群、产业集群的综合评价指数，α、β 为待定系数，一般取值 0.5，如公式（3-9）所示。

3.2 城市群与产业集群耦合发展 评价指标体系构建

3.2.1 相关研究进展

目前国内许多学者已经用多种耦合分析方法研究经济学有关问题，常见的耦合分析方法有动态耦合模型分析和静态耦合模型分析。乔标等（2005）通过构建动态耦合模型分析了河西走廊生态环境与城市化之间的协调发展情况[①]。刘耀彬等（2005）用灰色关联法分析了我国城市化与生态环境之间的耦合情况及其演变规律[②]。刘承良（2014）建立了耦合度与协调度评价模型，分析了武汉城市圈经济、资源与环境之间的耦合程度及其变化规律[③]。王圣云等（2018）构建长江中游城市群城乡协同发展综合评价指标体系，对长江中游城市群城乡协同发展趋势进行了评价与预测，并对

---

① 乔标、方创琳：《城市化与生态环境协调发展的动态耦合模型及其在干旱区的应用》，载《生态学报》2005 年第 11 期，第 3003~3009 页。

② 刘耀彬、李仁东、宋学锋：《中国区域城市化与生态环境耦合的关联分析》，载《地理学报》2005 年第 2 期，第 237~247 页。

③ 刘承良、段德忠、余瑞林、王涛：《武汉城市圈经济与资源环境系统耦合作用的时空结构》，载《中国人口资源与环境》2014 年第 5 期，第 145~152 页。

长江中游城市群城乡协同系统耦合机制进行了分析①。徐玉莲（2011）、蒋天颖（2014）、王少剑（2015）通过构建耦合度与耦合协调度计量模型分别分析了科技创新与金融市场②、城市化与区域创新③、城市化与生态环境④之间的耦合发展状况，这是目前应用最为普遍的一种耦合度评价方法。

其中，国内也有不少学者运用耦合分析的方法对城市群与产业集群互动关系进行研究。在对城市群和产业集群耦合研究的早期，我国学者对其研究主要集中于使用规范分析的方法阐述了城市群和产业集群耦合的机理，张虹（2008）通过对创新型城市群与产业集群之间耦合演进的路径、耦合发展的动力进行研究，阐明了两者之间的耦合关系，并提出了促进两者耦合互动发展的相关建议⑤。李雪平等（2009）从产业集群发展与劳动力就业结构、城市竞争力、产业竞争力、地理空间、城市群的关系探讨了产业集群与城镇化二者的耦合互动关系⑥。林敏（2009）通过对耦合机制研究，对区域经济发展提出相关政策建议⑦。朱丽萌（2010）提出江西应构建以南昌为中心的大南昌城市群，调整优化大南昌城市群各城市职能，以集群为目的调整优化大南昌城市群产业空间结构等手段，形成大南昌城市群与产业集群空间耦合发展的健康态势⑧。当前，国内学者对于城市群与产业集群的耦合发展研究更多地集中于使用实证分析的方法来探究两者的耦合发展程度，沈玉芳等（2010）对长三角地区产业群、城市群和港口群的发展状况及其协同状况进行实证分析，并且提出了推进长三角地区产

---

① 王圣云、罗颖、李晶、廖纯韬：《长江中游城市群城乡协同发展演进与系统耦合机制》，载《南昌大学学报（人文社会科学版）》2018年第5期，第59～66页。

② 徐玉莲、王玉冬、林艳：《区域科技创新与科技金融耦合协调度评价研究》，载《科学学与科学技术管理》2011年第12期，第116～122页。

③ 蒋天颖、华明浩、许强、王佳：《区域创新与城市化耦合发展机制及其空间分异——以浙江省为例》，载《经济地理》2014年第6期，第25～32页。

④ 王少剑、方创琳、王洋：《京津冀地区城市化与生态环境交互耦合关系定量测度》，载《生态学报》2015年第7期，第1～14页。

⑤ 张虹：《创新型城市群与产业集群耦合演进关系研究》，载《北方经济》2008年第20期，第33～34页。

⑥ 李雪平、邹荣：《产业集群与城镇化耦合互动关系研究》，载《中国商界（下半月）》2009年第5期，第188～189页。

⑦ 林敏：《产业群与城市群的耦合机制初探》，载《商场现代化》2009年第18期，第125页。

⑧ 朱丽萌：《鄱阳湖生态经济区大南昌城市群与产业集群空间耦合构想》，载《江西财经大学学报》2010年第5期，第5～9页。

业群、城市群和港口群协同发展的对策措施①。万宇艳（2015）依托空间偏离—份额模型建立了产业群与城市群耦合发展的基本分析框架，并对中原城市群进行了定量诊断②。曹雄彬（2016）通过构建湖南省产城融合发展评价指标体系，运用灰色关联度模型和耦合协调度模型对湖南省各个市、州2008～2013 年的产城融合度进行具体测度③。赵增耀（2017）通过构建城镇化与产业集群的耦合模型，基于江苏省 13 个地市的历史数据，采用 GMM 法对城镇化与产业集群耦合影响技术创新的理论假设进行了实证分析④。唐承丽等（2018）采用典型相关分析法，以长株潭城市群为研究区，对城市群、产业集群与开发区两大变量组进行了互动因素与强度的量化分析⑤。

国内学者在对城市群与产业集群耦合机理的分析基础之上，通过建立耦合分析模型、耦合发展评价模型来对城市群与产业集群的耦合发展进行研究。总体而言，研究结果表明：产业集群的发展能够通过规模经济效应、创新驱动效应等路径促进产业集群的发展，城市群的发展也能够对产业集群的发展产生促进作用，因此应该加快城市群与产业集群的耦合发展程度以促进区域经济的快速、和谐发展。从所获的文献来看，对呼包鄂城市群和产业集群的研究成果相对较少，对呼包鄂城市群与产业集群的耦合发展进行比较细致的研究也寥寥无几，而对耦合分析方法的日趋成熟为研究提供了方法上的支持，所以亟须对呼包鄂城市群与产业集群的耦合发展进行深入研究，以促进呼包鄂城市群与产业集群的互动发展。

3.2.2　耦合发展评价指标体系的构建

国内学者对城市群、产业集群及其耦合发展评价指标体系进行了一定程度的研究。刘银岚（2013）从 9 个维度构建城市群经济发展水平评价指

41

---

①　沈玉芳、刘曙华、张婧、王能洲：《长三角地区产业群、城市群和港口群协同发展研究》，载《经济地理》2010 年第 5 期，第 778～783 页。

②　万宇艳：《中原城市群与产业群耦合发展研究》，载《地域研究与开发》2015 年第 3 期，第 7～11、16 页。

③　曹雄彬：《新型城镇化进程中产城融合动态耦合协同研究》，载《中国商论》2016 年第 17 期，第 110～114 页。

④　赵增耀、陈斌：《城镇化与产业集群的耦合对技术创新效率的影响——基于江苏省的实证研究》，载《苏州大学学报（哲学社会科学版）》2017 年第 3 期，第 32～40、191～192 页。

⑤　唐承丽、吴艳、周国华：《城市群、产业集群与开发区互动发展研究——以长株潭城市群为例》，载《地理研究》2018 年第 2 期，第 292～306 页。

标体系①，徐淑云（2014）构建 28 项三级指标的福建沿海城市群综合发展水平评价指标体系②，孙剑、龚自立（2010）构建包含 3 个维度 7 个二级指标的产业集群评价指标体系③，刘小铁（2013）从集群规模、集群结构、集群效应和集群网络四个方面构建产业集群发展水平的评价指标体系④，李天歌（2017）从集群规模、经济效益、创新能力和发展能力四个准则层构建产业集群发展评价指标体系⑤，田时中（2017）从人口、产业、资源和环境四个维度建立综合评价指标体系，分析长三角城市群综合发展水平测度及耦合协调评价⑥，曾鹏（2017）从产业、人口、空间三个维度建立综合评价指标体系，分析了十大城市群发展的耦合协调状况⑦。借鉴国内外相关研究文献，遵循科学性、全面性、可操作性的原则，构建城市群与产业集群耦合发展评价指标体系（见表 3 – 1）。

表 3 – 1　　　　　　　城市群与产业集群耦合发展评价指标体系

总系统	子系统	一级指标	二级指标	单位	属性
城市群与产业集群耦合发展度	城市群	群域发展条件	市场需求量	亿元	正
			交通便利指数	—	正
		群域经济发展度	生产总值增长率	%	正
			人均地区生产总值	元	正
			人均地方财政收入	元	正
			全社会固定资产投资总额	亿元	正
			金融机构年末存款余额	亿元	正

①　刘银岚：《城市群经济发展水平评价研究》，西安科技大学，2013 年。
②　徐淑云、林寿富、陈伟雄：《福建沿海城市群综合发展水平评价研究》，载《福建论坛（人文社会科学版）》2014 年第 6 期，第 156 ~ 162 页。
③　孙剑、龚自立：《产业集群成熟度模型及评价指标体系研究》，载《技术经济与管理研究》2010 年第 S2 期，第 120 ~ 124 页。
④　刘小铁：《产业集群发展水平的评价模型及指标体系》，载《江西社会科学》2013 年第 10 期，第 54 ~ 58 页。
⑤　李天歌：《陕西省产业集群发展评价及对策研究》，西安理工大学，2017 年。
⑥　田时中、涂欣培：《长三角城市群综合发展水平测度及耦合协调评价——来自 26 个城市 2002 ~ 2015 年的面板数据》，载《北京理工大学学报（社会科学版）》2017 年第 6 期，第 103 ~ 113 页。
⑦　曾鹏、张凡：《十大城市群"产业—人口—空间"耦合协调度的比较》，载《统计与决策》2017 年第 10 期，第 94 ~ 99 页。

续表

总系统	子系统	一级指标	二级指标	单位	属性
城市群与产业集群耦合发展度	城市群	群域社会发展度	人口自然增长率	‰	适度
			城镇居民人均可支配收入	元	正
			万人拥有床位数	张	正
			恩格尔系数	—	负
		群域环境发展度	建成区绿化覆盖率	%	正
			生活垃圾无害化处理率	%	正
			污水处理率	%	正
	产业集群	集聚程度	产值区位商	—	正
			就业区位商	—	正
		竞争程度	市场占有率	%	正
			销售利润率	%	正
		产出能力	总产值	亿元	正
			全员劳动生产率	元/人	正
		规模经济效应	规模以上企业数	个	正
			产业职工数	万人	正
			利税总额	亿元	正
			产值利税率	%	正

3.2.3　相关指标的解释

在建立评价指标体系之前，经过搜集查阅大量相关文献并对数据资料进行统计收集等筹备工作，依据科学性、全面性、可操作性为指导原则，在学者构建的指标体系的基础上，构建出测度城市群与产业集群综合绩效水平的评价指标体系。构建的城市群评价指标体系共有群域发展条件、群域经济发展度、群域社会发展度、群域环境发展度4个维度，涉及14个基础指标，指标体系中的部分基础指标的数值直接从统计年鉴中获得，其他指标通过计算获得，产业集群评价指标体系共有集聚程度、竞争程度、产出能力、规模经济效应4个维度，涉及10个基础指标。

1. 城市群综合绩效水平测度指标解释说明

城市群综合绩效涉及经济、社会、城市布局等多个方面的考量，郭凤城（2008）从群域发展条件、经济社会发展程度、群域布局三个角度构建了城市群综合绩效评价指标体系[①]。李国梁（2009）从经济发展水平、人口社会发展水平、城市设施与环境三个层次构建城市群综合发展水平的评价指标体系[②]。本书综合参考他们设计的城市群绩效评估指标体系，并在此基础上加以补充调整，构建了由群域发展条件、群域经济发展度、群域社会发展度及群域环境发展度4个一级指标、14个二级指标构成的指标体系（见表3-2）。

表3-2   城市群综合绩效水平评价指标体系

一级指标	二级指标	单位	指标解释	指标性质
群域发展条件	市场需求量	亿元	全社会固定资产投资额＋消费总额	正
	交通便利指数	—	（运输线路总长度/群域土地总面积）×（群域货运量/群域货物周转量）	正
群域经济发展度	生产总值增长率	%	（第N年GDP－第N-1年GDP）/第N-1年GDP×100%	正
	人均地区生产总值	元	地区生产总值/群域总人口数	正
	人均地方财政收入	元	地方财政收入/群域总人口数	正
	全社会固定资产投资总额	亿元	略	正
	金融机构年末存款余额	亿元	略	正
群域社会发展度	人口自然增长率	‰	（年内出生人数－年内死亡人数）/年平均人口数×1000‰	适度
	城镇居民人均可支配收入	元	城镇居民可支配收入/城镇居民人口	正
	万人拥有床位数	张	床位数/群域总人口×10000	正
	恩格尔系数	—	食物支出变动百分比÷消费总支出变动百分比×100%	负

---

① 郭凤城：《产业群、城市群的耦合与区域经济发展》，吉林大学，2008年。
② 李国梁：《河北省环省会城市群发展水平评价》，载《资源开发与市场》2009年第3期，第222~225、264页。

一级指标	二级指标	单位	指标解释	指标性质
群域环境 发展度	建成区绿化覆盖率	%	建成区绿化面积/建成区面积×100%	正
	生活垃圾无害化处理率	%	无害化处理的生活垃圾数量/生活垃圾 总量×100%	正
	污水处理率	%	污水处理量/污水排放总量×100%	正

　　从群域发展条件的维度来看，该指标由市场需求量和交通便利指数两个二级指标构成。市场需求量是指某一产品在某一地区和某一时期内，愿意购买该产品的顾客群体的总数，具体数值等于使用全社会固定资产投资额加上消费总额。该指标从需求的角度出发，客观地反映出城市群在发展的过程中整个市场需求量的变化；由于交通运输的便利程度对于城市群内部各城市之间的联系和城市群与外部的联系起到了重要的作用，交通便利指数是促进区域一体化的关键影响因子，也可以很大程度上反映出城市群的群域发展条件。

　　群域经济发展的影响因子较多，本书采用了生产总值增长率、人均地区生产总值、人均地方财政收入、全社会固定资产投资总额以及金融机构年末存款余额五个指标对其加以分析。其中，生产总值增长率和人均地区生产总值均客观反映出城市群经济发展的速度；人均地方财政收入反映出地方政府各项税收附加，城市公用事业收入以及市场管理收入及物资变价收入的人均值；全社会固定资产投资总额以及金融机构年末存款余额反映了城市群的投资与储蓄的基本状况。上述指标从不同方面分别影响着群域经济的发展。

　　在群域社会发展层面，选取了人口自然增长率、城镇居民人均可支配收入、万人拥有床位数及恩格尔系数四个指标。人口的自然增长率，是反映人口发展速度的重要指标，它表明城市群内人口自然增长的程度和趋势；城镇居民人均可支配收入是反映居民家庭全部现金收入能用于安排家庭日常生活的那部分收入；恩格尔系数（Engel's Coefficient）是食品支出总额占个人消费支出总额的比重，是衡量一个家庭或一个地区富裕程度的主要标准之一；万人拥有床位数的变化反映出了城市群在医疗卫生设施方面的改变。四个指标分别从人口、居民收入、区域富裕度、医疗卫生条件四个方面对群域社会发展进行客观的描述。

群域环境发展度的二级指标选取了建成区绿化覆盖率、生活垃圾无害化处理率及污水处理率三项指标。其中，建成区绿化覆盖率是城市群绿化建设重要的一环，也是衡量一个区域生态环境发展的重要指标；生活垃圾无害化处理率和污水处理率是环境治理与保护的两项重要措施。因此，选取建成区绿化覆盖率、生活垃圾无害化处理率及污水处理率三项指标可以较为全面地衡量群域环境发展程度。

2. 产业集群综合绩效水平测度指标解释说明

评估产业集群综合绩效水平是一项复杂的系统工程，左和平（2010）基于对产业集群绩效的内涵的考虑，从集聚程度、合作程度、竞争程度、创新能力、产出能力、经济促进能力六个方面构建出产业集群绩效评价指标体系，并应用于陶瓷产业集群[1]。伏晓伟（2013）遵循科学性、可操作性等指导原则从集聚联系程度、合作程度、创新程度、开放程度、规模经济效应五个方面来构建指标体系[2]。借鉴学者们的指标体系，构建了包括集聚程度、竞争程度、产出能力及规模经济效应 4 个一级指标、10 个二级指标的评价指标体系（见表 3-3）。

表 3-3　　　　　　　　　产业集群综合绩效评价指标体系

一级指标	二级指标	单位	指标解释	指标性质
集聚程度	产值区位商	—	（地区某产业产值/地区生产总值）/（全国该产业产值/全国生产总值）	正
	就业区位商	—	（地区某产业从业人员/地区从业人员）/（全国该产业从业人员/全国从业人员）	正
竞争程度	市场占有率	%	地区某产业主营业务收入/全国该产业主营业务收入	正
	销售利润率	%	产业利润/产业营业收入	正

---

① 左和平、杨建仁：《论产业集群绩效评价指标体系构建—以陶瓷产业集群为例》，载《江西财经大学学报》2010 年第 4 期，第 33～37 页。
② 伏晓伟：《广西北部湾产业群与城市群的耦合发展研究》，广西大学，2013 年。

一级指标	二级指标	单位	指标解释	指标性质
产出能力	总产值	亿元	反映产业生产的总规模	正
	全员劳动生产率	元/人	产业增加值/产业从业人员	正
规模经济效应	规模以上企业数	个	从产业企业数量体现产业规模经济效应	正
	产业职工数	万人	从产业劳动力数量体现产业规模经济效应	正
	利税总额	亿元	产品销售税金及其他税金 + 利润总额	正
	产值利税率	%	产业利税总额/产业总产值×100%	正

从产业集群集聚的程度来看，该指标由产值区位商和就业区位商两个二级指标构成。区位商是指一个地区特定部门的产值在地区工业总产值中所占的比重与全国该部门产值在全国工业总产值中所占比重之间的比值，区位商越大，专业化水平越高。而从产值与就业两个方面分别计算出其各自的区位商，可以较为全面、客观地反映出产业集群的集聚程度。

从产业集群的竞争能力这个层面来看，采用了市场占有率和销售利润率两项指标加以分析。其中，市场占有率指的是地区产业主营业务收入占全国该产业的比例，可以客观反映出不同工业产业所占的市场份额；销售利润率指的是产业利润占产业营业收入的比重，用来衡量不同产业的利润收益情况，通过这两项指标的变动情况加以分析，能够客观衡量产业集群的竞争能力。

产业能力的二级指标选取了工业总产值和全员劳动生产率这两项指标。其中，工业总产值是衡量产业集群产出能力的基础性指标，且具有一定的代表性；全员劳动生产率指根据产品的价值量指标计算的平均每一个从业人员在单位时间内的产品生产量，是考核企业经济活动的重要指标，是企业生产技术水平、经营管理水平、职工技术熟练程度和劳动积极性的综合表现。工业总产值和全员劳动生产率具有基础性与具体性，可以充分反映产业集群的产出能力。

在影响产业集群规模经济效应的因子中，选取了规模以上企业数、产业职工数、利税总额及产值利税率四个影响因素。其中，规模以上的企业数和产业职工数可以最直观地反映出产业集群规模经济的发展；产值利税率指的是已实现的利润、税金总额（包括利润总额、产品销售税金及附加和应交增值税）占同期全部工业总产值的百分比，该项指标与利税总额在很大程度上也可以客观地反映出产业集群的规模经济效应。

第4章 呼包鄂城市群与产业集群发展的历史与现实

4.1 呼包鄂城市群的形成

4.1.1 呼包鄂城市群形成发展的自然与区位条件

呼包鄂城市群位于内蒙古自治区的中西部，黄河两岸，包括呼和浩特市、包头市、鄂尔多斯市三个行政区。呼包鄂城市群三个主要城市在地理分布上呈品字形，且距离较近，相互间距离约200公里，地域总面积为13.17平方公里，占内蒙古自治区总面积的11%。区位条件上比其他西部城市群具有明显的优势，呼包鄂城市群处于沿黄河交通干线经济带的重要位置，黄河穿流于呼包鄂城市群中心，为其发展提供充足的水资源。除此之外，呼包鄂城市群拥有极为丰富的自然资源，煤炭储量1250多亿吨、天然气7000多亿立方米、稀土保有储量逾亿吨。其丰富的自然资源和优越的区位条件为呼包鄂城市群的形成与发展提供坚实的基础。

4.1.2 呼包鄂城市群形成的历程

2000年内蒙古自治区确立了以"呼包鄂"为核心的特色经济圈建设的发展战略，经过政府政策的扶持和市场经济的高效运作，呼包鄂城市群经济规模不断扩大。2000年呼和浩特市经批准着力建设如意区、金川区、金桥区经济开发区。2001年包头开始筹建九原工业园区、石拐工业园区、铝业产业园区、兴胜经济开发区，现发展较为成熟。2004 年鄂尔多斯开始重点开发康巴什新区，现已成为鄂尔多斯重要组成部分。2010 年 12 月的《全国主体功能区划》，明确将呼包鄂地区纳入重点开发区域，这将为内蒙古加快呼包鄂城市群的发展带来重大的战略机遇。2011 年，由北京清华城市设计院编制了《呼包鄂城市群发展规划（2010～2020）》，规划范围扩大为呼和浩特市、包头市、鄂尔多斯市、乌兰察布市、巴彦淖尔市、乌海市和阿拉善盟 7 个盟市的 48 个旗县市区，占自治区总面积的 44.4%，拟将呼包鄂城市群建设为西部区域发展新增长极。2018 年 3 月，国务院批复了《呼包鄂榆城市群发展规划》，将呼包鄂城市群建设纳入国家战略。提出要充分发挥比较优势，彰显区域和民族特色，建设面向蒙俄、服务全国、开放包容、城市协同、城乡融合、绿色发展的中西部地区重要城市群。将呼包鄂榆城市群建设成为全国高端能源化工基地、向北向西开放战略支点、西北地区生态文明合作共建区和民族地区城乡融合发展先行区。

4.2　呼包鄂产业集群的形成与发展

4.2.1　呼和浩特产业集群的形成与发展

呼和浩特在内蒙古自治区担当政治、文化中心的角色，紧紧抓住西部大开发的历史机遇，以大企业、大集团为依托，以工业园区为载体，以重点项目为支撑，加速培育优势产业集群。自 2001 年以来，重点培育绿色食品加工、电力、电子信息、生物制药、冶金化工、机械装备制造等产业集群。绿色食品加工集群的形成和发展，主要依托具有极强实力的伊利、蒙牛两大乳业，肉类、饮品及其他副食品加工等相关配套产业在其带动下也得到快速发展，绿色食品加工产业不断集聚。电力集群的形成与发展，主要经过大唐托电四期、金桥热电联产项目的落实，华润清水河电厂、赛罕区白塔电厂、大青山抽水蓄能电站的大力建设，以及火力发电基地的投资建设，使电力集群得到稳固发展。电子信息集群方面，是在 2005 年后汉鼎光电的建设和南京斯威特、创维集团等大项目的入驻，使开发区的 IT 电子信息产业得到蓬勃发展。生物制药集群方面，则通过 GMP 技改项目的实施和下游产品的不断拓展，形成原料药、成品药以及中蒙特色医药等生物医药制品产业集群。冶金化工集群则是抓住自治区发展重化工的机遇，利用电力资源优势，把握三联化工 PVC 项目和烧碱项目，使冶金化工集群实现快速发展。机械装备制造业集群，经过长春一汽汽车组装、多功能山地车、万通汽车组装等项目的重点落实，以生产机械风电设备、机床功能部件、汽车零部件为主的机械装备制造业集群实现发展。此外光伏材料产业集群在中央和自治区的政策支持下，正努力完成重点项目建设；云计算产业集群，大量承接电子信息产业集群的 IT 资源，转为云计算服务和应用，成为未来重点开发建设的产业集群。

4.2.2　包头产业集群的形成与发展

包头作为内蒙古最大的重工业城市，是拉动呼包鄂城市群经济发展的火车头。目前主要以传统产业为基础、依靠工业园区的建设来发展产业，现已形成钢铁、装备制造、铝业、电力、稀土五大特色产业集群。钢铁方面，包钢集团、华业特钢厂等核心企业在不断延伸产业链，现已形成以生铁、钢材及其相关钢制品为核心的"铁矿石—钢铁冶炼—钢材—钢制品"的钢铁产业链。装备制造业方面，2004 年筹建装备制造产业园区，以内蒙古一机集团、北方重工集团、北方奔驰公司等为核心企业，重点生产工程机械、石油机械、冶金机械、重型汽车、铁路车辆、特种设备等产品，形成发展机械装备及其配品的大中型加工制造企业的聚集区。铝业方面，包头铝业集团是全国重要冶炼企业，生产原铝、碳素制品等，东方希望铝业在 2002 年入驻包头，大力研发新产品，延长产品加工链，现已形成"铝冶炼—精铝、合金铝—铝制品"的产业链条。电力方面，包头拥有一电厂、二电厂、三电厂三家大型火电厂，以及河西电厂、东华热电、达茂风电等重要企业，通过合理布局电源点，构建基于龙头企业发展的产业集群。稀土方面，包头依靠稀土资源要素禀赋，并充分利用国家给予政策优势，构建稀土高新技术园区，形成了"稀土原料—新材料—元器件—终端应用（稀土节能灯、电动工具等）"的产业链。

4.2.3　鄂尔多斯产业集群的形成与发展

鄂尔多斯市是内蒙古资源型草原城市，是呼包鄂城市群的能源重化工基地。20 世纪 90 年代提出大力发展煤炭、化工、建材、羊绒四大支柱产业，2003 年又提出大力发展煤炭、煤电、化工产业，打造能源重化工基地。到目前为止，能源、电力、化工、装备制造、铝产业、电子信息、建材、羊绒产业发展初具规模，并且产业集群的具体定位已形成。能源产业集群中，煤炭能源产业以神华集团、伊泰集团为龙头企业作引导；天然气能源产业核心企业为汇达液化天然气公司、苏里格天然气化工有限公司，集中在乌审召园区。电力产业集群，鄂尔多斯电力集团为龙头企业，该产业群主要集中于东胜区、杭锦旗、伊金霍洛旗、达拉特旗和鄂托克旗；化工产业集群，主要布局在准格尔旗、伊金霍洛旗、鄂托克旗、乌审旗和达拉特旗，涉及氯碱化工、精细化工、天然气化工、盐化工等各种领域。装备制造业集群，2007 年开始建设装备制造基地，主要以汽车整车组装及零部件制造、航空航天设备制造为重点。铝产业集群，在准格尔旗大力建设煤电铝一体化循环产业基地，在达拉特旗建设初铝资源深加工基地。电子信息产业集群主要布局在东胜区，目前中兴能源和世纪互联云计算数据中心正在运营。建材产业集群主要布局在达拉特旗和准格尔旗。羊绒产业集群主要布局在东胜区。东胜轻纺工业园区和鄂尔多斯集团羊绒产业技术设备升级改造项目正在建设中。

51

4.2.4 呼包鄂城市群视角下的产业集群布局

从呼包鄂城市群这个整体区域的视角来看，产业集群的布局表现为"两轴多点"工业空间结构。"两轴"指沿黄河主要发展轴和沿呼包鄂交通发展轴，"多点"指各个产业集群基地沿黄河和交通干线分布的特点。沿黄河主要发展轴发展重点主要是依托伊旗、乌审旗、达旗、固阳、武川等资源富集地发展以煤炭、煤化工、天然气、电力等为主的能源化工产业集群，并正在逐步加大蒙西、树林召经济技术开发区、准格尔大路新区、托克托工业园区功能完善力度。沿呼包交通干线发展轴发展重点为包头地区的以钢铁、铝、稀土、制药、电子信息为主的装备制造业和高新技术产业集群、呼和浩特乳业产业集群、鄂尔多斯羊绒产业集群；集中发展包头河西工业区、铝业园区、九原农业产业化绿色园区、呼和浩特经济开发区、盛乐经济园区、鄂尔多斯东胜区羊绒园区等。

呼包鄂城市群产业园区较多，产业园区的建设确实给各城市带来很多的机遇，但呼包鄂各自为政、各自经营、各自发展的现象比较突出，使各城市之间缺乏社会网络协调性，引发信息不对称，出现了产业园区重复建设、整体规划不合理的问题，导致呼包鄂城市群整体发展后劲不足，所以城市群的产业集群布局还有待优化。

4.3 基于维度分析的呼包鄂
城市群与产业集群发展

呼和浩特是中国乳产品之都，包头是世界最大稀土储藏地，鄂尔多斯是我国重要的能源储备基地。连续几年来，呼包鄂城市群对内蒙古经济增长贡献率超过 60%。在 2008 年由中国社会科学院财贸所倪鹏飞博士牵头发布的《2007 年中国城市竞争力蓝皮书》中指出，中国城市的发展已经从改革开放初期的沿海地区优先发展转变到各地齐头并进共同发展。包头、呼和浩特和中部的南昌、芜湖已与东部沿海城市开始引领中国经济的快速增长，也使中国各区域经济发展覆盖面逐渐扩大。

为了深入研究呼包鄂城市群与产业集群整体发展的历史与现实，分别从群域发展条件、群域经济发展度、群域社会发展度及群域环境发展度四个维度来描述呼包鄂城市群的发展；从集聚程度、竞争程度、产出能力及规模经济效应四个维度来描述呼包鄂产业集群的发展。

4.3.1 基于四个维度分析的呼包鄂城市群发展

1. 群域发展条件变动

从市场需求来看（见图 4-1），呼包鄂城市群从 2000~2016 年的市场需求量不断提高。2000 年的市场需求量仅为 357 亿元，到 2014 年略有下滑，原因是鄂尔多斯 2014 年的市场需求量较上一年稍显不足，但到 2015 年之后，呼包鄂城市群的市场需求量回升并且呈不断上升的趋势。从交通方面来看（见图 4-2），呼包鄂城市群交通便利指数在近 16 年间呈现较为明显阶段性变化趋势，其中，2000~2005 年，表现较为平稳，2006 年，自治区人民政府下发了新修订的《关于加快公路交通发展的意见》，加快了公路交通发展，此后 3 年呼包鄂城市群的交通运输指数进入较高发展的阶段，2010~2013 年无太大明显变化，2013 年开始缓慢上升，2015 年内蒙古自治区首次开通了动车组，对于交通便利指数具有一定的拉动作用。

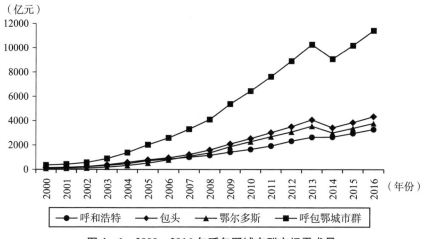

图 4-1　2000~2016 年呼包鄂城市群市场需求量

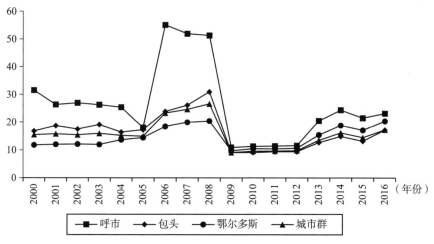

图 4-2　2000~2016 年呼包鄂城市群交通便利指数

从市场需求量和交通便利指数两个维度的具体分析可以看出，呼包鄂城市群的群域发展条件在 2000~2016 年整体有所改善，其中，市场的需求量起到了关键性的拉动作用。交通便利方面，表现为整体变化不明显，由于交通运输的便利程度对于城市群内部城市之间的联系和城市群与外部的联系起到了关键性的作用，需要政府部门加大扶持力度去改善该区域的交通便利条件。

2. 群域经济发展度变动

由图4-3和图4-4可以看出，呼包鄂城市群生产总值从2000～2016年实现了持续的正增长，说明其生产总值一直处于增长状态，但是增长的幅度有所变化。2000～2005年该区域生产总值增长率总体呈上升趋势，尤其是2005年增长速度最快，增长速度达到了53.6%，2006年开始之后，经济进入下行期，生产总值增速开始放缓，经济发展的侧重点由"高速度"转向"高质量"。从人均生产总值看，作为中国的能源基地，鄂尔多斯的人均生产总值始终高于呼包鄂城市群的人均生产总值，对城市群的人均生产总值起到了主要的拉动作用。

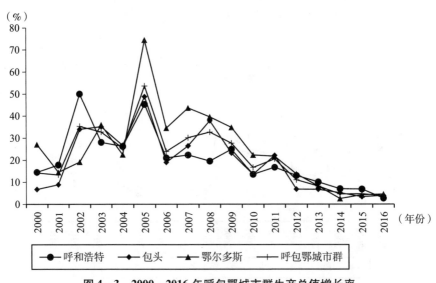

图4-3　2000～2016年呼包鄂城市群生产总值增长率

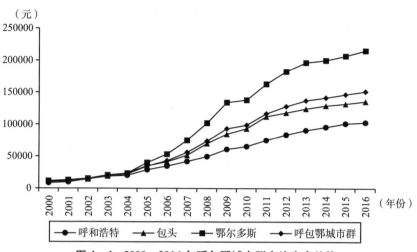

图 4 - 4　2000 ~ 2016 年呼包鄂城市群人均生产总值

从人均地方财政收入看（见图 4 - 5），2000 ~ 2012 年，呼包鄂城市群人均地方财政收入不断上升，由 2000 年的 1024.30 元增长到 2012 年的 1903.93 元，其中，鄂尔多斯在此期间的人均财政收入表现强劲，2012 年达到了 4091.39 元，对城市群在该项指标中起到了较强的拉动作用；包头和呼和浩特低于呼包鄂城市群人均地方财政收入，且变化趋势相似。在 2013 年之后，在我国经济进入新常态的大背景之下，人均地方财政收入明显下降之后进入到一个平稳的阶段，且城市群内部三市并无明显的差别。

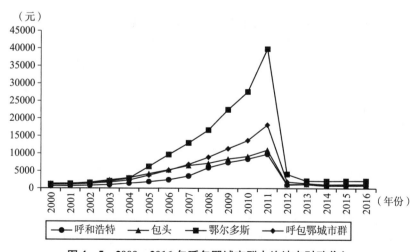

图 4 - 5　2000 ~ 2016 年呼包鄂城市群人均地方财政收入

呼包鄂城市群全社会固定资产投资总额总体上呈现不断上升的趋势（见图4-6），由2000年的172.65亿元增长到了2016年的7814.57亿元，16年间翻了约45倍，只有在2014年有所滑落，2014年之后又开始呈增长趋势。从城市群内部来看，三市的全社会固定资产投资总额变化趋势较为一致，其中，包头和鄂尔多斯的水平较为接近，而呼和浩特从2007年开始低于包头和鄂尔多斯，且差距不断扩大。

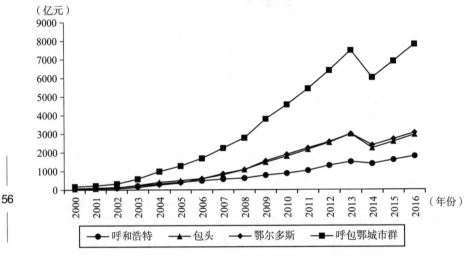

图4-6　2000~2016年呼包鄂城市群全社会固定资产投资总额

从呼包鄂城市群金融机构年末存款余额看（见图4-7），呼包鄂城市群从2000年起，金融机构年末存款余额呈现不断增长的趋势，2000~2008年增长较为平缓，2008年后，存款余额的增速明显增加。从城市群内部来看，2008年之前，三市并没有明显的差距，自2009年起，呼和浩特市金融机构资产规模稳步增长，对经济社会重点领域和民生工程的金融服务不断加强，金融业整体呈现平稳运行态势，呼和浩特的金融机构年末存款余额开始高于其他两市，且差距越来越明显。

通过上述对生产总值增长率、人均地区生产总值、全社会固定资产投资总额以及金融机构年末存款余额的分析，可以看出呼包鄂城市群群域经济自2000年以来发展程度不断提升。其中，人均地区生产总值、全社会固定资产投资总额以及金融机构年末存款余额在过去16年间均呈现稳定增长的态势；生产总值增长率和人均地区财政收入都具有明显的阶段性特征，在我国经济高速发展期间呈现增长趋势，在我国经济进入新常态之后，呈现了回落的趋势。

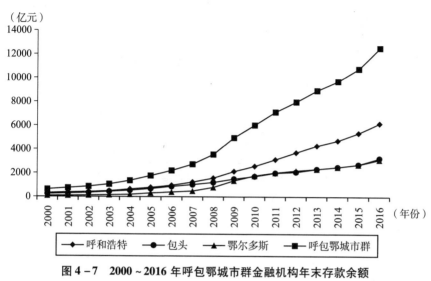

图 4 - 7　2000 ~ 2016 年呼包鄂城市群金融机构年末存款余额

3. 群域社会发展度变动

人口的自然增长率，是反映人口发展速度的重要指标，它表明城市群内人口自然增长的程度和趋势。从呼包鄂城市群人口自然增长率看（见图 4 - 8），2000 ~ 2004 年呼包鄂城市群人口自然增长率整体呈下降的趋势，此后，呼和浩特和包头一直保持一个相对稳定的态势，而鄂尔多斯在 2006 ~ 2010 年人口自然增长率不断上升，由 2006 年的 3.5‰增长到 2010 年的 12.85‰后又迅速回落到了 2012 年的 2.39‰，之后又从谷底不断增长。鄂尔多斯的人口自然增长率较大变化波动对呼包鄂城市群的该项指标产生较大的影响。

从呼包鄂城市群城镇居民人均可支配收入来看（见图 4 - 9），自 2000 年以来持续增长，到 2013 年以来有小幅的波动，但总体呈增长的趋势。其中，2000 ~ 2013 年，三市的城镇居民人均可支配收入趋于一致，包头市的略高于其他两市，呼和浩特在 2013 年下降到最低点 32003 元之后又有所回升，而鄂尔多斯于 2015 年下降到 30511 元之后回升到了 2016 年的 40221 元。

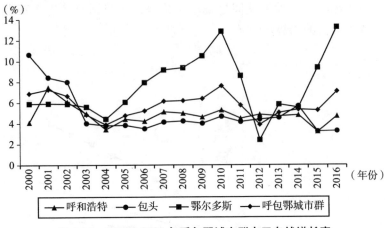

图 4 - 8　2000～2016 年呼包鄂城市群人口自然增长率

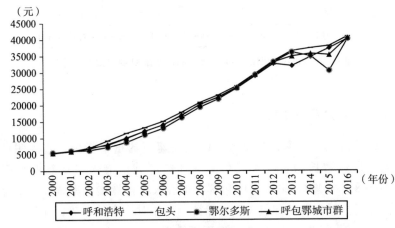

图 4 - 9　2000～2016 年呼包鄂城市群城镇居民人均可支配收入

　　在医疗卫生方面（见图 4 - 10），从呼包鄂城市群万人拥有床位数来看，2000～2016 年，从 2000 年的每万人拥有 38.41 张床位数增长到 2016 年的每万人拥有 59.42 张床位数，尽管在 2003～2004 年有所回落，但是总体还是呈上升趋势。其中，包头的该项指标在这期间总体上高于呼和浩特和鄂尔多斯，呼和浩特又略高于鄂尔多斯，但是近年来，呼包鄂地区的医疗卫生条件不断改善，呼和浩特、包头以及鄂尔多斯的万人拥有的床位数逐渐趋于一致。

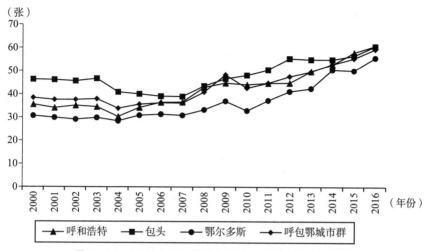

图 4 - 10　2000 ~ 2016 年呼包鄂城市群万人拥有床位数

恩格尔系数（Engel's Coefficient）是食品支出总额占个人消费支出总额的比重，是衡量一个家庭或一个地区富裕程度的主要标准之一。从呼包鄂城市群恩格尔系数看（见图 4 - 11），呼包鄂城市群的恩格尔系数在2000 ~ 2002 年整体变化不大，但在 2003 ~ 2012 年变化波动较大，且呼和浩特、包头以及鄂尔多斯的变化趋势一致。自 2012 年起，该区域的恩格尔系数保持在稳定的状态，基本维持在 26% 左右，按联合国标准，已属于富足阶段（联合国划分的恩格尔系数 20% ~30% 属于富足区间）。

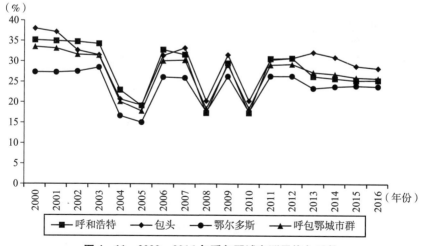

图 4 -11　2000 ~ 2016 年呼包鄂城市群恩格尔系数

通过对 2000～2016 年呼包鄂城市群人口自然增长率、城镇居民人均可支配收入、万人拥有床位数及恩格尔系数四个指标的分析，可以看出该区域的群域社会发展程度总体呈现出上升发展的态势。其中，在 2000～2016 年，虽然城镇居民人均可支配收入发展较快，但是恩格尔系数并没有太大的增幅；人口自然增长率除鄂尔多斯变化波动较大外，整体在这 16 年间无明显波动；万人拥有床位数的平稳增长反映出呼包鄂城市群在医疗卫生设施方面的改善。

4. 群域环境发展度变动

2003 年党的十六届三中全会首次提出"科学发展观"，各个地方开始全面重视统筹人与自然和谐相处的发展，自 2004 年起，呼包鄂城市群的建成区绿化覆盖率开始迅速提升，从 2003 年的 22.11% 增加到 2009 年的 35.68%，增长了 61.37%，此后，除 2013 年呼和浩特有所下降之外，整体呼包鄂城市群的建成区绿化覆盖率变化幅度较小（见图 4－12）。

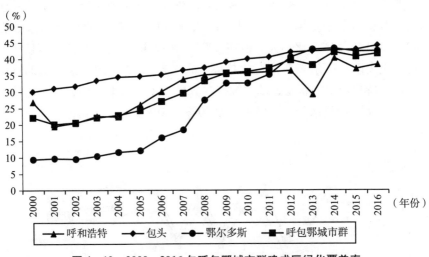

图 4－12　2000～2016 年呼包鄂城市群建成区绿化覆盖率

呼包鄂城市群生活垃圾处理方式主要以填埋处理为主，并与综合处理和焚烧处理相结合。从呼包鄂城市群生活垃圾无害化处理率看（见图 4－13），呼包鄂地区 2000～2007 年，对于生活垃圾无害化的处理措施做得并不到位，尤其是鄂尔多斯的处理率更是在 2000～2003 年低至 20% 左右。从 2007 年起，随着内蒙古加大对于环境保护的力度，呼和浩特市和包头市建立焚烧处理厂，鄂尔多斯也成为综合处理厂最多的地区，生活垃圾无害化处理率长期保持在 93% 以上，2016 年更是高达 98%。

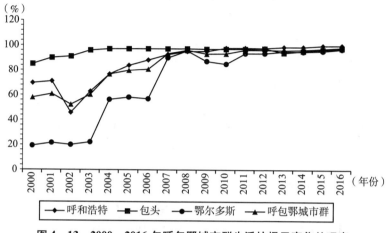

图 4-13 2000～2016 年呼包鄂城市群生活垃圾无害化处理率

从呼包鄂城市群的污水处理率来看（见图 4-14），在 2000～2016 年总体上不断提升。2000 年城市群的污水治理率仅为 47.88%，2016 年增长到了 92.20%，由于城市群污水设备利用率的提高，2006～2009 年该区域污水治理率增长速度达到最快，此后基本实现了平稳增长，2013～2016 年保持在 80%～100% 的区间内。

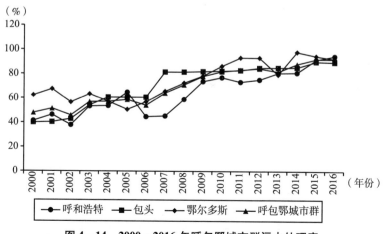

图 4-14 2000～2016 年呼包鄂城市群污水处理率

生态文明建设是关系中华民族永续发展的根本大计，是关系党的使命宗旨的重大政治问题，也是关系民生的重大社会问题。从建成区绿化覆盖率、生活垃圾无害化处理率及污水处理率三项指标的分析可知，自 2006 年以来，呼包鄂城市群的群域环境明显改善，建成区绿化覆盖率不断提升，生活垃圾无害化处理率和污水处理率近年来也稳定保持在 90% 以上，这些都反映出呼包鄂城市群对于生态环境保护的意识不断增强，该区域的群域环境发展度在不断提升。

4.3.2　基于四个维度分析的呼包鄂产业集群发展

1. 集聚程度变动

产值区位商是指一个地区特定部门的产值在地区工业总产值中所占的比重与全国该部门产值在全国工业总产值中所占比重之间的比值。产值区位商越大，专业化水平越高。从呼包鄂城市群产值区位商看（见图 4 - 15），2001～2007 年，呼包鄂城市群的冶金建材业产值区位商领先于其他四个行业。自 2008 年起，能源化工业的产值区位商超过冶金建材业，并且一直呈现良好的增长势头；绿色农畜产品加工业从 2004 年起，产值区位商不断下降；而高新技术产业和装备制造业的产值区位商一直处于较低的水平，且波动幅度均不大。

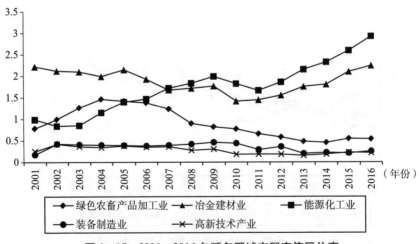

图 4 - 15　2001～2016 年呼包鄂城市群产值区位商

从就业的角度来分析（见图 4 - 16），由于 2001 ~ 2011 年呼包鄂城市群的冶金建材业的就业人口占总就业人口的比重较大，所以该产业在此期间的就业区位商高于其他产业。但是随着该区域能源化工业的迅速发展，能源化工业就业区位商呈不断上升趋势，且逐渐与冶金建材业的变化趋势一致，两者在 2015 ~ 2016 年的波动较大。其他三个行业的就业区位商均处于较低水平，其中高新技术产业的该项指标最低，说明呼包鄂城市群的高新技术产业就业专业化和集聚程度不高。

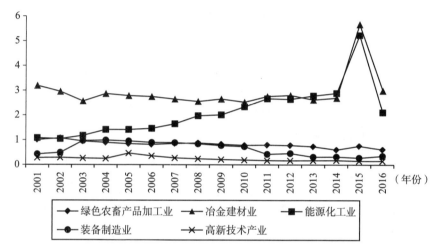

图 4 - 16　2001 ~ 2016 年呼包鄂城市群就业区位商

通过从产值区位商和就业区位商两个维度来对呼包鄂城市群 16 年的产业集聚现状进行分析，可以看出冶金建材业作为包头的传统优势产业，在呼包鄂产值和就业的集聚方面发挥了主要的作用，而近年来鄂尔多斯能源化工业的发展态势迅猛，已成为带动该区域产值和就业的主要推动力。但是呼包鄂城市群在绿色农畜产品加工业、装备制造业及高新技术产业集聚程度始终处于较低水平，尤其是高新技术产业发展相对落后，创新作为当前供给侧结构性改革的主要驱动力，应该加大对高新技术产业扶持力度。

2. 竞争程度变动

市场占有率指的是地区产业主营业务收入占全国该产业的比例。从呼包鄂城市群主要产业集群市场占有率看（见图 4 - 17），包头是我国重要的基础工业基地和全球轻稀土产业中心,其传统工业的明显优势使得冶金建材业长期以来在呼包鄂城市群中市场占有率较高。鄂尔多斯是我国重要的能源储备基地,能源化工业的发展取得较大进展,在 2008 年推动呼包鄂地区的能源化工业市场占有率超过冶金建材业,成为呼包鄂城市群市场占有率最高的产业。绿色农畜产品加工业作为呼包鄂地区的特色优势产业,自 2005 年之后市场占有率有所下滑,从 2005 年的 1.25% 下跌至 2016 年的 0.59%。而装备制造业和高新技术产业的市场占有率一直处于较低水平且无较大波动。

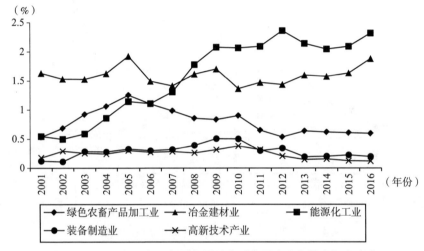

图 4-17　2001～2016 年呼包鄂城市群主要产业集群市场占有率

　　从呼包鄂城市群产业集群的销售利润率看(见图 4-18),由于呼包鄂城市群是资源型地区,2001～2016 年期间呼包鄂城市群总体上能源化工业的销售利润率处于领先的地位,其次是绿色农畜产品加工业和高新技术产业,冶金建材业和装备制造业处于较低水平。2008 年能源化工业和绿色农畜产品加工业的销售利润率出现大幅的下降,尤其是绿色农畜产品加工业的销售利润率在当年出现了负值的情况,这是由 2008 年呼和浩特的绿色农畜产品加工业的利润总额出现亏损所导致的。

　　通过对市场占有率和销售利润率的分析,我们发现 2001～2016 年呼包鄂城市群的产业集群中,冶金建材业作为该区域传统的优势产业具有长期较强的竞争力;能源化工业的发展态势较为强劲,近年来在市场占有率

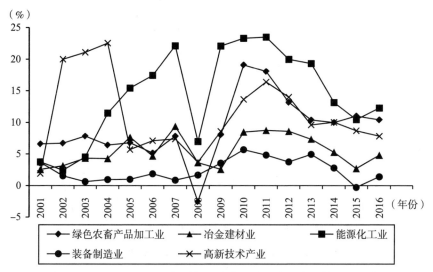

图 4 – 18   2001 ~ 2016 年呼包鄂城市群主要产业集群销售利润率

和销售利润率逐步超过冶金建材业,成为呼包鄂最具竞争力的产业;绿色农畜产品加工业发展一直没有大的突破,竞争能力较弱且在近年来呈现出下滑的态势;装备制造业和高新技术产业的发展长期处于较低水平。

3. 产出能力变动

从呼包鄂城市群主要产业集群总产值看(见图 4 – 19),2001 ~ 2003年呼包鄂城市群的各产业总产值普遍不高且差别不是很大,自 2004 年起,能源化工业和冶金建材业的总产值开始迅速地增加,并逐步拉开与其他三个产业之间的差距,2007 年之后能源化工业的总产值更是遥遥领先。其余三个产业总产值均处于较低水平,其中,绿色农畜产品加工业和装备制造业的总产值较为接近,且略高于高新技术产业。

全员劳动生产率指根据产品的价值量指标计算的平均每一个从业人员在单位时间内的产品生产量。从呼包鄂城市群主要产业集群全员劳动生产率看(见图 4 – 20),呼包鄂城市群各产业集群在 2001 ~ 2016 年的全员劳动生产率总体上都呈上升趋势。其中,2001 ~ 2009 年高新技术产业的该项指标高于其他产业,2010 年起,能源化工业的全员劳动生产率稳步提升逐渐超过高新技术产业;冶金建材业、绿色农畜产品加工业以及装备制造业也在小幅提升,冶金建材业和绿色农畜产品加工业略高于装备制造业。

65

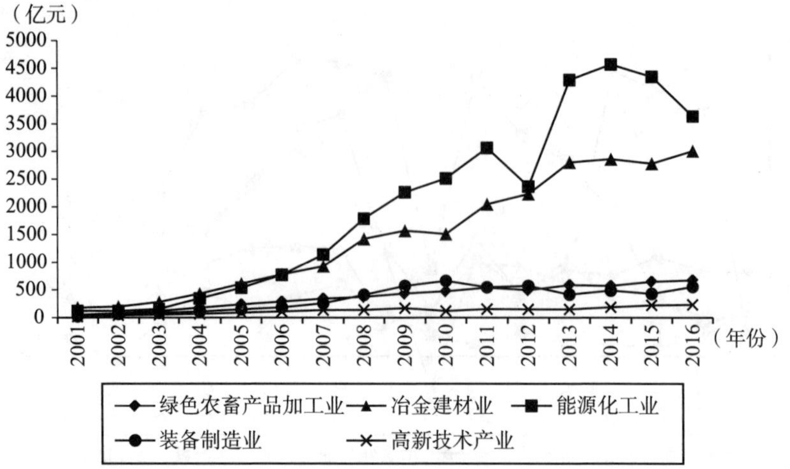

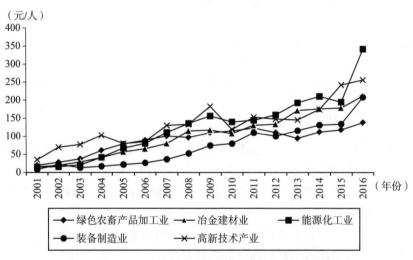

（亿元）

图 4 – 19　2001～2016 年呼包鄂城市群主要产业集群总产值

（元/人）

图 4 – 20　2001～2016 年呼包鄂城市群全员劳动生产率

通过对 2001～2016 年呼包鄂城市群总产值和全员劳动生产率的分析可知，该区域的产出能力总体在稳步提升。其中，能源化工业的总产值和全员劳动生产率都在近年来提升较快，对整个城市群的产出能力的推动作用明显；冶金建材业作为包头传统的优势产业，保持了一贯的良好发展态势，并且在未来仍然有增长的趋势；绿色农畜产品加工业、高新技术产业以及装备制造业的产出能力仍有较大的发展空间。

4. 规模经济效应变动

从呼包鄂城市群主要产业集群规模以上企业数看（见图 4 – 21），2001～2016 年呼包鄂城市群的能源化工业规模以上企业数最多，从 2001 年的 100 个增长到了 2016 年的 475 个；冶金建材业和装备制造业的规模以上企业数居于其后，并且在 2001～2009 年呈增长趋势，从 2010 年起维持在 300 个左右，进入了较稳定的状态；绿色农畜产品加工业的规模以上企业数在经历 2009～2012 年的短暂减少后又呈现上升趋势；高新技术产业的最少，基本维持在 50 个左右。

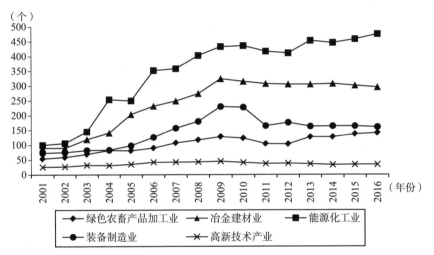

图 4 – 21　2001～2016 年呼包鄂城市群主要产业集群规模以上企业数

产业职工人数的变动情况与企业数量的变动情况密切相关。呼包鄂城市群主要产业集群的产业职工人数（见图 4 – 22）具体可划分为两个阶段：在 2001～2008 年，企业个数相对发展稳定，产业职工人数基本没有太大的变动，其中冶金建材业的职工人数最多，其次分别为能源化工业、装备制造业、绿色农畜产品加工业以及高新技术产业；在 2009～2016 年，能源化工业的职工人数超过了冶金建材业，装备制造业的职工人数在此阶段开始减少，2013 年之后低于绿色农畜产品加工业，而高新技术产业的职工人数仍然处于低水平。

67

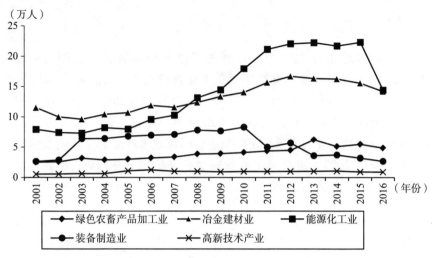

图4-22　2001~2016年呼包鄂城市群主要产业集群产业职工数

　　从呼包鄂城市群主要产业集群利税总额看（见图4-23），2001~2004年呼包鄂城市群五大产业集群的利税总额处于较低水平且差别不是很大；能源化工业的利税总额自2005年起开始呈直线式的增长，2011年高达1074.49亿元，其中鄂尔多斯的贡献率最大，2012年起开始下降，到2016年跌至486.19亿元；冶金建材业的利税总额自2008年开始有所增长，2012年以后小幅跌落；绿色农畜产品加工业、装备制造业以及高新技术产业的利税总额均处于较低水平。

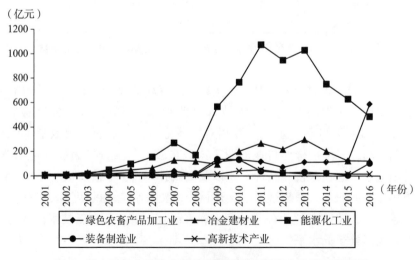

图4-23　2001~2016年呼包鄂城市群主要产业集群利税总额

产值利税率指的是已实现的利润、税金总额（包括利润总额、产品销售税金及附加和应交增值税）占同期全部工业总产值的百分比。从呼包鄂城市群主要产业集群产值利税率看（见图 4 - 24），高新技术产业的利税率在 2001 ~ 2004 年高于其他产业，2005 年下降之后一直到 2009 年处于稳定，2010 年之后迅速上升到最高值 34.91% 之后又迅速下降；能源化工业的利税率在 2001 ~ 2007 年持续上升，在 2008 ~ 2012 年波动较大，2013 年起呈下降趋势；绿色农畜产品加工业在 2001 ~ 2008 年小幅波动，在 2009 ~ 2012 年波动幅度较大，2013 年以后小幅波动；装备制造业与绿色农畜产品加工业的变化趋势类似，但其在 2015 ~ 2016 年增幅明显；冶金建材业相较其他四个产业而言，产值利税率变化波动较小，自 2013 年起有不断下降的趋势。

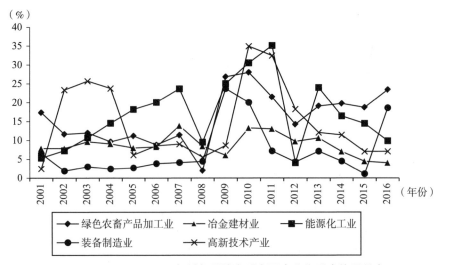

图 4 - 24　2001 ~ 2016 年呼包鄂城市群主要产业集群产值利税率

通过从规模以上企业数、产业职工数、利税总额及产值利税率四个指标的分析可知，能源化工业和冶金建材业在呼包鄂城市群规模经济中起到了关键性的带动作用，尤其是鄂尔多斯能源化工业近些年的飞速发展，带动了整个区域规模经济的发展；绿色农畜产品加工业和装备制造业无论是在规模以上企业个数还是利税总额方面均未取得太大的突破与进展；高新技术产业方面，其规模尚未完全形成，具体表现为规模以上企业数量较少、科技研发人员不足及利税总额处于低水平等。

69

第5章 呼包鄂城市群与产业 集群耦合发展评价

城市群与产业集群存在互动发展关系，是相互影响、相互制约、相互依赖的耦合交互体。将城市群和产业集群视为两大系统，通过设置合理的指标体系，定量测度分析这两大系统的耦合关系和协调度，可以在一定程度上客观反映出城市群与产业集群之间耦合协调发展状况。

5.1 耦合发展评价模型构建

5.1.1 功效函数

关于功效系数的设计需要以假设为前提，假设 u_i $(i=1, 2, \cdots, n)$ 为城市群和产业群耦合系统的序参量，u_{ij} 为第 i 个序参量的第 j 个指标，其值为 $x_{ij} = (j=1, 2, \cdots, m)$，$\alpha_{ij}$ 和 β_{ij} 分别为系统稳定临界点的序参量上限值和下限值（序参量上下限 α_{ij} 和 β_{ij} 的确定可选择基准年期值或标准值或理想值），则城市群与产业集群子系统的各参数对总体耦合系统的功效系数 u_{ij} 就可以表示为：

$$u_{ij} = (x_{ij} - \beta_{ij})/(\alpha_{ij} - \beta_{ij}) ，x_{ij} 具有正功效$$
$$u_{ij} = (\alpha_{ij} - x_{ij})/(\alpha_{ij} - \beta_{ij}) ，x_{ij} 具有负功效 \qquad (5-1)$$

其中 u_{ij} 可以反映 x_{ij} 对系统的功效贡献大小。

对 x_{ij} 进行正规化处理，使 $u_{ij} \in [0, 1]$。对于各子系统内序参量对总体系统的总贡献通常用线性加权法来测算。

各系统的综合评价指数公式如下：

$$u_i = \sum_{j=1}^{m} w_{ij} \times u_{ij} \qquad (5-2)$$

其中 w_{ij} 为各序参量的指标权重，且 $\sum_{i}^{m} w_{ij} = 1$。注意此时 u_{ij} 为正规化后的功效系数。

5.1.2　耦合度模型

目前，对于耦合度、耦合协调度的测定有很多学者会借鉴物理学中的耦合概念和耦合系数模型，得到多个系统或多个要素之间相互作用的耦合度模型，即

城市群与产业集群两个子系统之间耦合度的计算公式如下：

$$C = \left\{ \frac{u_1 \cdot u_2}{((u_1 + u_2)/2)^2} \right\}^k \qquad (5-3)$$

其中，C 表示城市群与产业集群的耦合度，u_1 表示城市群系统的综合评价指数，u_2 表示产业集群系统的综合评价指数，k 为调节系数，令 $k=2$。对城市群与产业集群耦合度的等级进行划分[①]（见表 5-1）。

表 5-1　　　　　　　　　　　耦合度 C 的等级划分

耦合度 C	耦合度水平
C = 0	不存在耦合，处于无序发展状态
0.0 < C ≤ 0.3	耦合处于形成期，耦合水平较低
0.3 < C ≤ 0.5	耦合处于颉颃期，耦合水平一般
0.5 < C ≤ 0.5	耦合处于磨合期，耦合水平较高
0.8 < C ≤ 1.0	耦合处于成熟期，耦合水平极度耦合

5.1.3　耦合协调度模型

耦合度模型虽得到普遍应用但也存在不足，不能直接反映两个系统的综合发展水平，如果两个系统发展水平都比较低，利用耦合度模型仍得到两个系统耦合度高的结果，而这种高水平的耦合与两系统发展水平都很高时的高水平耦合的内涵是不同的，因此借鉴学者以往的研究成果，再构建

---

① 郭凤城：《产业群、城市群的耦合与区域经济发展》，吉林大学，2008 年。

一个能客观反映城市群与产业集群耦合发展的耦合协调度模型予以完善补充，即为了能客观反映城市群与产业集群两大系统的耦合协调情况，需计算两大系统间的耦合协调度，耦合协调度 D 公式如下：

$$D = \sqrt{C \times T} \qquad (5-4)$$

其中 $T = \alpha \cdot u_1 + \beta \cdot u_2$

T 为城市群与产业集群两个子系统的综合协调指数，反映城市群与产业集群整体发展水平对协调度的贡献，u_1、u_2 分别表示城市群、产业集群的综合评价指数，α，β 为待定系数，一般取值0.5。

为了准确分析城市群与产业集群的耦合协调发展状态，参考已有研究①，论文将耦合协调度划分为4大类10小类（见表5-2）。

表5-2　　　　　　　　耦合协调度 D 的等级划分及标准

第一层次	第二层次	
	D	类型
耦合类（0.7~1.0）	0.9≤D<1.0	优质协调发展类
	0.8≤D<0.9	良好协调发展类
	0.7≤D<0.8	中级协调发展类
调和类（0.5~0.7）	0.6≤D<0.7	初级协调发展类
	0.5≤D<0.6	勉强协调发展类
失调类（0.3~0.5）	0.4≤D<0.5	濒临失调发展类
	0.3≤D<0.4	轻度失调发展类
矛盾类（0.0~0.3）	2.0≤D<0.3	中度矛盾发展类
	0.1≤D<0.2	严重矛盾发展类
	0.0≤D<0.1	极度矛盾发展类

根据城市群与产业集群综合发展指数（u_1 与 u_{2i}）的大小关系，将城市群与产业集群的发展关系分为三个类型。若 $u_1 > u_{2i}$，为产业集群滞后型；若 $u_1 < u_{2i}$，为城市群滞后型；若 $u_1 = u_{2i}$，为城市群与产业集群同步型。

---

① 李东光、郭凤城：《产业集群与城市群协调发展对区域经济的影响》，载《经济纵横》2011年第8期，第40~43页。

5.2　耦合发展评价

5.2.1　指标权重的确定

1. 指标权重的确定方法

　　针对实际问题构建综合性指标体系后，确定各个指标的权重成为一项重要工作。指标权重是个相对概念，要求评价过程中各评价因子对总体评价的作用区别对待，体现了各要素对整体贡献的相对重要程度。目前，指标权重的确定方法有很多种，其中利用专家或个人的知识和经验确定权重的方法称为主观赋权法，包括德尔菲法、环比评分法等，其特点是主观随意性突出，选取专家不同所得权重不同；从指标的统计性质考虑，以调查数据为基础，不需征求专家意见通过借助一定的统计工具确定权重的方法称为客观赋权法，主要包括熵值法、主成分分析法、均方差决策法等，其特点为绝对客观性，但会因所取样本不充分使得最重要的分量不一定具有最大权重。所以人们为克服这两种方法的局限性，采用定性与定量相结合的方法即层次分析法来确定权重。层次分析法可以通过构建树状层结构，使复杂问题层次化；根据指标重要性的比较，利用矩阵计算权重，将复杂问题简单化；最后进行一致性检验，将权重结果科学化。

2. 城市群和产业集群两大系统各指标权重的确定

　　根据第 3 章构建呼包鄂城市群与产业集群耦合发展评价指标体系，采用层次分析法的基本原理，利用 Yaahp0.5.3 软件，先构建层次结构模型，然后填充判断矩阵，检验一致性，最后得出权重结果（见表 5 - 3）。

73

表 5 – 3　　　　　城市群与产业集群耦合发展评价指标体系

总系统	子系统	一级指标（权重）	二级指标	单位	属性	权重
城市群与产业集群耦合发展度	城市群	群域发展条件（0.4344）	市场需求量	亿元	正	0.1448
			交通便利指数	—	正	0.2896
		群域经济发展度（0.3153）	生产总值增长率	%	正	0.1036
			人均地区生产总值	元	正	0.0902
			人均地方财政收入	元	正	0.0549
			全社会固定资产投资总额	亿元	正	0.0451
			金融机构年末存款余额	亿元	正	0.0215
		群域社会发展度（0.0901）	人口自然增长率	‰	适度	0.0215
			城镇居民人均可支配收入	元	正	0.0168
			万人拥有床位数	张	正	0.0107
			恩格尔系数	—	负	0.0411
		群域环境发展度（0.1602）	建成区绿化覆盖率	%	正	0.0865
			生活垃圾无害化处理率	%	正	0.0261
			污水处理率	%	正	0.0476
	产业集群	集聚程度（0.1294）	产值区位商	—	正	0.0971
			就业区位商	—	正	0.0324
		竞争程度（0.4171）	市场占有率	%	正	0.1043
			销售利润率	%	正	0.3129
		产出能力（0.2950）	总产值	亿元	正	0.2212
			全员劳动生产率	元/人	正	0.0737
		规模经济效应（0.1585）	规模以上企业数	个	正	0.0254
			产业职工数	万人	正	0.074
			利税总额	亿元	正	0.044
			产值利税率	%	正	0.0151

5.2.2　利用功效函数对原始数据正规化处理

根据功效函数公式（5－1），对原始数据进行正规化处理，具体计算过程如下。

1. 呼包鄂城市群系统内各序参量的正规化处理

（1）群域发展条件的正规化处理。

a. 市场需求量的正规化过程及结果（见表5－4）。

表5－4   **2016 年市场需求量**   单位：万元

呼和浩特	包头	鄂尔多斯	最大值	最小值	城市群
32816313.6	43560337.9	37853825.5	43560337.9	32816313.6	114230477

城市群由 3 个城市构成，群域市场需求量为 114230477 万元，序参量的上限为最大值的 3 倍，下限为最小值的 3 倍，市场需求量指标具有正功效，因此套用功效系数的公式，将其正规化，市场需求量正规化值 $=$

$$\frac{114230477 - 3 \times 3281613.6}{3 \times 43560337.9 - 3 \times 3281613.6} = 0.489 。$$

b. 交通便利指数的正规化过程及结果（见表5－5）。

表5－5   **2016 年交通便利指数**

呼和浩特	包头	鄂尔多斯	最大值	最小值	城市群
23.191	17.199	20.427	23.191	17.199	20.272

交通便利指数具有正功效，因此代入功效函数公式将其正规化，交通便利指数正规化值 $=\dfrac{20.272 - 17.199}{23.191 - 17.199} = 0.512 。$

（2）群域经济发展程度的正规化处理（见表5－6）。

表5－6   **2016 年群域经济发展程度各指标**

	生产总值增长率（%）	人均生产总值（元）	人均地方财政收入（万元）	全社会固定资产投资总额（万元）	金融机构年末存款余额（亿元）
呼和浩特	2.68	103235	873.02	18001736	6178.83
包头	3.91	136021	949.12	29558162	3236

	生产总值增长率（％）	人均生产总值（元）	人均地方财政收入（万元）	全社会固定资产投资总额（万元）	金融机构年末存款余额（亿元）
鄂尔多斯	4.54	215488	2194.42	30585757	3118.18
群域合计	—	—	—	78145655	12533.01
群域均值	3.81	151581.33	1239.62	—	—

生产总值增长率正规化值 $= \dfrac{3.81 - 2.68}{4.54 - 2.68} = 0.606$。

人均生产总值正规化值 $= \dfrac{151581.33 - 103235}{215488 - 103235} = 0.431$。

人均地方财政收入正规化值 $= \dfrac{1239.62 - 873.02}{2194.42 - 873.02} = 0.277$。

全社会固定投资总额正规化值 $= \dfrac{78145655 - 18001736 \times 3}{30585757 \times 3 - 18001736 \times 3} = 0.639$。

金融机构年末存款余额正规化值 $= \dfrac{12533.01 - 3118.18 \times 3}{6178.83 \times 3 - 3118.18 \times 3} = 0.346$。

（3）群域社会发展度的正规化处理（见表5－7）。

表5－7　　　　　　　　　2016年群域社会发展程度各指标

	人口自然增长率（％）	城镇居民人均可支配收入（元）	万人拥有床位数（张）	恩格尔系数（％）
呼和浩特	4.70	40220	61	25.39
包头	3.26	40955	60	28.31
鄂尔多斯	13.25	40221	55	23.88
群域合计	—	—	—	—
群域均值	7.07	40465.33	59	25.86

人口自然增长率正规化值 $= \dfrac{7.07 - 3.26}{13.25 - 3.26} = 0.381$。

城镇居民人均可支配收入正规化值 $= \dfrac{40465.33 - 40220}{40955 - 40220} = 0.334$。

万人拥有床位数正规化值 $= \dfrac{59 - 55}{61 - 55} = 0.734$。

恩格尔系数正规化值 $= \dfrac{28.31 - 25.86}{28.31 - 23.88} = 0.553$（恩格尔系数具有负功效）。

（4）群域环境发展度的正规化处理（见表 5 – 8）。

表 5 – 8　　　　　　　　　　2016 年群域环境发展度各指标

	建成区绿化覆盖率（%）	生活垃圾无害化处理率（%）	污水处理率（%）
呼和浩特	38.30	100	94.64
包头	44.05	97.67	89.69
鄂尔多斯	42.39	97.02	92.27
群域值	41.58	98.23	92.20

建成区绿化覆盖率正规化值 $= \dfrac{41.58 - 38.30}{44.05 - 38.30} = 0.570$。

生活垃圾无害化处理率正规化值 $= \dfrac{98.23 - 97.02}{100 - 97.02} = 0.406$。

污水处理率正规化值 $= \dfrac{92.20 - 89.69}{94.64 - 89.69} = 0.507$。

2. 呼包鄂产业集群各序参量的正规化处理

在《内蒙古以呼包鄂为核心沿黄河沿交通干线经济带重点产业 2010 ~ 2020 年发展规划》中政府提出以优势特色产业为基础，重点打造绿色农畜产品加工业、冶金建材业、能源化工业、装备制造业、高新技术产业等产业集群，现都已初具规模，本书将对这五大产业集群与呼包鄂城市群的耦合情况展开研究。为方便数据的分类统计，将各产业集群按统计年鉴中的行业分类归总（见表 5 – 9）。

表 5 – 9　　　　　　　　　　产业集群行业分类表

产业集群	行业
绿色农畜产品加工业	农副食品加工业；食品制造业；饮料制造业；纺织服装鞋帽制造业；皮革、毛皮、羽毛（绒）及其制品业
冶金建材业	黑色金属矿采选业；有色金属矿采选业；黑色金属冶炼及压延加工业；有色金属冶炼及压延加工业；金属制品业

产业集群	行业
能源化工业	煤炭开采和洗选业；石油加工、炼焦及核燃料加工业；化学原料及化学制品制造业；电力、热力的生产和供应业；燃气生产和供应业
装备制造业	通用设备制造业；专用设备制造业；交通运输设备制造业；电气机械及器材制造业
高新技术产业	医药制造业；通信设备、计算机及其他电子设备制造业

以 2002～2017 年内蒙古统计年鉴及各城市统计年鉴为数据来源，分别对五大产业集群各序参量进行正规化：

（1）集聚程度的正规化处理。

a. 产值区位商的正规化过程及结果（见表 5－10）。

表 5－10 　　　　　　2016 年各产业群产值区位商及正规化值

	工业总产值	绿色农畜产品加工业	冶金建材业	能源化工业	装备制造业	高新技术产业
全国	1151950. 07	150291. 2	161093. 9	202568. 44	260907. 37	126874. 96
呼和浩特	17308578	4854578	904744	7613594	476869	1700853
包头	34409058	1239586. 3	20116570	5299706. 3	4199570. 9	69826. 7
鄂尔多斯	44179341	611144. 2	9016515	36340461. 2	868108. 6	528146. 2
最大值		4854578	20116570	36340461. 2	4199570. 9	1700853
最小值		611144. 2	904744	5299706. 3	476869	69826. 7
呼包鄂城市群	95896977	6705308. 5	30037829	49253761. 5	5544548. 5	2298825. 9
产值区位商		0. 53593725	2. 239845	2. 920763267	0. 255275172	0. 217650115
上限		1. 16404005	4. 500126	6. 465001714	0. 580054184	0. 483104247
下限		0. 14654133	0. 202393	0. 942822661	0. 06586622	0. 019833328
正规化值		0. 38269917	0. 474076	0. 358181179	0. 368365201	0. 427000227

注：全国产值单位为亿元，其他城市产值单位为万元。

以绿色农畜产品加工业为例对上述产值区位商的计算及正规化过程进行解释。绿色农畜产品加工业产值区位商 ＝（6705308. 5/95896977）/

（150291.2/1151950.07）=0.535，分别取呼包鄂三市产值的最大值和最小值的3倍为基础计算上下限，上限 =（4854578×3/95896977）/（150291.2/1151950.07）= 1.164，下限 =（611144.2×3/95896977）/（150291.2/1151950.07）=0.146，因此该产业集群的产值区位商正规化值 =（0.535 − 0.146）/（1.164 − 0.146）=0.382。

b. 就业区位商的正规化过程及结果（见表5−11）。

表5−11　　　　　2016年各产业群就业区位商及正规化值

	工业总就业	绿色农畜产品加工业	冶金建材业	能源化工业	装备制造业	高新技术产业
全国	9475.57	1496.29	889.81	1282.39	1421.32	1126.18
呼和浩特	94504	33356	4019	35067	4046	7610
包头	229014	12699	130335	38995	21105	790
鄂尔多斯	180584	2467.9557	7421.0885	70064.0244	1488.86	577.7668889
最大值		33356	130335	70064.0244	21105	7610
最小值		2467.95577	4019	35067	1488.86	577.7668889
呼包鄂城市群	504102	48522.9557	141775.088	144126.024	26639.86	8977.766889
就业区位商		0.60956272	2.994949949	2.11256076	0.3523116	0.149846788
上限		1.25708999	8.259846045	3.08093925	0.837339672	0.381052684
下限		0.09301002	0.25469997	1.54200815	0.0590704	0.028930305
正规化值		0.44374330	0.3423110	0.37074603	0.3767863	0.3434

注：全国就业人数单位为万人，各城市就业人数单位为人。

（2）竞争程度的正规化处理（见表5−12）。

表5−12　　　　　2016年各产业群竞争程度各指标正规化值

	绿色农畜产品加工业	冶金建材业	能源化工业	装备制造业	高新技术产业
市场占有率	0.361	0.473	0.348	0.358	0.401
销售利润率	0.596	0.566	0.772	0.869	0.802

（3）产出能力的正规化处理（见表5-13）。

表5-13　　　　2016年各产业群产出能力各指标正规化值

	绿色农畜产品加工业	冶金建材业	能源化工业	装备制造业	高新技术产业
总产值	0.383	0.474	0.358	0.368	0.427
全员劳动生产率	0.270	0.054	0.182	0.194	0.203

（4）规模经济效应的正规化处理（见表5-14）。

表5-14　　　　2016年各产业群规模经济效应各指标正规化值

	绿色农畜产品加工业	冶金建材业	能源化工业	装备制造业	高新技术产业
企业数	0.540	0.341	0.427	0.353	0.373
产业职工数	0.444	0.342	0.573	0.377	0.343
利税总额	0.396	0.441	0.418	0.447	0.341
产值利税率	0.102	0.891	0.094	0.187	0.375

5.2.3　分别计算城市群和产业集群两个系统的综合评价指数

1. 呼包鄂城市群综合评价指数

呼包鄂城市群系统的综合评价指数的计算要以该系统各指标权重和正规化值为基础，通过加权算出结果，所以将呼包鄂城市群系统的各指标权重及正规化值进行如下汇总，如表5-15所示。

表5-15　2016年呼包鄂城市群系统的各指标权重及正规化值汇总表

一级指标		二级指标		
指标名称	对应权重 w_i	指标名称	对应权重 w_{ij}	正规化值 u_{ij}
群域发展条件	0.4344	市场需求量	0.1448	0.489
		交通便利指数	0.2896	0.512

一级指标		二级指标		
指标名称	对应权重 w_i	指标名称	对应权重 w_{ij}	正规化值 u_{ij}
群群域经济 发展度	0.3153	生产总值增长率	0.1036	0.606
		人均地区生产总值	0.0902	0.431
		人均地方财政收入	0.0549	0.277
		全社会固定资产投资总额	0.0451	0.639
		金融机构年末存款余额	0.0215	0.346
群域社会 发展度	0.0901	人口自然增长率	0.0215	0.381
		城镇居民人均可支配收入	0.0168	0.334
		万人拥有床位数	0.0107	0.734
		恩格尔系数	0.0411	0.553
群域环境 发展度	0.1602	建成区绿化覆盖率	0.0865	0.570
		生活垃圾无害化处理率	0.0261	0.406
		污水处理率	0.0476	0.507

将表 5 - 15 中数据代入公式（5 - 2），经计算得出 2016 年城市群综合评价指数 u_1，即

$u_1 = 0.1448 \times 0.489 + 0.2896 \times 0.512 + 0.1036 \times 0.606 + 0.0902 \times 0.431 + 0.0549 \times 0.277 + 0.0451 \times 0.639 + 0.0215 \times 0.346 + 0.0215 \times 0.381 + 0.0168 \times 0.334 + 0.0107 \times 0.734 + 0.0411 \times 0.553 + 0.0865 \times 0.570 + 0.0261 \times 0.406 + 0.0476 \times 0.507 = 0.5010$。

2. 呼包鄂产业集群综合评价指数

呼包鄂产业集群综合评价指数也需要制作五大产业集群绩效评价指标值汇总表，通过加权计算各产业群的总功效系数也即综合评价指数。五大产业集群指标值汇总表分别如表 5 - 16、表 5 - 17、表 5 - 18、表 5 - 19、表 5 - 20 所示。

表 5 – 16   2016 年绿色农畜产品加工业的指标值汇总表

一级指标		二级指标		
指标名称	对应权重 w_i	指标名称	对应权重 w_{ij}	正规化值 u_{ij}
集聚程度	0.1294	产值区位商	0.0971	0.383
		就业区位商	0.0324	0.444
竞争程度	0.4171	市场占有率	0.1043	0.361
		销售利润率	0.3129	0.596
产出能力	0.2950	总产值	0.2212	0.383
		全员劳动生产率	0.0737	0.270
规模经济效应	0.1585	规模以上企业数	0.0254	0.540
		产业职工数	0.0740	0.444
		利税总额	0.0440	0.396
		产值利税率	0.0151	0.102

将表 5 – 16 中数据代入公式（5 – 2），经计算得出 2016 年绿色农畜产品加工业综合评价指数 u_{21}，即

$u_{21}=0.0971×0.383+0.0324×0.444+0.1043×0.361+0.3129×$
$0.596+0.2212×0.383+0.0737×0.270+0.0254×0.540+0.0740×$
$0.444+0.0440×0.396+0.0151×0.102=0.446$

表 5 – 17   2016 年冶金建材业的指标值汇总表

一级指标		二级指标		
指标名称	对应权重 w_i	指标名称	对应权重 w_{ij}	正规化值 u_{ij}
集聚程度	0.1294	产值区位商	0.0971	0.474
		就业区位商	0.0324	0.342
竞争程度	0.4171	市场占有率	0.1043	0.473
		销售利润率	0.3129	0.566
产出能力	0.2950	总产值	0.2212	0.474
		全员劳动生产率	0.0737	0.054

一级指标		二级指标		
指标名称	对应权重 w_i	指标名称	对应权重 w_{ij}	正规化值 u_{ij}
规模经济效应	0.1585	规模以上企业数	0.0254	0.341
		产业职工数	0.0740	0.342
		利税总额	0.0440	0.441
		产值利税率	0.0151	0.891

　　将表 5 - 17 中的数据代入公式（5 - 2），经计算得出 2016 年冶金建材业的综合评价指数 u_{22}，即

$$u_{22} = 0.0971 \times 0.474 + 0.0324 \times 0.342 + 0.1043 \times 0.473 + 0.3129 \times 0.566 + 0.2212 \times 0.474 + 0.0737 \times 0.054 + 0.0254 \times 0.341 + 0.0740 \times 0.342 + 0.0440 \times 0.441 + 0.0151 \times 0.891 = 0.4595$$

表 5 - 18　　　　　2016 年能源化工业的指标值汇总表

一级指标		二级指标		
指标名称	对应权重 w_i	指标名称	对应权重 w_{ij}	正规化值 u_{ij}
集聚程度	0.1294	产值区位商	0.0971	0.358
		就业区位商	0.0324	0.371
竞争程度	0.4171	市场占有率	0.1043	0.348
		销售利润率	0.3129	0.772
产出能力	0.2950	总产值	0.2212	0.358
		全员劳动生产率	0.0737	0.182
规模经济效应	0.1585	规模以上企业数	0.0254	0.427
		产业职工数	0.0740	0.573
		利税总额	0.0440	0.418
		产值利税率	0.0151	0.094

　　将表 5 - 18 中数据代入公式（5 - 2），经计算得出 2016 年能源化工业的综合评价指数 u_{23}，即

$u_{23} = 0.0971 \times 0.358 + 0.0324 \times 0.371 + 0.1043 \times 0.348 + 0.3129 \times 0.772 + 0.2212 \times 0.358 + 0.0737 \times 0.182 + 0.0254 \times 0.427 + 0.0740 \times 0.573 + 0.0440 \times 0.418 + 0.0151 \times 0.094 = 0.4904$。

表 5－19   2016 年装备制造业的指标值汇总表

一级指标		二级指标		
指标名称	对应权重 w_i	指标名称	对应权重 w_{ij}	正规化值 u_{ij}
集聚程度	0.1294	产值区位商	0.0971	0.368
		就业区位商	0.0324	0.377
竞争程度	0.4171	市场占有率	0.1043	0.358
		销售利润率	0.3129	0.869
产出能力	0.2950	总产值	0.2212	0.368
		全员劳动生产率	0.0737	0.194
规模经济效应	0.1585	规模以上企业数	0.0254	0.353
		产业职工数	0.0740	0.377
		利税总额	0.0440	0.447
		产值利税率	0.0151	0.187

将表 5－19 中数据代入公式（5－2），经计算得出 2016 年装备制造业的综合评价指数 u_{24}，即

$u_{24} = 0.0971 \times 0.368 + 0.0324 \times 0.377 + 0.1043 \times 0.358 + 0.3129 \times 0.869 + 0.2212 \times 0.368 + 0.0737 \times 0.194 + 0.0254 \times 0.353 + 0.0740 \times 0.377 + 0.0440 \times 0.447 + 0.0151 \times 0.187 = 0.5125$

表 5－20   2016 年高新技术产业的指标值汇总表

一级指标		二级指标		
指标名称	对应权重 w_i	指标名称	对应权重 w_{ij}	正规化值 u_{ij}
集聚程度	0.1294	产值区位商	0.0971	0.427
		就业区位商	0.0324	0.343

一级指标		二级指标		
指标名称	对应权重 w_i	指标名称	对应权重 w_{ij}	正规化值 u_{ij}
竞争程度	0.4171	市场占有率	0.1043	0.401
		销售利润率	0.3129	0.802
产出能力	0.2950	总产值	0.2212	0.427
		全员劳动生产率	0.0737	0.203
规模经济效应	0.1585	规模以上企业数	0.0254	0.373
		产业职工数	0.0740	0.343
		利税总额	0.0440	0.341
		产值利税率	0.0151	0.375

将表 5 - 20 中数据代入公式（5 -2），经计算得出 2012 年装备制造业综合评价指数 u_{25}，即

$u_{25} = 0.0971 \times 0.427 + 0.0324 \times 0.343 + 0.1043 \times 0.401 + 0.3129 \times 0.802 + 0.2212 \times 0.427 + 0.0737 \times 0.203 + 0.0254 \times 0.373 + 0.0740 \times 0.343 + 0.0440 \times 0.341 + 0.0151 \times 0.375 = 0.5104$。

5.2.4　利用耦合模型计算耦合度和耦合协调度

将 2001～2016 年呼包鄂城市群综合评价指数 U_1 和五大产业集群综合评价指数 U_2（见表 5 -21）。计算结果代入城市群与产业集群的耦合度系数的计算模型（5 -3），可得到 2001～2016 年呼包鄂城市群与绿色农畜产品加工业、冶金建材业、能源化工业、装备制造业、高新技术产业五大产业集群的耦合度，分别用 C_{21}、C_{22}、C_{23}、C_{24}、C_{25} 表示（见表 5 - 22）。再根据耦合协调度模型（5 -4），得出城市群与产业集群耦合协调度（见表 5 - 23）。

表 5 - 21　　2001 ~ 2016 年呼包鄂城市群和五大产业集群的综合评价指数 U

年份	绿色农畜产品加工业 U_{21}	冶金建材业 U_{22}	能源化工业 U_{23}	装备制造业 U_{24}	高新技术产业 U_{25}	城市群综合评价指数 U_1
2001	0.55385148	0.51196453	0.507968369	0.448047234	0.30813415	0.515816569
2002	0.3847	0.3356	0.5416	0.4042	0.5456	0.510595214
2003	0.3653	0.3264	0.5545	0.3781	0.5413	0.515071855
2004	0.339938461	0.32527394	0.557476345	0.322086108	0.55511866	0.512128139
2005	0.341362061	0.534086732	0.539000396	0.264897642	0.343878921	0.515357218
2006	0.30172114	0.535239738	0.4966857	0.251235296	0.441690278	0.4533757
2007	0.3662	0.5206	0.4728	0.3761	0.2769	0.451762972
2008	0.3282	0.5159	0.3794	0.3038	0.4245	0.508414012
2009	0.3237	0.2780	0.5183	0.2557	0.4938	0.464802789
2010	0.4534	0.2540	0.5114	0.3383	0.3920	0.501130052
2011	0.3280	0.2528	0.4945	0.2966	0.2951	0.505266415
2012	0.4538	0.2662	0.5049	0.3054	0.5575	0.518984598
2013	0.327410551	0.473640624	0.52047186	0.566372289	0.290270229	0.480897419
2014	0.305282132	0.519972539	0.494778431	0.543066168	0.279087059	0.476905125
2015	0.340891931	0.495120443	0.523822151	0.529125545	0.547491505	0.476144717
2016	0.445831817	0.459499236	0.490432629	0.51254448	0.510392899	0.501056347

资料来源：根据 2002 ~ 2016 年的《内蒙古统计年鉴》《呼和浩特市统计年鉴》《包头市统计年鉴》《鄂尔多斯市统计年鉴》《中国工业统计年鉴》以及对应年份的政府工作报告中的相关数据计算而来。

表 5-22　2001~2016 年呼包鄂城市群与产业集群耦合度 C

年份	绿色农畜产品加工业 C_{21}	冶金建材业 C_{22}	能源化工业 C_{23}	装备制造业 C_{24}	高新技术产业 C_{25}
2001	0.997657471	0.999971906	0.999882472	0.990137425	0.876971092
2002	0.960853348	0.916248692	0.99826734	0.973129077	0.997806012
2003	0.942950901	0.902016612	0.997283644	0.953497134	0.998766939
2004	0.919991259	0.902900018	0.996408191	0.898898875	0.996757401
2005	0.919206427	0.999363065	0.998994559	0.804538745	0.921929432
2006	0.920952708	0.9863331	0.995848056	0.842170651	0.999659143
2007	0.978249443	0.989996451	0.99896013	0.983383814	0.888080335
2008	0.909346964	0.999892292	0.958180002	0.877150858	0.983898904
2009	0.937014284	0.877485842	0.994085566	0.838574756	0.998173292
2010	0.995010013	0.797260177	0.999794305	0.926198584	0.970343816
2011	0.911557645	0.790442728	0.999766328	0.869184904	0.866877066
2012	0.991046362	0.803443893	0.99962365	0.870236521	0.997443542
2013	0.929186246	0.99988441	0.996878727	0.986721748	0.881525052
2014	0.906032525	0.996270605	0.999323424	0.991602613	0.867749032
2015	0.945943543	0.999236747	0.995458591	0.994452488	0.990307599
2016	0.99320863	0.996260022	0.999869426	0.999743098	0.999829589

城市群与产业集群耦合发展研究

表 5－23　　2001～2016 年呼包鄂城市群与产业集群耦合协调度 D

年份	绿色农畜产品加工业 D_{21}	冶金建材业 D_{22}	能源化工业 D_{23}	装备制造业 D_{24}	高新技术产业 D_{25}
2001	0.729965555	0.716851527	0.715424564	0.690781305	0.601074439
2002	0.655843157	0.622610652	0.724687178	0.667163192	0.725900982
2003	0.644260986	0.616054902	0.730297644	0.65253781	0.726317791
2004	0.626056636	0.614853784	0.729987215	0.612321095	0.729309998
2005	0.627495764	0.724146229	0.725705698	0.560243369	0.629346918
2006	0.589664515	0.698249286	0.68779241	0.544702993	0.668865042
2007	0.632533205	0.693777722	0.67957718	0.638023855	0.568804937
2008	0.616753281	0.715623844	0.652167027	0.596852356	0.677468848
2009	0.607811738	0.570869789	0.699032306	0.549620851	0.691675928
2010	0.689125311	0.548650275	0.71144941	0.623502642	0.658260038
2011	0.616274435	0.547356073	0.706927432	0.590334534	0.588996871
2012	0.694296896	0.561621742	0.715380082	0.598914657	0.732705873
2013	0.612808554	0.690806669	0.706485574	0.718805883	0.583010978
2014	0.595267627	0.704684296	0.696787679	0.711128047	0.572717856
2015	0.621639181	0.696607436	0.705487636	0.706998413	0.711939158
2016	0.685732271	0.691723618	0.70404528	0.711807709	0.711082585

5.3　结论与讨论

5.3.1　呼包鄂城市群与五大产业集群综合发展水平评价

评价结果表明，群域发展条件、经济发展度、社会发展度和环境发展度在 0.4 ~ 0.65，综合作用的结果，2001 ~ 2016 年呼包鄂城市群综合评价指数在 0.5 左右波动，但从总体变动看，表现为略显下降的趋势（见图 5 - 1），2006 ~ 2007 年、2009 年、2013 ~ 2015 年下降明显，2016 年略有回升。从其影响因素看，群域环境发展度和群域社会发展度呈现上升趋势，对城市群综合评价指数有提升作用，而群域发展条件和群域经济发展度特别是群域经济发展度对城市群综合评价指数产生了向下的拉动作用。综合作用的结果，呼包鄂城市群综合评价指数总体呈现下降趋势，但幅度较小。

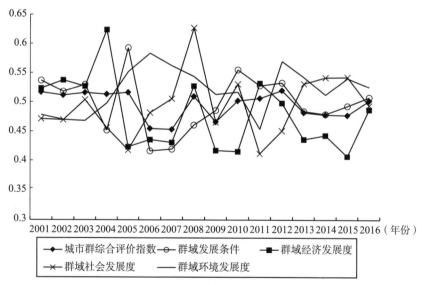

图 5 - 1　呼包鄂城市群综合评价指数及各分量演变路径

呼包鄂五大产业集群综合评价指数均呈现一定程度的波动性。从变动的原因看，受竞争程度的影响最大，集聚程度、产出能力、规模经济效应的影响相对较弱。

绿色农畜产品加工业综合评价指数 2001～2006 年呈现下降趋势，由 2001 年的 0.55 下降到 2006 年的 0.3；2006～2014 年呈现波动式发展；2014～2016 年呈现上升趋势，由 2014 年的 0.305 上升到 2016 年的 0.445（见图 5 - 2a）。从变动的原因看，受竞争程度的影响较大，2001～2006 年，虽然集聚程度、产出能力和规模经济效应都呈现下降趋势，但竞争程度由 2001 年的 0.613 下降到 2006 年的 0.146，极大地拉低了综合评价指数；2006～2014 年竞争程度的波动性也带来了综合评价指数的波动，其间，产出能力长期低迷抵消了规模经济效应和集聚程度向上的拉动；2014 年以后，规模经济效应和集聚程度的相对稳定并长期维持在高水平，产出能力和竞争程度也进一步提升，综合作用的结果，综合评价指数呈现上升趋势。

冶金建材业综合评价指数总体上呈"几"字形的波动变化趋势（见图 5 - 2b），2001～2004 年呈现下降趋势，2005 年急剧上升后，至 2008 年维持在 0.52 左右，2009 年急剧下降，至 2012 年连续维持在低水平，在 0.25 左右波动，2013～2014 年呈缓慢上升趋势，2014 年以后略有下降。从其影响因素来看，2001～2004 年，虽然集聚程度有缓慢的上升趋势，但规模经济、产出能力、竞争程度三者的下降趋势拉低了综合评价指数，其中竞争程度的下降趋势最为明显，由 2001 年的 0.74 下降到 2004 年的 0.30；2005～2008 年较高的综合评价指数得益于竞争程度极大的拉动作用，规模效应、集聚程度对综合评价指数的提升作用不明显，产出能力的下降对综合评价指数起到了抑制作用；2009～2012 年是综合评价指数最低的四年，竞争程度长期低迷抵消了规模经济效应、集聚程度、产出能力向上的拉动；2013～2014 年，规模经济效应、集聚程度、产出能力和竞争程度均呈上升趋势，综合作用的结果，综合评价指数呈现上升趋势。2014 年以后受竞争程度下降的影响，综合评价指数有所下降。

能源化工产业综合评价指数波动相对平缓，除 2008 年出现明显下降外，基本稳定在 0.49～0.55（见图 5 - 2c）。从具体变动来看，2001～2008 年呈缓慢下降趋势，2008～2016 年呈缓慢上升趋势。从变动影响因素来看，竞争程度的影响力最大。综合评价指数与竞争程度的变动趋势基本吻合，2008 年综合评价指数出现最低点，主要是竞争程度的骤降抵消了规模经济效应和产出能力向上的拉动。

装备制造业综合评价指数 2006 年后呈现出波动上升趋势（见图 5 - 2d）。

从其影响因素来看，主要受竞争程度的影响，集聚程度、规模经济效应的影响力微弱，产出能力有一定的影响，但作用不明显。

高新技术产业综合评价指数波动性最大（见图 5 - 2e），最小值为 2007 年的 0.2769，最大值为 2012 年的 0.5575。从其影响因素来看，受竞争程度的影响最大，集聚程度的影响最小，产出能力、规模经济效应有一定的影响，但作用不明显。

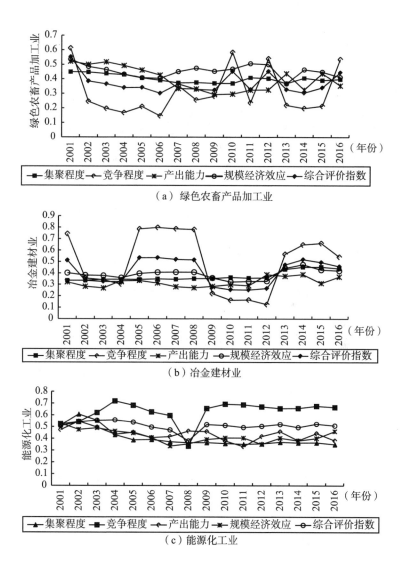

（a）绿色农畜产品加工业

（b）冶金建材业

（c）能源化工业

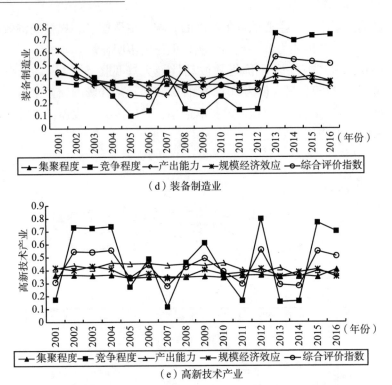

（d）装备制造业

（e）高新技术产业

图 5-2　呼包鄂五大产业集群综合评价指数及各分量演变路径

5.3.2　呼包鄂城市群与五大产业集群耦合发展评价

1. 呼包鄂城市群与产业集群处于低水平上的高度耦合状态

作为发育雏形阶段的城市群，呼包鄂城市群与产业集群处于表面上的高耦合度。从耦合评价结果看（见表 5-22），除 2010 年、2011 年冶金建材业的耦合度 C 低于 0.8 外，其他年份的耦合度 C 主要集中在 0.8 ~ 0.9 区间，表现为极度耦合，处于耦合阶段的成熟期。一般来说，当城市群与产业集群均处于低水平发展阶段，二者可以表现为高度耦合状态；随着城市群发育进程的加快或产业集群发展进程的加快，二者可能表现为耦合水平的下降。如果想要使耦合度保持在高度耦合状态，城市群和产业集群的协调发展至关重要。由于中国许多城市群的发育和产业集群的发展与政府导向相关性较大，必要的行政干预和政策导向对于实现城市群和产业集群的高度耦合发展至关重要。

2. 耦合协调度总体处于调和状态

由于呼包鄂城市群与产业集群处于低水平的高度耦合状态，而这种高水平的耦合与两系统发展水平都很高时的高水平耦合的内涵显然不同。为更客观评价呼包鄂城市群与产业集群的耦合发展水平，需要通过计算耦合协调度进一步判断。通过对耦合协调度的考察（见表 5 – 23），发现五大产业集群和呼包鄂城市群的耦合协调度 D 基本在 0.5 ~ 0.7 波动，表明其耦合协调类型基本处于调和类，个别年份达到了耦合类的中级协调发展水平。分产业集群看，绿色农畜产品加工业耦合协调发展水平除个别年份外，基本在 0.6 ~ 0.7，处于初级协调发展阶段；冶金建材业耦合协调发展水平呈现为四个阶段，2002 ~ 2004 年处于初级协调发展的低水平阶段，2005 ~ 2008 年处于初级协调发展的高水平阶段，2005 年和 2008 年达到了中级协调发展水平，但 2009 ~ 2012 年下降到了勉强协调发展水平，2013年后恢复到了初级协调发展水平；能源化工业耦合协调发展水平在初级协调发展水平和中级协调发展水平间徘徊，2001 ~ 2015 年维持在中级协调发展水平，2006 ~ 2009 年处于中级协调发展的高水平阶段，2010 年以后基本恢复到了中级协调发展水平，但相对并不稳定；装备制造业耦合协调发展水平总体分为三个阶段，2001 ~ 2004 年处于初级协调发展水平，2005 ~ 2012 年总体处于勉强协调发展水平，2013 年以后达到了中级协调发展水平；高新技术产业耦合协调发展水平表现为较大的波动性，2002 ~ 2004 年、2012 年和 2015 ~ 2016 年处于中级协调发展水平，2007 年、2011 年和 2013 ~ 2014 年处于勉强协调发展水平，其余年份处于初级协调发展水平。总体来看，呼包鄂城市群与产业集群耦合协调程度不高，但耦合协调情况基本都在向良性演进，2015 年后，除绿色农畜产品加工业外，基本都处于或接近处于中级耦合协调发展水平。

3. 从综合评价指数看，产业集群发展总体滞后于城市群发展

比较 2001 年以来城市群和五大产业集群的综合评价指数（见图 5 – 3），可知各产业集群普遍滞后于城市群（$U_{2i} < U_1$），表明呼包鄂城市群与五大产业集群的协调关系基本属于产业集群滞后型，不同产业集群的产业集群滞后程度不同，其中，能源化工业滞后程度最小，绿色农畜产品加工业发展水平的滞后程度最大。绿色农畜产品加工业与城市群的耦合协调度不很乐观，主

要原因在于一直以来城市群的发展快于该产业的发展（见图5–3a），尤其在2002~2007年，与城市群综合发展水平的差距逐年增大，2008~2012年呈波动变化，但一直滞后于城市群发展，2012~2016年与城市群综合发展水平的差距逐年减小，表明绿色农畜产品加工业综合发展水平不断提升，未来还有很大的发展空间；2013年之前，除2005年、2008年，冶金建材业的发展滞后于城市群发展，2013年之后与城市群越来越向协调方向发展（见图5–3b）；一直以来能源化工业是呼包鄂城市群的支柱产业，因此与城市群发展步调基本协调（见图5–3c）；2013年之前，装备制造业一直以来表现为产业集群滞后，2013年之后，装备制造业取得发展，发展水平领先于城市群发展水平，与城市群的耦合关系也在向良性发展，步调基本协调（见图5–3d）；高新技术产业与城市群的综合发展水平呈此起彼伏状态，2015年以来，差距减小，耦合关系更加协调（见图5–3e）。

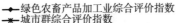

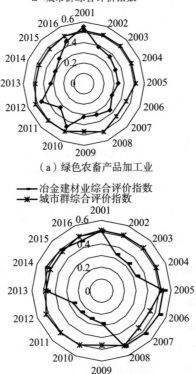

（a）绿色农畜产品加工业

（b）冶金建材业

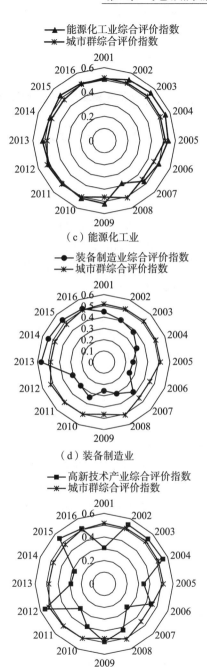

（c）能源化工业

（d）装备制造业

（e）高新技术产业

图5－3　呼包鄂城市群与产业集群综合评价指数对比分析

第6章 城市群与产业集群 耦合发展水平比较

呼包鄂城市群中重化工业和能源工业占比较高，属于资源型产业集群区域，选取哈长城市群和辽中南城市群这两个相似城市群区域进行比较研究，以更好地进行借鉴。呼包鄂城市群作为省内中西部地区城市群，生态环境问题也是应该关注和重视的问题，选取长株潭城市群这一个典型的两型社会先行先试区进行比较研究。

2018年9月28日，习近平总书记在东北三省考察并主持召开深入推进东北振兴座谈会时强调，东北地区是我国重要的工业和农业基地……要发展优势产业群，实现多边合作、多方共赢[①]。辽中南城市群作为辽宁省经济发展的核心区域[②]，是东北地区对外开放的重要门户和陆海交通走廊，是全国先进装备制造业和新型原材料基地，是重要的科技创新与技术研发基地，是辐射带动东北地区发展的龙头[③]，2016年生产总值达到19626.5亿元，占辽宁省的88.2%。哈长城市群是东北地区城市群的重要组成部分，是东北老工业基地振兴发展重要增长极，是东北老工业基地体制机制创新先行区[④]。哈尔滨、长春作为哈长城市群核心，发挥着辐射和带动作用，大庆作为石油化工产业基地、装备制造基地、新材料产业基地，对哈长城市群发展起着重要作用。长株潭城市群作为两型社会先行先试区，其

---

① 习近平：《以新气象新担当新作为推进东北振兴》，http：//news.cctv.com/2018/09/28/ARTInLgCeRzmqpclWGFhStRK180928.shtml。

② 许芸鹭、雷国平：《辽中南城市群城市用地结构的时空演变分析》，载《经济地理》2018年第1期，第69～77页。

③ 张继明：《落实国家发展战略，加快主体功能区建设》，载《求知》2011年第5期，第39～40页。

④ 中国国家发展和改革委员会：《国家发展改革委关于印发哈长城市群发展规划的通知》，http：//www.ndrc.gov.cn/zcfb/zcfbtz/201603/t20160311_792497.html。

发展经验可以为呼包鄂（榆）城市群西北地区生态文明合作共建区等目标的达成提供借鉴。

在比较分析过程中，选取核心城市和重要节点城市作比较分析，其中哈长城市群选择哈尔滨市、长春市和大庆市作为研究对象，辽中南城市群选取辽阳市、沈阳市和鞍山市作为研究对象，长株潭城市群选取长沙市、株洲市和湘潭市作为研究对象。利用城市群与产业集群耦合发展评价指标体系和耦合计量模型对三大城市群与产业集群两个子系统的耦合度和耦合协调度进行测定，判断其各自的耦合发展水平，并对三大城市群与产业集群耦合发展进行对比分析。

深入研究城市群与产业集群耦合发展机制，探索实现两个子系统耦合发展的路径，对于推动供给侧结构性改革，实现经济高质量发展，实现十九大报告所提出的"推动经济发展质量变革、效率变革、动力变革，提高全要素生产率，着力加快建设实体经济、科技创新、现代金融、人力资源协同发展的产业体系"，具有重大的现实意义和实践价值。也有利于加强产业分工协作和实现城市群整体竞争力的提升，有利于培育新增长点、形成新动能。

6.1　哈长城市群与产业集群耦合发展水平

结合本书建立的城市群综合评价指标体系和各指标的权重以及哈长城市群各指标数据值，运用城市群综合评价值计算公式（5 - 2）进行计算，得出了哈长城市群综合评价指数及综合评价体系内部一级指标 2001 ~ 2016 年的数值（见表 6 - 1）和哈长城市群综合评价值的变化趋势图（见图 6 - 1），运用耦合度公式（5 - 3）、耦合协调度公式（5 - 4），计算得出哈长城市群和产业集群的耦合度（见图 6 - 2）以及耦合协调度（见图 6 - 3）。

表 6 - 1　　　　　　　　哈长城市群综合评价指数

年份	哈长城市群综合评价指数	群域发展条件	群域经济发展度	群域社会发展度	群域环境发展度
2001	0.4811	0.3718	0.6342	0.5224	0.4558
2002	0.4640	0.3820	0.5642	0.4827	0.4816
2003	0.4582	0.3902	0.5767	0.4808	0.3994

续表

年份	哈长城市群综合评价指数	群域发展条件	群域经济发展度	群域社会发展度	群域环境发展度
2004	0.4506	0.3939	0.4876	0.4888	0.5129
2005	0.4228	0.4078	0.3868	0.4716	0.5098
2006	0.4604	0.4512	0.4025	0.5201	0.5688
2007	0.4692	0.4675	0.4271	0.5525	0.5129
2008	0.4760	0.5396	0.3854	0.5460	0.4469
2009	0.5039	0.5305	0.4499	0.5688	0.5062
2010	0.5123	0.5556	0.4283	0.5524	0.5424
2011	0.5027	0.5398	0.4612	0.5513	0.4615
2012	0.4824	0.4987	0.4706	0.5462	0.4295
2013	0.5496	0.6855	0.4443	0.5180	0.4134
2014	0.5748	0.7127	0.4908	0.4716	0.4313
2015	0.6001	0.7746	0.5238	0.4342	0.3780
2016	0.6759	0.8867	0.5945	0.5066	0.3685

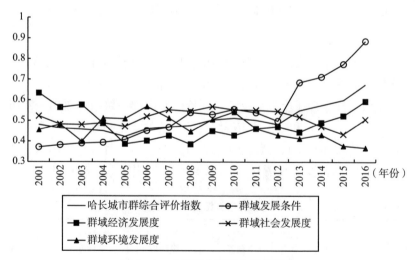

图6-1 哈长城市群综合评价指数

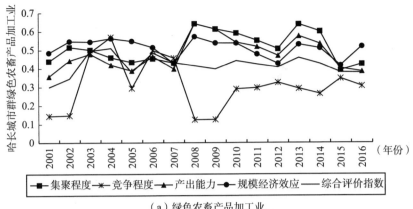

（a）绿色农畜产品加工业

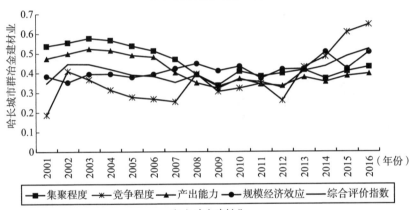

（b）冶金建材业

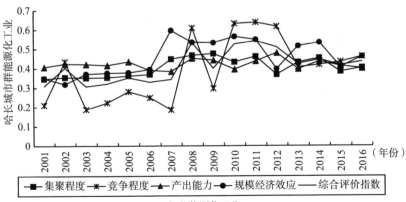

（c）能源化工业

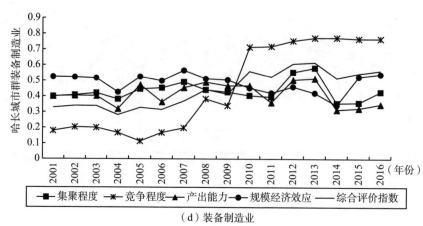

（d）装备制造业

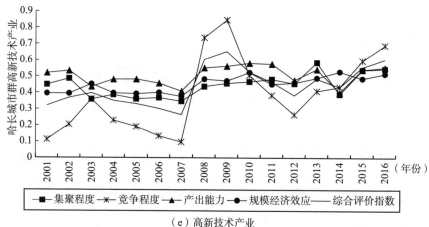

（e）高新技术产业

图6-2　哈长五大产业集群综合评价指数及各分量演变路径

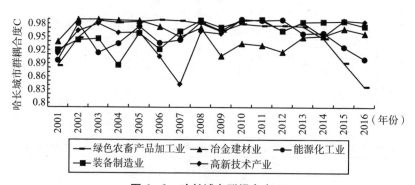

图6-3　哈长城市群耦合度C

6.1.1　哈长城市群综合评价指数的时间序列变化特征

从哈长城市群综合评价指数变化趋势图中可以看出（见图 6 - 1），哈长城市群的综合评价指数除 2005 年、2012 年出现下降外，其余年份呈现上升趋势，城市群综合评价值从 2001 年的 0.4811 跃升到 2016 年的 0.6759。从其内部影响因素来看，哈长城市群群域发展条件呈现上升趋势，对城市群综合评价指数起到向上的拉力，尤其 2008 年后，提升作用明显，而群域经济发展度呈现下降趋势，在 2004 年以前表现为强大的向上拉动作用，2005 ~ 2012 年对城市群综合评价指数产生了向下的拉动作用，2013 年以后情况有所好转，但仍低于城市群综合评价指数。

6.1.2　哈长五大产业集群综合评价指数的时间序列变化特征

从哈长五大产业集群综合评价指数变化趋势图中可以看出（见图 6 - 2），哈长城市群的五大产业集群综合评价指数均呈现一定程度的波动性。

从变动的原因看，影响不同产业集群的综合评价指数原因有所不同。具体来看，绿色农畜产品加工业受集聚程度、产出能力、规模经济效应向上的拉动作用，其中集聚程度的影响最大，但受到竞争程度向下的拉动作用；冶金建材业受集聚程度、产出能力影响较大，规模经济效应的作用不明显，竞争程度在 2012 年之前起向下的拉动作用，2013 年之后表现为向上的拉动作用；能源化工业、装备制造业、高新技术产业受竞争程度影响最大（见图 6 - 2）。

6.1.3　哈长城市群耦合度 C 的时间序列变化特征

从耦合评价结果看，2001 ~ 2016 年，哈长城市群耦合度 C 均在 0.9 ~ 1.0 之间，耦合水平极高，处于耦合阶段的成熟期（见图 6 - 3）。分产业集群来看，哈长城市群中五大产业集群耦合度均呈现阶段性变化，变化趋势有所区别。2001 ~ 2016 年，绿色农畜产品加工业、能源化工业与城市群的耦合度表现为先上升，并维持一定水平而后下降的变动趋势，冶金建材业与城市群的耦合度表现为先上升后下降的变动趋势，而装备制造业、高新技术产业与城市群的耦合度呈现先上升后基本保持平衡的趋势。

6.1.4 哈长城市群耦合协调度 D 的时间序列变化特征

由于城市群与产业集群处于低水平的高度耦合状态，而这种高水平的耦合与两系统发展水平都很高时的高水平耦合的内涵显然不同。为更客观评价城市群与产业集群的耦合发展水平，需要通过计算耦合协调度进一步判断。通过对耦合协调度的考察（见图6-4），发现哈长城市群和五大产业集群的耦合协调度 D 基本在 0.5~0.7 波动，表明其耦合协调类型基本处于调和类，个别年份达到了耦合类的中级协调发展水平。

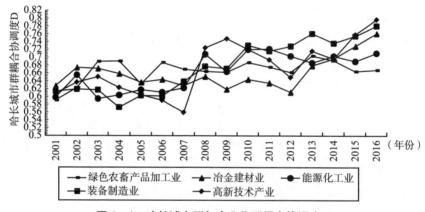

图6-4 哈长城市群与产业集群耦合协调度 D

分产业集群来看，哈长城市群绿色农畜产品加工业耦合协调度 D 相对较低。冶金建材业耦合协调发展水平呈现阶段性变化。哈长城市群 2015年之前处于初级协调发展阶段，2015年之后有所好转，发展为中级协调发展低水平阶段。能源化工业耦合协调发展水平在初级协调发展水平和中级协调发展水平间徘徊，哈长产业集群耦合协调度 2001~2009 年由勉强协调状态转变为初级协调状态，2010年之后转变为中级协调状态，其中 2013年、2015年为初级协调状态。装备制造业耦合协调发展水平总体处于协调发展阶段，哈长城市群情况向好，由 2001 年的初级协调发展水平转变为 2010 年的中级协调发展水平，2010年之后耦合协调度处于上升趋势。高新技术产业耦合协调发展水平表现为较大的波动性，但总体处于调和状态，2015年之后哈长城市群表现为上升趋势。总体来看，哈长城市群与产业集群耦合协调程度不高，2015年之后哈长城市群耦合协调情况在向良性演进，但基本都在处于或接近处于中级耦合协调发展水平。

比较2001年以来哈长城市群和五大产业集群的综合评价指数（见图6-5），可知各产业集群普遍滞后于城市群（$U_{2i} < U_1$），表明哈长城市群与五大产业集群的协调关系基本属于产业集群滞后型，不同产业集群的产业集群滞后程度不同。

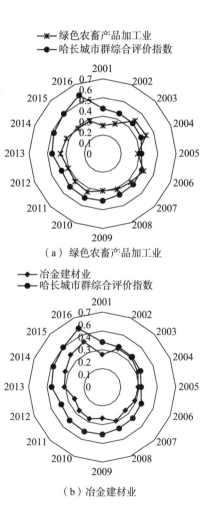

（a）绿色农畜产品加工业

（b）冶金建材业

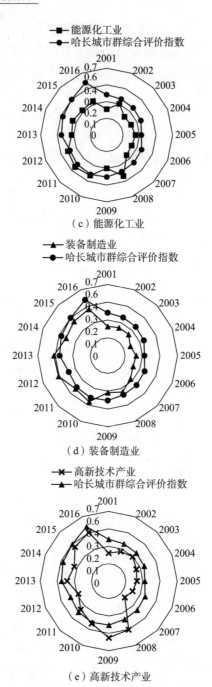

（c）能源化工业

（d）装备制造业

（e）高新技术产业

图6-5 哈长城市群与产业集群综合评价指数对比分析

其中，哈长城市群能源化工业、装备制造业滞后程度相对较小，绿色农畜产品加工业发展水平的滞后程度最大（见图6-5）。在2001~2016年期间，绿色农畜产品加工业、冶金建材业一直滞后于城市群发展，尤其在2011年之后，绿色农畜产品加工业与城市群综合发展水平的差距逐年增大。能源化工业与城市群的综合发展水平呈波动状态，2001~2008年，产业集群发展处于滞后于城市群发展，除2009年外，2008~2012年基本与城市群发展相协调，2013年以后，表现为滞后发展，且与城市群的综合发展水平差距越来越大。2001~2007年，装备制造业发展滞后于城市群发展，除2009年外，2008~2013年，产业集群发展快于城市群发展，但2014年之后又滞后于城市群发展。高新技术产业，除2008~2011年外，一直表现为滞后于城市群的发展。

6.2 辽中南城市群与产业集群耦合发展水平

6.2.1 辽中南城市群综合评价指数的时间序列变化特征

从辽中南城市群综合评价指数变化中可以看出（见表6-2、图6-6），辽中南城市群的综合评价指数在2001~2016年呈现出下降趋势，由2001年的0.5548下降到2016年的0.4814，2001~2008年下降趋势明显，2009年以后下降趋势有所减缓。从其内部影响因素来看，辽中南城市群群域社会发展度和群域环境发展对城市群综合评价指数有提升作用，但群域发展条件和群域经济发展度在2005年之后表现为向下的拉力。综合作用导致辽中南城市群综合评价指数呈下降趋势。

表6-2   辽中南城市群综合评价指数

年份	辽中南城市群综合评价指数	群域发展条件	群域经济发展度	群域社会发展度	群域环境发展度
2001	0.5548	0.5831	0.5266	0.5260	0.5551
2002	0.5780	0.6005	0.5567	0.5404	0.5857
2003	0.5474	0.5723	0.5189	0.5464	0.5416

年份	辽中南城市群综合评价指数	群域发展条件	群域经济发展度	群域社会发展度	群域环境发展度
2004	0.5528	0.5602	0.5205	0.5717	0.5903
2005	0.5179	0.4737	0.5251	0.5890	0.5871
2006	0.4979	0.4645	0.5227	0.5361	0.5220
2007	0.4961	0.4458	0.4927	0.6262	0.5695
2008	0.4557	0.4341	0.4493	0.4646	0.5250
2009	0.4884	0.4434	0.5113	0.6326	0.4876
2010	0.4764	0.4492	0.4672	0.5884	0.5088
2011	0.5081	0.4622	0.5503	0.5769	0.5140
2012	0.5083	0.4617	0.5680	0.5353	0.5052
2013	0.4924	0.4634	0.5081	0.5056	0.5359
2014	0.5170	0.4625	0.5904	0.6170	0.4674
2015	0.4937	0.4408	0.5768	0.4853	0.4818
2016	0.4814	0.4454	0.5342	0.4752	0.4819

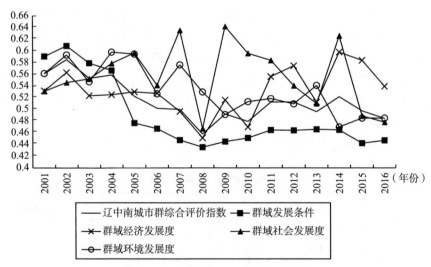

图6-6 辽中南城市群综合评价指数

6.2.2 辽中南五大产业集群综合评价指数的时间序列变化特征

从辽中南五大产业集群综合评价指数变化趋势图（见图6-7）中可以看出，辽中南城市群的五大产业集群综合评价指数也呈现一定程度的波动性。从变动的原因看，辽中南城市群五大产业集群综合评价指数均受竞争程度的影响最大，集聚程度、产出能力、规模经济效应的影响相对较弱。影响各产业集群的因素有所不同。具体来看，绿色农畜产品加工业、冶金建材业受竞争程度的作用较大，除2003年外，2001~2010年均起到向上的拉动作用，而2010年以后冶金建材业受到竞争程度向下的拉动作用，2013年以后绿色农畜产品加工业受到竞争程度向下的拉动作用，而受集聚程度、产出能力、规模经济效应的影响不大。能源化工产业、装备制造业、高新技术产业综合发展指数的变化趋势与竞争程度的变化趋势相同，表明受竞争程度影响最大，其他指标向上的拉动作用不明显。

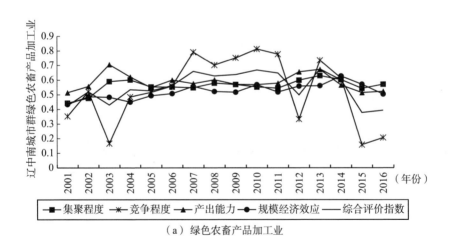

（a）绿色农畜产品加工业

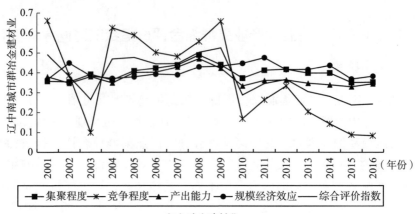

（b）冶金建材业

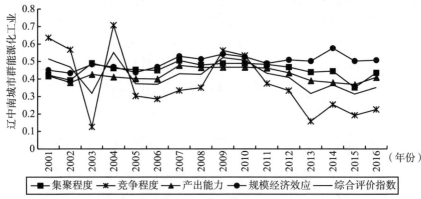

（c）能源化工业

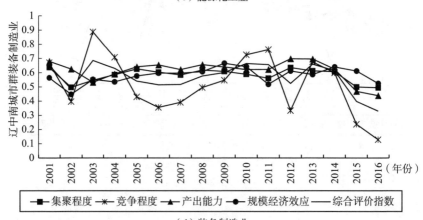

（d）装备制造业

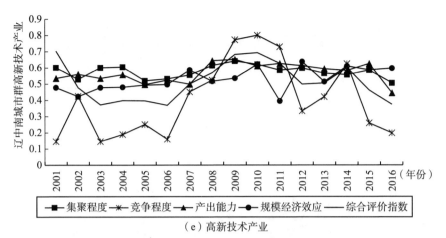

（e）高新技术产业

图6-7　辽中南五大产业集群综合评价指数及各分量演变路径

6.2.3　辽中南城市群耦合度 C 的时间序列变化特征

耦合度评价结果显示，辽中南城市群耦合度 C 值相对要小，但除 2003 年、2015 年、2016 年冶金建材业的耦合度 C 低于 0.8 外，其他年份的耦合度 C 均处于 0.8～1.0 区间，表现为极度耦合（见图6-8）。分产业集群来看，辽中南城市群中五大产业集群耦合度变化趋势不一致。2001～2016 年，冶金建材业、能源化工业耦合度变化呈现波动下降趋势，下降趋势明显。相比较而言，绿色农畜产品加工业、装备制造业呈缓慢下降趋势。而高新技术产业耦合度呈现缓慢上升趋势。

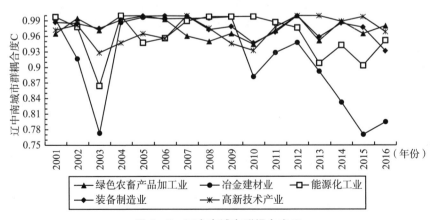

图6-8　辽中南城市群耦合度 C

6.2.4 辽中南城市群耦合协调度 D 的时间序列变化特征

通过对耦合协调度的考察（见图 6-9），发现辽中南城市群和五大产业集群的耦合协调度 D 基本在 0.6 ~ 0.7 波动，表明其耦合协调类型基本处于调和类，个别年份达到了耦合类的中级协调发展水平。

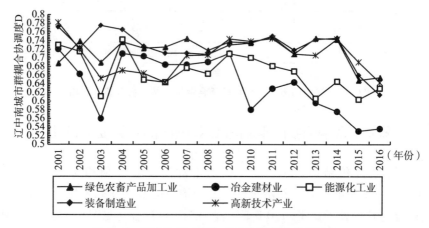

图 6-9 辽中南城市群与产业集群耦合协调度 D

分产业集群来看，辽中南城市群绿色农畜产品加工业耦合协调度 D 相对要高，除个别年份，基本处于 0.7 ~ 0.8，处于中级协调发展阶段；冶金建材业耦合协调发展水平呈现阶段性变化，经历了由中级协调发展阶段转变为初级协调发展的高水平阶段，2013 年以后转变为勉强协调发展阶段；能源化工业由中级协调状态转变为初级协调状态，尤其 2015 年后，处于初级协调的低水平状态；装备制造业城市群在 2001 ~ 2014 年期间处于中级协调发展水平，2015 年之后处于初级协调发展水平；而高新技术产业耦合协调发展水平总体处于调和状态，但耦合协调度表现为下降趋势。

比较 2001 年以来辽中南城市群和五大产业集群的综合评价指数（见图 6-10），可知辽中南各产业集群普遍滞后于城市群（$U_{2i} < U_1$），表明辽中南城市群与五大产业集群的协调关系基本属于产业集群滞后型，不同产业集群的产业集群滞后程度不同。绿色农畜产品加工业、装备制造业滞后程度相对较小，冶金建材业发展水平的滞后程度最大。具体来看，绿色

农畜产品加工业在 2004～2014 年间基本与城市群发展步调一致，甚至快于城市群的发展水平，2015 年之后，表现为滞后于城市群的发展水平。冶金建材业、能源化工业、装备制造业在 2004～2009 年期间与城市群发展步调基本一致，耦合关系基本协调，而 2010～2016 年期间，冶金建材业、能源化工业与城市群综合发展水平的差距逐年增加，表明冶金建材业、能源化工业发展现状并不乐观。高新技术产业在 2001～2006 年一直滞后于城市群的发展，2007～2011 年高新技术产业取得快速发展，领先于城市群的发展，2013 年之后与城市群的发展步调基本一致，耦合关系更加协调。

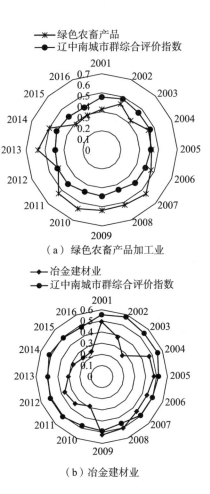

（a）绿色农畜产品加工业

（b）冶金建材业

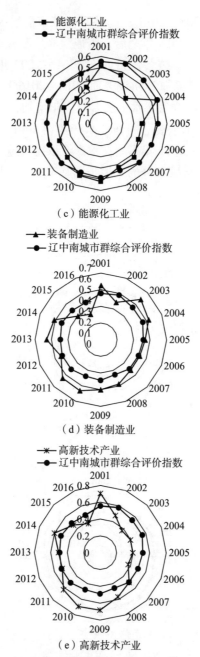

（c）能源化工业

（d）装备制造业

（e）高新技术产业

图 6 – 10　辽中南城市群与产业集群综合评价指数对比分析

6.3　长株潭城市群与产业集群耦合发展水平

6.3.1　长株潭城市群综合评价指数的时间序列变化特征

从长株潭城市群综合评价指数变化趋势中可以看出（见表6－3、图6－11），长株潭城市群的综合评价指数在2001年～2016年整体呈现下降趋势，由2001年的0.3848下降到2016年的0.3558。2001～2003年呈现上升趋势，2004～2009年基本平缓，2010年以后下降趋势明显，2013年以后有所上升，但还是低于原先的水平。从其内部影响因素来看，长株潭城市群在2009年之前，群域发展条件对城市群综合评价指数有提升作用，2009年之后表现为向下的拉力。在2009年以后群域社会发展度和群域环境发展在对城市群综合评价指数表现为向上的拉低。从总体来看，群域经济发展度对城市群综合评价指数的提升作用不大。

表6－3　　　　　　　　长株潭城市群综合评价指数

年份	长株潭城市群综合评价指数	群域发展条件	群域经济发展度	群域社会发展度	群域环境发展度
2001	0.3848	0.2468	0.4770	0.5110	0.5071
2002	0.5211	0.6080	0.4242	0.4802	0.5043
2003	0.5292	0.5760	0.5036	0.4360	0.5104
2004	0.4584	0.4850	0.4465	0.4636	0.4118
2005	0.4711	0.4873	0.4875	0.4871	0.3911
2006	0.4578	0.4710	0.4550	0.5112	0.4023
2007	0.4580	0.5046	0.4437	0.4105	0.3919
2008	0.4781	0.4884	0.5052	0.3727	0.4614
2009	0.4807	0.4784	0.4766	0.4899	0.4947
2010	0.4000	0.2961	0.4809	0.4273	0.5099
2011	0.3727	0.3329	0.3410	0.4075	0.5266
2012	0.3338	0.2482	0.3455	0.4191	0.4967
2013	0.3196	0.2304	0.2894	0.4356	0.5576

年份	长株潭城市群综合评价指数	群域发展条件	群域经济发展度	群域社会发展度	群域环境发展度
2014	0.3918	0.2278	0.5161	0.5251	0.5182
2015	0.3848	0.2438	0.4812	0.5535	0.4845
2016	0.3558	0.3033	0.3215	0.5105	0.4811

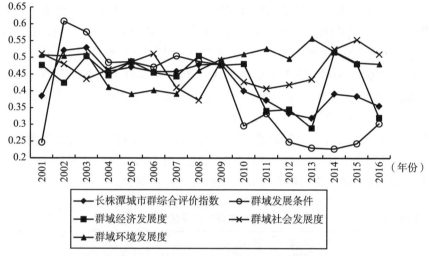

图 6-11　长株潭城市群综合评价指数

6.3.2　长株潭五大产业集群综合评价指数的时间序列变化特征

　　从长株潭五大产业集群综合评价指数变化趋势图中可以看出（见图 6-12），长株潭城市群的五大产业集群综合评价指数均呈现一定程度的波动性，且整体均呈现上升趋势。从变动的原因看，影响不同产业集群的综合评价指数原因有所不同。具体来看，绿色农畜产品加工业受竞争程度的影响最大，2001~2016 年一直表现为向上的拉动力；在 2014 年之前，集聚程度、产出能力的提升作用不大，2014 年以后对绿色农畜产品加工业的综合评价指数的提升作用明显；而规模经济效应的作用不大，尤其 2011年以后，对绿色农畜产品加工业的发展起到阻碍作用。冶金建材业中集聚程度、竞争程度、产出能力、规模经济效应变化趋势稳定，且对综合评价指数的提升发挥的作用相当，均表现为向上的拉动作用。相比较而言，能源化工业、装备制造业、高新技术产业受竞争程度影响最大（见图 6 – 12）。

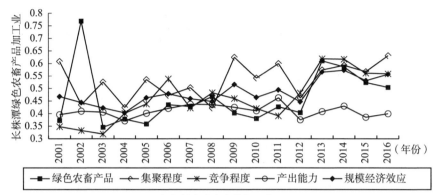

（a）绿色农畜产品加工业

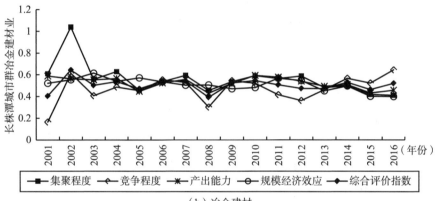

（b）冶金建材

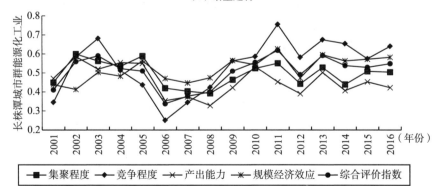

（c）能源化工业

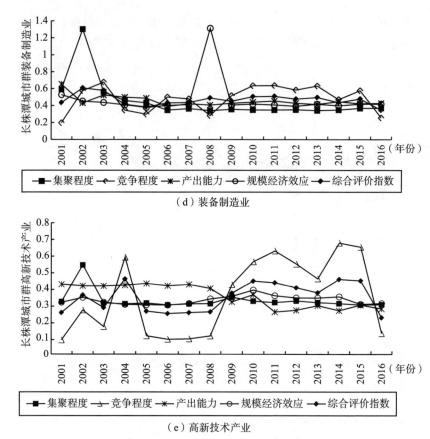

（d）装备制造业

（e）高新技术产业

图6-12　长株潭五大产业集群综合评价指数及各分量演变路径

6.3.3　长株潭城市群耦合度 C 的时间序列变化特征

耦合度评价结果显示，长株潭城市群耦合度 C 值相对较高，均处于 0.8～1.0 区间，属于耦合的成熟期，表现为极度耦合（见图6-13）。分产业集群来看，长株潭城市群中五大产业集群耦合度变化趋势不一致。2001～2016 年，绿色农畜产品加工业、能源化工业耦合度变化呈现波动下降趋势，下降趋势明显。相比较而言，冶金建材业、装备制造业呈缓慢下降趋势。而高新技术产业耦合度在 2001～2008 年，耦合度相对较低，2009 年以后呈现缓慢上升趋势。

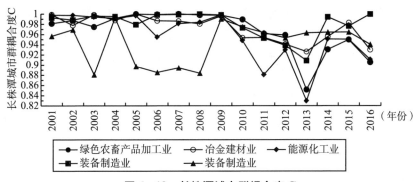

图 6-13 长株潭城市群耦合度 C

6.3.4 长株潭城市群耦合协调度 D 的时间序列变化特征

通过对耦合协调度的考察（见图 6-14），发现长株潭城市群和五大产业集群的耦合协调度 D 基本在 0.5~0.7 波动，表明其耦合协调类型基本处于调和类，个别年份处于耦合类的勉强协调发展水平。但值得注意的是，整体来看，城市群与五大产业集群的耦合协调度均呈现下降趋势。

117

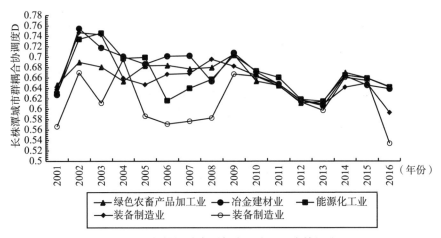

图 6-14 长株潭城市群与产业集群耦合协调度 D

分产业集群来看，长株潭城市群绿色农畜产品加工业、冶金建材业、能源化工业耦合协调 D 相对要高，基本处于 0.6~0.7，处于初级协调发展阶段；装备制造业 2001 ~ 2015 年处于初级协调发展水平，2016 年则表现为勉强协调发展水平；相比较而言，长株潭城市群高新技术产业的耦合协调度相对较低，除个别年份外，基本表现为勉强协调发展水平。

比较 2001 年以来长株潭城市群和五大产业集群的综合评价指数（见图 6 – 15），可知长株潭城市群与各产业集群的发展步调不一致。其中，绿色农畜产品加工业在 2009 年以前表现为滞后于城市群的发展，2009 年绿色农畜产品加工业得到快速发展，2009 年以后发展快于城市群的发展，而且与城市群综合发展水平的差距逐渐拉大。冶金建材业、能源化工业则一直表现为滞后于城市群的发展，而且与城市群综合发展水平的差距逐年增加，表明冶金建材业、能源化工业发展现状并不乐观。装备制造业滞后程度相对较小，在 2003 ~ 2007 年与城市群发展步调基本一致，耦合关系基本协调，在 2008 ~ 2014 年，装备制造业发展快于城市群发展，2015 年以后则滞后于城市群发展。高新技术产业在 2001 ~ 2007 年一直滞后于城市群的发展，2008 ~ 2012 年高新技术产业取得快速发展，领先于城市群的发展，2013 年之后与城市群的发展步调基本一致，耦合关系更加协调。

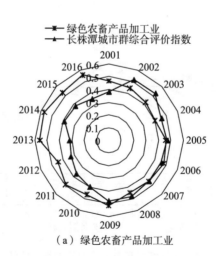

（a）绿色农畜产品加工业

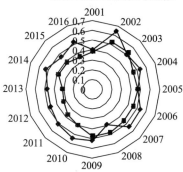

（b）冶金建材业

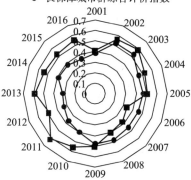

（c）能源化工业

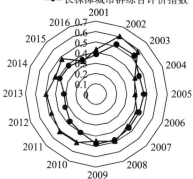

（d）装备制造业

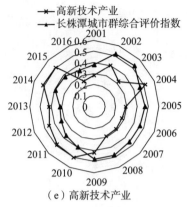

（e）高新技术产业

图6-15　长株潭城市群与产业集群综合评价指数对比分析

6.4　比较与借鉴

6.4.1　四大城市群与产业集群均处于低水平下的高度耦合状态

　　耦合度评价结果显示，呼包鄂城市群、哈长城市群、辽中南城市群以及长株潭城市群与产业集群均处于低水平上的高度耦合状态。作为发育雏形阶段的城市群，城市群与产业集群处于表面上的高耦合度。从耦合评价结果看，2001~2016年，哈长城市群耦合度C均在0.9~1.0之间，耦合水平极高，处于耦合阶段的成熟期。呼包鄂城市群除2010年、2011年冶金建材业的耦合度C低于0.8外，其他年份的耦合度C主要集中在0.8~1.0区间，表现为极度耦合，处于耦合阶段的成熟期。长株潭城市群耦合度C值相对较高，均处于0.8~1.0区间，属于耦合的成熟期，表现为极度耦合。而辽中南城市群耦合度C值相对要小，但除2003年、2015年、2016年冶金建材业的耦合度C低于0.8外，其他年份的耦合度C均处于0.8~1.0区间，表现为极度耦合。从2016年各城市群与产业集群耦合度来看（见表6-4），呼包鄂城市群与五大产业集群之间的耦合度均高于其他三个城市群与五大产业集群之间的耦合度。一般来说，当城市群与产业集群均处于低水平发展阶段，二者可以表现为高度耦合状态；随着城市群发育进程的加快或产业集群发展进程的加快，二者可能表现为耦合水平的下降。如果想要使耦合度保持在高度耦合状态，城市群和产业集群的协调发展至关重要。由于中国许多城市群的发育和产业集群的发展与政府导向相关性较大，必要的行政干预和政策导向对于实现城市群和产业集群的高耦合发展至关重要。

表 6 –4　　　　　　2016 年各城市群与产业集群耦合度比较

城市群	绿色农畜产品加工业	冶金建材业	能源化工业	装备制造业	高新技术产业
呼包鄂城市群	0.9932	0.9963	0.9999	0.9997	0.9998
哈长城市群	0.8471	0.9676	0.9094	0.9837	0.9937
辽中南城市群	0.9800	0.7947	0.9520	0.9315	0.9685
长株潭城市群	0.9054	0.9300	0.9110	0.9997	0.9405

6.4.2　四大城市群耦合协调度总体处于调和状态，产业集群发展总体滞后于城市群发展

由于四大城市群与产业集群均处于低水平的高度耦合状态，而这种高水平的耦合与两系统发展水平都很高时的高水平耦合的内涵显然不同。为更客观评价四大城市群与产业集群的耦合发展水平，需要通过计算耦合协调度进一步判断。通过对耦合协调度的考察，发现四大城市群和五大产业集群的耦合协调度 D 基本在 0.5 ~ 0.7 之间波动，表明其耦合协调类型基本处于调和类。从 2016 年城市群与产业集群耦合协调度比较中可以看出（见表 6 –5），呼包鄂城市群绿色农畜产品加工业与城市群的耦合协调度最高，表明呼包鄂绿色农畜产品加工业与其他城市群相比具有一定的优势，但从其自身发展来看，绿色农畜产品加工业发展水平的与城市群发展水平的滞后程度最大，因此呼包鄂应发挥自然地理优势以及传统产业优势，加大绿色农畜产品加工业的发展，不断提高其竞争程度、集聚程度、产出能力以及规模经济效应。呼包鄂城市群冶金建材业、能源化工业、装备制造业、高新技术产业之间的耦合协调度处于第二的位置，冶金建材业、能源化工业可能与呼包鄂区域得天独厚的资源禀赋有关，装备制造业、高新技术产业近几年得到快速发展，与城市群的发展越来越协调，但均滞后于城市群

的发展，表明呼包鄂城市群与装备制造业、高新技术产业之间的耦合程度尚存在进一步提升的压力。

表6-5　　　2016年各城市群与产业集群耦合协调度比较

城市群	绿色农畜产品加工业	冶金建材业	能源化工业	装备制造业	高新技术产业
呼包鄂城市群	0.6857	0.6917	0.7107	0.7118	0.7111
哈长城市群	0.6682	0.7615	0.7111	0.7809	0.7974
辽中南城市群	0.6548	0.5364	0.6297	0.6147	0.6434
长株潭城市群	0.6427	0.6387	0.6419	0.5927	0.5339

第 7 章 呼包鄂城市群与产业集群耦合发展模式与路径选择

7.1 呼包鄂城市群与产业集群耦合发展模式

从中国城市群发展的历程看，主要是由于区位优势（临海、临路、临江等）、政策先行优势（改革开放先行优势、国家级新区建设、自由贸易区建设等）、产业集群优势等，实现了产业集聚、人口集聚、技术集聚，推动了经济的快速发展、城市规模的扩大，加强了城市间的经济紧密度，形成了不同发育程度的城市群。在城市群的形成和发展过程中，产业集群的形成和发展起到了极大的推动作用，从耦合发展的进程看，可以分为市场驱动城市群与产业集群耦合发展、政府驱动城市群与产业集群耦合发展、市场政府混合推动城市群与产业集群耦合发展三种模式。

7.1.1 城市群与产业集群耦合发展模式比较

1. 市场驱动城市群与产业集群耦合发展模式

改革开放以来，特别是 1992 年邓小平南方谈话和 1994 年党的十四届三中全会以来，市场经济体制的建立和逐步完善，市场机制在资源配置中的作用逐步增强，在东南沿海和珠三角地区，形成了以市场驱动产业繁荣和发展，形成产业集群，伴随着人口的集聚，形成核心城市；高度专业化的产业分工及其地区布局，拉动了周边城市的发展；伴随着交通运输、邮电通讯等基础设施的建设，形成了以 1~2 个核心城市为核心的城市群。

城市群与产业集群的互动形成良性耦合发展模式。

市场驱动型城市群与产业集群耦合发展模式一般发生在外向型经济区域，市场经济观念和基础条件良好，具有典型的区位优势和政策优势，通过出口需求拉动，推动相关产业集聚和人口集聚，逐步形成产业集群并推动城市规模的扩大，形成产业集群与城市群耦合发展态势（见图 7-1）。

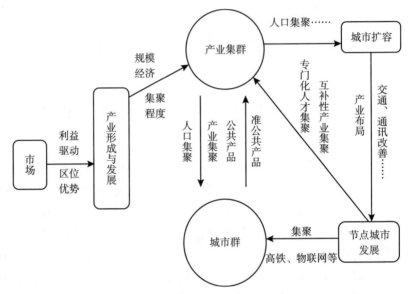

图 7-1　市场驱动城市群与产业集群耦合发展模式

2. 政府驱动城市群与产业集群耦合发展模式

中国中西部地区，由于区位条件等的限制，在改革开放初期，城市与产业发展相对滞后，2000 年西部大开发和快速城市化推动了中西部城市的迅猛发展，交通通信设施的完善，形成了多个城市群，如长株潭城市群、关中城市群、晋中城市群、兰白西城市群、呼包鄂（榆）城市群等。政府在推动城市群、产业集群发展中发挥了重要作用。

在这一模式中，政府一方面通过政策引导和园区规划，推动区域内产业发展，通过产业链延伸和产业分工互补的机制或制度设计，提高产业集聚水平，打造产业集群；另一方面，通过城市规划和政策引导，推动中心城市建设与发展，利用现代交通通信设施建设与完善，实现节点城市的链接，形成城市群。产业集群要素利用率的提升、人口集聚等推动了城市群的发展，城市群通过区域内贸易增加等不断提高各节点城市间的经济紧密度，实现不同产业集群间的分工协作、优势互补，通过规模经济、范围经济等方式提升产业集群竞争力。城市群与产业集群的良性互动，实现二者的耦合发展（见图 7 - 2）。

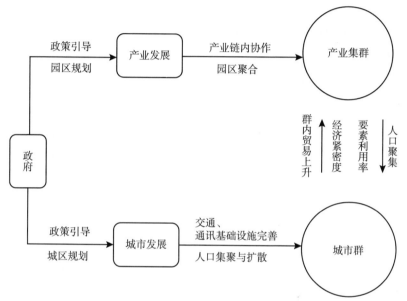

图 7 - 2　政府驱动城市群与产业集群耦合发展模式

3. 市场政府混合推动城市群与产业集群耦合发展模式

党的十八届三中全会提出要使市场在资源配置上起决定性作用和更好地发挥政府作用。2014 年《国家新型城镇化规划（2014—2020 年）》的出台和国家关于一个又一个城市群建设规划的批复，表明中央政府和地方政府认识到城市群建设在区域和国家经济社会发展中的重要地位。作为城市群发展支撑的产业或产业集群，是必须同时重点考虑的内容。

在城市群与产业集群耦合发展的初始阶段，可能是市场驱动为主或政府驱动为主，但随着城市群建设的进程和产业集群演变进程，政府与市场双轮驱动将成为常态。

125

　　实现城市群与产业集群耦合发展，一方面，要充分发挥有效政府的作用。政府制定科学的城市与城市群建设规划，推进交通、通信等基础设施建设，加强各城市群政府间的交流与合作，逐步形成城市群并不断促进城市群发育；政府通过市场基础条件构建、营商环境改善推进市场的培育与发展，通过园区规划、产业政策等推进产业集聚和发展，通过园区整合解决产业同构化问题，实现产业集群和各产业集群间的互补性。另一方面，要注重市场在资源配置中的决定性作用，依托要素优势、技术优势或竞争优势，促进产业集聚，形成产业集群。产业集群的形成为城市群建设提供了产业和人口等支撑，城市群为产业集群提供良好的外部环境和城市群内产品循环，形成良性互动（见图7－3）。

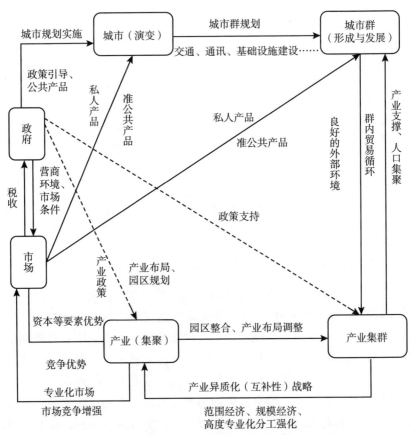

图7－3　政府市场混合推动城市群与产业集群耦合发展模式

4. 耦合发展模式比较

在不同国家或不同区域，在不同的发展阶段，由于区位条件、比较优势、要素禀赋等的差别，城市群和产业集群形成的初始原因不同，发育程度也不尽相同。政府驱动城市群与产业集群耦合发展模式见效快，但由于过多干预，可能会导致产业规划失误和城市过快扩张，影响城市群与产业集群的耦合度及耦合协调度。市场驱动城市群与产业集群耦合发展模式需要在长期内通过产业集群推动城市群发展。政府市场"双轮"驱动城市群与产业集群耦合发展模式可以一定程度弥补单轮驱动的不足，加快城市群与产业集群及其耦合发展进程。

7.1.2 呼包鄂城市群与产业集群耦合发展模式选择

呼包鄂城市群在初始设计（呼包鄂城市群规划 2010～2020）时，包括呼和浩特市、包头市、鄂尔多斯市、乌兰察布市、巴彦淖尔市、乌海市和阿拉善盟 7 个盟市 48 个旗县，占内蒙古总面积的 44.4%。重点打造呼包鄂核心区，辐射其他盟市地区。但由于在空间布局上过于松散，作为一个整体的城市群建设难以形成，应该着力打造呼包鄂城市群（仅包括呼和浩特市、包头市和鄂尔多斯市，也是本书所分析的城市群）。2018 年 3 月国务院发布《呼包鄂榆城市群发展规划》，规划范围包括内蒙古自治区呼和浩特市、包头市、鄂尔多斯市和陕西省榆林市，国土面积 17.5 万平方公里，2016 年常住人口 1138.4 万人，地区生产总值 14230.2 亿元，分别约占全国的 1.8%、0.8% 和 1.9%。此国家级战略规划所包括的呼包鄂地区即本书所研究之呼包鄂城市群。作为城市群主体，考虑到省际合作困境，呼包鄂城市群将是能否推进呼包鄂榆城市群规划落地的关键。

7.2 呼包鄂城市群与产业集群 耦合发展路径选择

推进呼包鄂城市群与产业集群耦合协调发展水平，对于发挥呼包鄂城市群区域经济增长极作用，拉动内蒙古及中国西北地区经济增长具有重要意义。结合呼包鄂城市群与产业集群耦合发展及耦合协调发展的分析，目前和今后一段时期内，应该采取以下措施促进呼包鄂城市群与产业集群耦合协调发展。

7.2.1 加强府际合作，推动呼包鄂城市群一体化进程

实现城市群和产业集群的耦合发展，需要推进城市群发育进程。呼包鄂城市群发育程度的提升需要自治区党委和政府推动和引导，需要成立以内蒙古自治区党委书记为组长的呼包鄂城市群一体化建设领导小组，切实加强府际合作，逐步实现产业布局一体化、基础设施建设一体化、区域性市场建设一体化、城乡统筹与乡村振兴一体化、环境保护与生态建设一体化、社会发展与文化建设一体化。一体化进程的加快，将打破各自为政和呼包鄂城市群发展规划迟迟无法落地的难题，也能够积累经验，在此基础上推进呼包鄂榆城市群的培育和发展。

7.2.2 加大改革力度，发挥市场在资源配置中的决定性作用和更好地发挥政府作用

作为中西部地区，为了推进经济的高质量发展，需要进一步深化改革，加大政府"放管服"改革力度，减少对经济的过多干预，发挥市场在资源配置中的决定性作用，实现各产业集聚程度、竞争程度、产出能力和规模经济效应的提升。更好地发挥政府作用，集聚社会资本，改进群域发展条件，不断提高城市群经济发展、社会发展和环境发展等的能力和水平。

7.2.3 加强政策引导，提高产业集群集聚能力和水平

通过呼包鄂城市群一体化建设，实现产业布局一体化，解决目前产业同构和园区同质化等问题。加强府际合作，对产业园区进行重新规划和整合，把同构同质的产业园区进行重组，解决由于信息不对称引发产业园区的重复建设问题。在呼包鄂城市群 27 个工业园区中，存在着重复建设严重、集群程度不高等问题，如包头市的 10 个工业园区中有 5 个园区将装

备制造业作为重点，有 4 个园区将铝产业作为重点。

加强产业集聚，实现产业集群发展，促进产业链条的延伸，加强产业间的协调发展，逐步提高产业集群集聚能力和水平。

7.2.4　加快创新驱动，推进产业集群动能转换

实现创新驱动，需要加大研发投入和人才集聚，推进原有产业集群实现动能转化，转变到以科技创新为主要动力的发展轨迹上来。呼包鄂城市群应整合资源继续发展以伊利、蒙牛为龙头的乳业产业群，以鄂尔多斯集团、鹿王集团为龙头的羊绒产业群，努力将以乳、绒为代表的绿色农畜产品加工业培育成世界优势、品牌产业集群，以带动其他关联产业集群的发展。继续落实食品安全监管制度，提升食品安全质量，加大科技研发投入，不断研发新产品，加快以草原畜牧业为资源优势发展肉制品、奶制品、酒类、粮油等绿色农畜产品加工业。继续加快冶金建材业的科技投入，提高有色金属冶炼业、绿色建材制造业等行业的科技创新能力，通过新技术、新材料、新产品的研发来提升冶金建材业的发展质量和发展效益，实现冶金建材业持续发展。冶金建材企业通过引进脱硫、脱硝设备及污水、垃圾处理技术，实现循环利用，提高污染物处理率，达到节能减排效果，打造出循环经济产业集群，促进城市群整体效益的提升。能源化工业应改变传统的粗放式增长模式，加快能源化工业和化工产品的转型升级，通过提高科技创新能力、实现能源的精开采和精加工，通过不断改进生产方法和处理工艺，提高能源化工产品的生产能力和资源的利用效率。促进绿色、循环经济的发展，打造世界品牌产品来提高能源化工产品的全球竞争力。发挥已有优势促进能源化工业持续发展，发展具有竞争优势的非煤产业，形成煤炭产业与非煤产业协调发展的产业格局。继续加大科研投入，加快产业结构调整和转型进而促进装备制造业的发展步伐。通过技术创新实现装备制造业从初级向中高端的转型，促进交通运输设备制造业、专用机械设备制造业等五大优势装备制造业的发展，增强呼包鄂城市群的装备制造业的国际竞争力。呼包鄂城市群的高新技术产业集群经过多年的发展已经初具规模，如呼和浩特金山高新技术产业集群和包头稀土新材料产业集群，但仍然具有较大的发展空间。呼包鄂城市群应继续加大高新技术产品的研发力度，提高合作创新能力和自主创新能力，加强产业链

上、中、下游企业的融合程度，加强企业间分工协作水平，通过企业之间的技术扩散和信息共享，促进稀土材料及其应用、电子信息、生物医药等高新技术产业的发展，形成一大批具有竞争优势的高新技术产业集群。

7.2.5　抓住机遇，融入国家发展战略

要抓住"一带一路"倡议、"中俄蒙"经济走廊建设和东北经济振兴的重要战略机遇期，推动呼包鄂城市群建设和产业集群发展。通过争取设立自由贸易区，利用二连浩特等口岸推进中俄蒙经济合作；利用临哈线铁路与欧亚大陆桥联通，加强与中亚和欧洲国家的交流与合作。

2018年国庆节前夕，习近平总书记在东北三省发表了一系列重要讲话，指出"新时代东北振兴，是全面振兴、全方位振兴"，深刻阐述了新时代东北振兴的重大意义和丰富内涵，就深入推进东北振兴提出了明确要求、做出了重大部署，为推进新时代东北全面振兴指明了前进方向、提供了根本遵循。内蒙古自治区作为和东北一衣带水的邻居，要抓住这一战略机遇期，积极融入东北经济振兴的进程中去。作为内蒙古自治区重要的经济增长极和产业集聚区，呼包鄂城市群可以通过参与东北经济振兴推动产业发展和质量提升。

第 8 章　呼包鄂城市群 "五化" 协同发展

　　2015 年，国家提出 "协同推进新型工业化、信息化、城镇化、农业现代化和绿色化" 战略。2016 年全国国内生产总值为 74.41 万亿元，较 2015 年增长 6.7%，第一产业占比持续下降，第二产业、第三产业增加值比重分别为 39.8%、51.6%。全国规模以上工业企业中，战略性新兴工业与高新技术制造业等新型工业的增加值较上年都有大幅增长，新型工业化快速发展。2016 年全国移动电话用户与互联网接入用户均有所增加，固定互联网光纤宽带及移动宽带普及率提升，软件及信息服务业产值不断上升，信息化进程加快。截至 2016 年末，全国常住人口城镇化率以及户籍人口城镇化率较往年有所上升，城镇化水平不断提高。全国 2016 年粮食种植面积及主要经济作物种植面积均有所下降，与此同时，主要农作物的产量也有所下降，农业现代化进程放缓。2016 年全国能源消费总量较上年回升，生态修复与环境治理工作继续推进，绿色化发展稳步前行。根据近两年的发展情况来看，"五化" 各自发展较好，但 "五化" 协同发展显得更为迫切。

　　根据 2016 年 3 月 5 日国务院政府工作报告，"十三五" 期间我国将重点培养一批辐射带动力强的城市群，由此看来，城市群凭借其强大的优势会逐渐成为一个国家或地区城镇化发展的必然趋势。截至目前，我国已规划在列的城市群有 20 多个，大到长江三角洲城市群①等国家级、世界级城

---

　　① 根据 2016 年 5 月国务院批准的《长江三角洲城市群发展规划》，长三角城市群包括：上海，江苏省的南京、无锡、常州、苏州、南通、盐城、扬州、镇江、泰州，浙江省的杭州、宁波、嘉兴、湖州、绍兴、金华、舟山、台州，安徽省的合肥、芜湖、马鞍山、铜陵、安庆、滁州、池州、宣城 26 市。

市群，小到晋中城市群①等地区性城市群都在国家或者地区的发展中扮演重要角色。城市群是由若干城市集聚而成的城市集团，因而以城市群为主体来推动"五化"建设更具有操作性，同时促进"五化"协同发展也更有利于发挥城市群作为国家或者地区的增长极作用。

内蒙古自治区自成立以来已近70周年，自治区经济与社会已经取得了巨大发展。作为能源大省与"草原丝绸之路"重要节点，内蒙古经济持续发展具有重大意义。2016年，呼包鄂城市群实现的地区生产总值为11459.1亿元，占2016年内蒙古全区GDP的61.50%，城市群经济的发展状况对内蒙古自治区经济发展走向有很大影响。在内蒙古2017年政府工作报告中，推进呼包鄂协同发展、支持呼包鄂申报"中国制造2025"示范城市、创建呼包鄂自主创新示范区已经成为内蒙古"十三五"规划的重要内容。

2016年，呼包鄂城市群第三产业产值占GDP的比重较2015年明显升高，并逐渐扩大与第二产业占比的差距，但工业增加值对城市群GDP增长的贡献率却持续下降；城市群各类信息工具使用频率上升，信息产业不断发展，信息化水平进一步提高；城市群城镇化率为73.94%，达到历史高位；农业现代化方面，农业机械化水平与农业生产效率均得到提高。城市群2016年造林面积164.73千公顷，单位GDP能耗较2015年下降4.97%，绿色化水平显著上升。总体来看，呼包鄂城市群"五化"均取得了较好发展，但是"五化"发展依然存在两方面问题。一方面，"五化"个别子系统发展不力；另一方面，"五化"发展未能实现其对城市群整体发展的带动作用。究其原因，主要是城市群"五化"协同发展存在一定的问题。如何促进新型工业化、信息化、城镇化、农业现代化与绿色化的协同发展，缓解"五化"发展的矛盾，实现城市群经济与社会持续与快速发展，是呼包鄂城市群面临的重要议题，也是实现呼包鄂城市群与产业集群耦合发展的重要路径。

8.1 呼包鄂城市群"五化"发展的历史与现实

呼包鄂城市群"五化"发展历史进程与现实情况是呼包鄂城市群"五化"协同发展研究的重要组成部分。呼包鄂城市群的建立可以追溯到

---

① 晋中城市群是以山西省太原市为中心，晋中城镇密集区为主体，包括太原与晋中等城市构成的城市群。

2000 年内蒙古自治区确立的以呼包鄂为核心的特色经济圈建设发展战略。故本章选取 2000 ~ 2015 年共 16 年的统计数据对呼包鄂城市群新型工业化、信息化、城镇化、农业现代化以及绿色化发展历史与现实水平进行描述。

8.1.1　新型工业化发展水平

从 2000 年以来呼包鄂城市群第二产业劳动力工业增加值变动情况来看（见图 8 - 1），城市群第二产业劳动力工业增加值由 4.09 万元/人上升至 35.27 万元/人，绝对量增加 31.18 万元/人，上升幅度高达 762.35%，第二产业劳动力人均工业增加值不断上升。呼包鄂城市群第二产业劳动生产率逐年提高，尤其是 2007 年及其以后，第二产业劳动生产率提高速度进一步加快。截止到 2015 年末，呼包鄂城市群第二产业劳动生产率已达到 40.68 万元/人，工业发展已经充分利用了城市群的人力资源优势，劳动力资源优势得到充分发挥。从 2000 年以来呼包鄂城市群人均规模以上重工业产值变动来看，呼包鄂城市群人均规模以上重工业产值增长较快，人均产值不断增加，2015 年人均规模以上重工业产值已经达到 9.81 万元，较 2000 年 0.54 万元/人增加了 9.27 万元，上升幅度较大。重工业比重较大，发展势头较好。城市群工业生产率上升，能源消耗量明显减少。从 2000 ~ 2015 年呼包鄂城市群单位工业增加值能耗来看，城市群单位工业增加值能耗大幅下降。2015 年城市群单位工业增加值能耗为 2.03 吨标准煤/万元，较 2010 年下降 6.63 吨标准煤/万元，下降幅度为 76.56%。

2000 ~ 2015 年城市群工业增加值由 267.26 亿元增加至 4419.90 亿元，增长幅度高达 1553.78%。从 2000 ~ 2015 年呼包鄂城市群工业增加值占 GDP 比重变化情况来看（见图 8 - 2），2000 ~ 2005 年工业增加值占 GDP 的比重下降，2006 ~ 2011 年工业增加值占 GDP 的比重有所回升，2012 年及其以后继续下降，2015 年维持在 38.92% 左右。总体来看，工业增加值占 GDP 的比重呈现下降趋势，城市群经济增长对工业发展的依赖程度减弱。2015 年城市群第二产业从业人员数为 125.31 万人，占城市群三次产业总就业人数的 28.25%，这一数值较 2011 年下降 2.21 个百分点，这表明工业劳动力根据经济发展需求不断由工业向其他产业转移。科研经费筹集总额与工业增加值的比值较小，并且这一比重自 2002 年以来逐步下降，到 2014 年下降到最低点 0.18%，近两年有所上升，2015 年工业高科技化率为 0.25%。总体来看，科技发展对工业发展的贡献率较小。

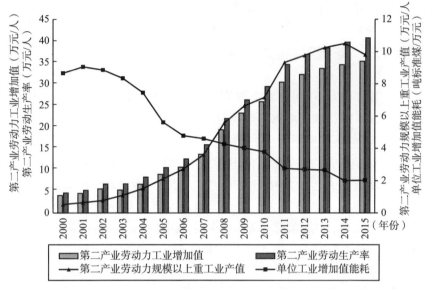

图 8-1　2000~2015 年呼包鄂城市群新型工业化主要指标（一）

资料来源：2001~2016 年《内蒙古统计年鉴》、2001~2016 年《呼和浩特统计年鉴》、2001~2016 年《包头统计年鉴》、2001~2016 年《鄂尔多斯统计年鉴》。

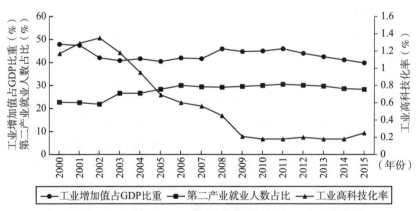

图 8-2　2000~2015 年呼包鄂城市群新型工业化主要指标（二）

资料来源：2001~2016 年《内蒙古统计年鉴》、2001~2016 年《呼和浩特统计年鉴》、2001~2016 年《包头统计年鉴》、2001~2016 年《鄂尔多斯统计年鉴》。

8.1.2 信息化发展水平

城市群全体居民交通与通讯支出指数稳定，交通与通讯支出小幅增长。从2000年以来呼包鄂城市群全体居民交通与通讯支出的变化情况来看（见图8-3），其变化分为两个阶段，居民在2009年以前花费在交通与通信方面支出逐年小幅递减，2010年以后居民逐渐增加在交通与通讯方面的支出。城市群电视综合人口覆盖率稳步上升，截至2015年末，覆盖率已经达到99.19%，基本上能保持每家每户都能享受到电视带来的福利。城市群电视综合覆盖率不断上升，表明信息化丰富了群众生活。城市群新型通讯设备发展速度快，远程沟通更加便捷，人们获取信息的能力增强。2000年以来呼包鄂城市群固定电话与移动电话普及率逐年提高，2008年城市群电话普及率超过100%，基本实现每人均有一部固定电话或者移动电话。2013年电话普及率为160.56%，达到近年最高值。邮电业务方面，2000~2015年城市群人均邮电业务量即邮电业务指数总体呈现上升趋势，

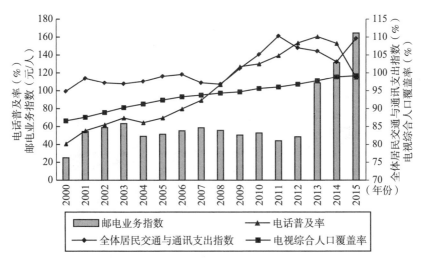

图8-3 2000~2015年呼包鄂城市群信息化主要指标（一）

资料来源：2001~2016年《内蒙古统计年鉴》、2001~2016年《呼和浩特统计年鉴》、2001~2016年《包头统计年鉴》、2001~2016年《鄂尔多斯统计年鉴》、2004~2015年《呼和浩特国民经济与社会发展统计公报》、2004~2015年《包头市国民经济与社会发展统计公报》、2004~2015年《鄂尔多斯市国民经济与社会发展统计公报》。

2012～2015 年城市群邮电业务指数大幅上升。2015 年城市群邮电业务指数为 164.48 元/人，较 2012 年增加 115.9 元，增幅为 238.92%。邮电业务指数大幅上升表明城市群传统邮电业务发展迅速，基础信息业务实力较强。

2000 年城市群互联网普及率为 4.48%，经过 15 年光缆等市政设施的完善以及用户需要的增长，互联网普及率已经上升至 20.33%，普及率增幅为 353.79%（见图 8-4）。电话及互联网普及率的提高表明新型通信设备不断被使用，信息传送能力增强。城市群居民获取信息的渠道增加，信息资源更加丰富，传统纸质信息媒介逐渐被替代。从 2000～2015 年呼包鄂城市群每百人报刊使用数量的变化情况来看（见图 8-4），城市群每百人报刊使用数量波动下降，由 2000 年每百人 24.97 份下降至 2015 年每百人报刊使用数为 8.70 份，较 2000 年减少 65.16%，反映人们逐渐使用其他信息资源，传统纸质刊物的作用逐渐被替代。2000 年以来城市群科技信息与文献机构研究经费增长稳定，并在科技经费筹集总额中占有一定的比重。2015 年科技信息和文献机构研究经费占科研经费筹集总额的比重为 1.58%，较 2000 年 1.28% 上升 0.3%，说明城市群信息技术研究能力稳中有升，信息产业发展潜力较好。

136

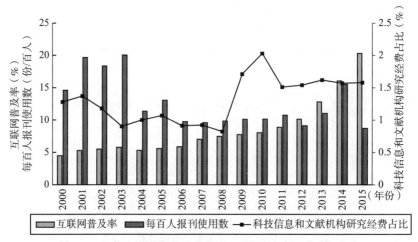

图 8-4 2000～2015 年呼包鄂城市群信息化主要指标（二）

资料来源：2001～2016 年《内蒙古统计年鉴》、2001～2016 年《呼和浩特统计年鉴》、2001～2016 年《包头统计年鉴》、2001～2016 年《鄂尔多斯统计年鉴》、2004～2015 年《呼和浩特市国民经济与社会发展统计公报》、2004～2015 年《包头市国民经济与社会发展统计公报》、2004～2015 年《鄂尔多斯市国民经济与社会发展统计公报》。

8.1.3　城镇化发展水平

呼包鄂城市群城镇化率不断上升。从 2000 年以来呼包鄂城市群城镇人口占总人口比重的变化情况来看（见图 8 – 5），城市群城镇人口占总人口的比重逐渐上升。2015 年人口城镇化率为 74.36%，比 2000 年 55.58% 的人口城镇化率高出 18.78 个百分点。考虑到呼包鄂城市群的经济发展状况，城镇化率还有一定的发展空间。

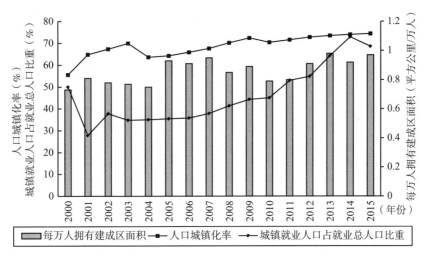

图 8 – 5　2000 ~ 2015 年呼包鄂城市群城镇化主要指标（一）

资料来源：2001 ~ 2016 年《内蒙古统计年鉴》、2001 ~ 2016 年《呼和浩特统计年鉴》、2001 ~ 2016 年《包头统计年鉴》、2001 ~ 2016 年《鄂尔多斯统计年鉴》、2004 ~ 2015 年《呼和浩特市国民经济与社会发展统计公报》、2004 ~ 2015 年《包头市国民经济与社会发展统计公报》、2004 ~ 2015 年《鄂尔多斯市国民经济与社会发展统计公报》。

2001 年城市群总就业人数为 290.09 万人，城镇就业人数 80.63 万人，占比 27.80%。2015 年末城镇就业人数为 304.02 万人，占总就业人数 443.54 万人的比例为 68.54%，较 2001 年上升 40.74 个百分点。城镇就业人数占总就业人数的比重及其变化情况表明城镇就业人口占总就业人口的比重较大，城镇化发展对劳动力的转化能力与集聚能力较强。城市群城市建成区面积基本保持稳定，每万人拥有城市建成区面积增长不大，建成区面积占城市面积的比重稳中有增。具体来看，2000 ~ 2015 年每万人拥有城市建成区面积由 0.72 平方公里增长至 0.97 平方公里，变动幅度较小。从建成区占比来看（见图 8－6），城市建成区面积占城市面积的比重由 3.45% 增加至 7.57%，增长幅度为 119.42%。

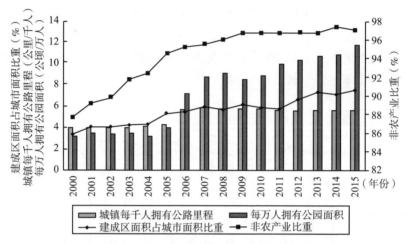

图 8－6　2000～2015 年呼包鄂城市群城镇化主要指标（二）

资料来源：2001～2016 年《内蒙古统计年鉴》、2001～2016 年《呼和浩特统计年鉴》、2001～2016 年《包头统计年鉴》、2001～2016 年《鄂尔多斯统计年鉴》、2004～2015 年《呼和浩特市国民经济与社会发展统计公报》、2004～2015 年《包头市国民经济与社会发展统计公报》、2004～2015 年《鄂尔多斯市国民经济与社会发展统计公报》。

从 2000 年以来城市群城镇居民每千人拥有公路里程数的变动情况来看，城镇居民每千人拥有公路里程数也由 3.93 公里增加至 5.64 公里，绝对量增加 1.71 公里，增加幅度为 43.51%。2000 年至 2015 年城镇每千人拥有公园面积由 3.11 公顷增加至 11.75 公顷，绝对量增加 8.64 公顷，增加幅度为 277.81%。城镇化相配套的基础设施逐渐完善，城镇每千人拥有公路里程数以及每万人拥有公园面积均有所增加。

城市群非农产业占比大，城镇化发展驱动力较强。从 2000 年以来呼包鄂城市群非农产业产值比重变化情况来看，城市群非农产业产值比重逐渐增大。2000 年，非农产业产值占比为 87.66%，为近 16 年以来最小值。2015 年非农产业产值占比为 97.06%，较 2000 年增加 9.4 个百分点，非农产业在城市群产业结构中占有较大比重将会促使城镇化的发展。

8.1.4　农业现代化发展水平

从 2000 年以来呼包鄂城市群人均粮食产量的变动情况来看（见图 8 - 7），伴随着城镇化趋势迫使耕地转化，城市群农业现代化促使农业生产效率提高。尽管受自然灾害的影响，人均粮食产量变动幅度小，年均稳定在每人460.22 千克。人均粮食产量波动较小表明农业生产效率上升。城市群第一产业就业人数稳步转移，农牧民非农非牧转化有序进行。从第一产业就业人数占总就业人数的比重变化来看，2000 年以来城市群第一产业就业人数占总就业人数比重持续下降，2015 年城市群第一产业就业人数占总就业人数的比重已下降至 19.28%。

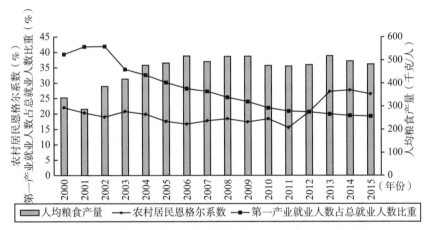

图 8 - 7　2000 ~ 2015 年呼包鄂城市群农业现代化主要指标（一）

资料来源：2001 ~2016 年《内蒙古统计年鉴》、2001 ~2016 年《呼和浩特统计年鉴》、2001 ~
2016 年《包头统计年鉴》、2001 ~2016 年《鄂尔多斯统计年鉴》。

城市群农牧民生活水平总体提高，但其生活质量近年来有所下降。农民居民人均纯收入自 2000 年以来稳步上升，2015 年达到 13.86 千元，是2000 年的 6.39 倍（见图 8 -8），农民收入的大幅增加改善了农牧民的生活水平、提高了其生活质量。伴随着收入增加，农牧民消费支出增加，但近年食品支出在其消费总支出中的占比有所回升。2000 ~2011 年呼包鄂城市群农村居民恩格尔系数呈现下降趋势，由 22.02% 下降至15.59%。2011 年以后农村居民恩格尔系数逐步回升，截至 2015 年已上升至 26.44%（见图 8-7）。城市群农业劳动生产率大幅上升，惠农惠牧政策效果明显。从 2000 年以来呼包鄂城市群农业劳动生产率的变动趋势来看，城市群农业劳动生产率逐年上升，2015 年呼包鄂城市群农业劳动生产率为每人 6.54 万元，较 2000 年每人 0.92 万元增加了 5.62 万元，增幅为610.87%。2000~2015 年，城市群每公顷播种土地所使用的农业机械动力逐年上升（见图 8-8）。2000 年每公顷所拥有的农业机械动力为 3.55 千瓦，2011 年为每公顷 5.61 千瓦，2015 年为每公顷 6.18 千瓦。近 16 年，农业机械化水平共上升 2.63 千瓦/公顷，平均每年每公顷播种土地上升0.18 千瓦，农业机械化水平的稳步提升表明呼包鄂农业现代化趋势明显。根据城市群土地产出效率的变化趋势来看（见图 8-8），农业耕种水平提高。2000~2013 年城市群单位播种土地粮食产量逐年上升，2013 年土地产出效率为每公顷 3.52 吨，较 2000 年上升 62.21%，先进的耕种技术以及优质粮种直接导致土地产出效率的提高。2013 年以来土地产出效率有所下降，2015 年末维持在 3.21 吨/公顷。

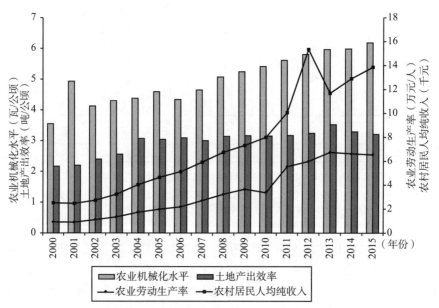

图 8-8　2000~2015 年呼包鄂城市群农业现代化主要指标（二）

资料来源：2001~2016 年《内蒙古统计年鉴》、2001~2016 年《呼和浩特统计年鉴》、2001~2016 年《包头统计年鉴》、2001~2016 年《鄂尔多斯统计年鉴》。

8.1.5　绿色化发展水平

城市建成区绿化覆盖率上升，城区绿化工作效果显著。2015 年呼包鄂城市群建成区总面积为 572.21 平方公里、建成区内绿化覆盖面积 229.30 平方公里，建成区绿化覆盖率为 40.07%，这一比重较 2000 年增加 17.73%，城市群城区绿化工作取得明显成效。

呼包鄂城市群城乡人均生活垃圾清运量持续减少，生产生活污水排放有回涨趋势、城市群环境污染问题依然严峻。2000~2012 年城市群人均生活垃圾清运量保持稳定，2013 年下降为每人 0.17 吨，随后维持稳定。2000~2010 年生产生活污水人均排放量持续下降，2010 年以后人均污水排放量有所回升。2015 年人均污水排放量为 30.55 吨，总体上较 2000 年有所下降。

总体来看（见图 8-9、图 8-10），2015 年城市群每公顷农作物农用化肥施用量与每公顷农作物农药使用量分别为 269.09 吨、2.35 吨，分别较 2000 年增加 105.04 吨、0.79 吨，增加幅度分别为 64.03%、50.62%。农用化肥施用量与农药使用量的增加会对土地、牲畜造成危害，不利于农业生产绿色化。

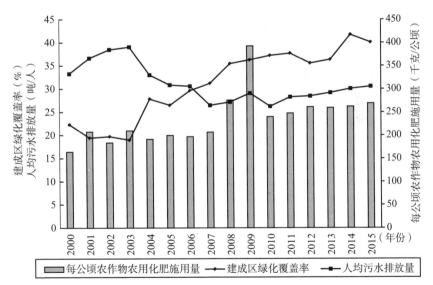

图 8-9　2000~2015 年呼包鄂城市群绿色化主要指标（一）

资料来源：2001~2016 年《内蒙古统计年鉴》、2001~2016 年《呼和浩特统计年鉴》、2001~2016 年《包头统计年鉴》、2001~2016 年《鄂尔多斯统计年鉴》。

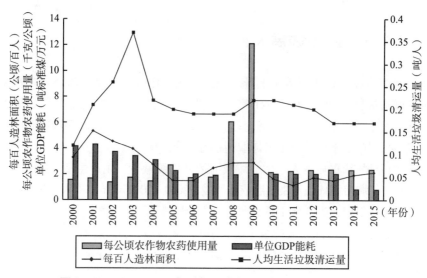

图 8-10 2000~2015 年呼包鄂城市群绿色化主要指标 （二）

资料来源：2001~2016 年《内蒙古统计年鉴》、2001~2016 年《呼和浩特统计年鉴》、2001~2016 年《包头统计年鉴》、2001~2016 年《鄂尔多斯统计年鉴》。

142　　截止到 2015 年末，城市群造林总面积为 16.79 万公顷。总体来看，2000~2010 年，每百人造林面积整体呈现波动下降趋势，2011 年以后每百人造林面积逐渐回升。2015 年每百人造林 2.12 公顷，较 2011 年每百人造林 1.14 公顷增加 0.98 公顷/百人，上升幅度高达 85.96%。每百人造林面积有所波动，城市群生态修复工作稳步推进。考虑到城市群所在的地理位置以及可持续发展的需要，这一指标还有很大的提升空间。城市群单位 GDP 能耗下降，经济发展质量提高。2000~2015 年城市群单位 GDP 能耗持续下降。2015 年单位 GDP 能耗为每万元 0.81 吨标准煤，较 2000 年每万元 4.15 吨标准煤下降 3.34 吨/万元，下降幅度为 80.48%。单位 GDP 能耗的下降表明经济生产耗能降低、效率上升、质量提高。

8.2　城市群"五化"协同发展水平评价模型构建

　　通过对呼包鄂城市群"五化"发展的历史概况与发展现状进行分析，发现各指标所描述的"五化"总体发展情况较好。为了对城市群"五化"

发展的水平，特别是城市群"五化"协同发展水平进行研究，本节将构建城市群"五化"协同发展水平评价模型。构建的城市群"五化"协同发展水平评价模型主要包括城市群"五化"协同发展水平评价指标体系、"五化"发展指数与"五化"整体发展指数、"五化"协同发展耦合协调度三个部分。

8.2.1 城市群"五化"协同发展水平评价指标体系

1. 指标设计的原则

为了能够科学、客观地评价某城市群"五化"协同发展情况，本节将从新型工业化、信息化、城镇化、农业现代化、绿色化的内涵与内部关系出发，遵循科学性、层次性、系统性、完备性、可操作性来建立指标体系。

（1）科学性。科学性具有两层含义，一方面对事物的判断要符合客观实际；另一方面要对事物内在的本质与规律进行反映。只有反映事物本质并符合客观实际的指标才是科学的。坚持科学性来选取所用的指标，可以客观地反映出"五化"发展水平，在此基础上建立的城市群"五化"协同发展水平评价指标体系才更具说服力。

（2）层次性。一般来说，指标体系一般分为目标层指标、准则层指标、指标层指标，或者分为一级指标、二级指标、三级指标等，这就是指标选取的层次性。数据的收集主要集中在指标层来进行，并根据指标层的需要进行相应的计算得到指标层所需要的基础指标值，得到全部基础指标的数值以后，再根据事先确定好的权重进行计算得到准则层指标，同理得到目标层指标。基础层的指标选取范围相对较广，可以根据相关性与重点性等原则加以筛选，最终确定合适的指标层。

（3）系统性。城市群"五化"发展水平评价指标体系既要反映新型工业化、信息化、城镇化、农业现代化以及绿色化各自的发展水平和发展状况，也要系统地反映"五化"各子系统之间的相互促进、相互补充、相互制约的关系，这就是系统性。在选取基础指标来确定指标层时会坚持系统性，使"五化"发展水平评价指标体系成为一个集相关性、整体性和综合性于一体的有机系统。

（4）完备性。选取尽量多且代表性强的指标来对准则层指标进行描述即为完备性。坚持完备性既要考虑选取指标的数量，也要考虑所选取指标的质量。考虑到基础指标数量较多，"五化"发展水平评价指标体系中的指标选取在坚持完备性的基础上，对所选取指标进行一定的筛选，以保持在指标数量有限的情况下选取具有代表性的指标。

（5）可操作性。为了使所要研究的指标能够得到最全面的描述，尽量选取可获得的数据及材料来对所需指标进行计量，即为可操作性。为了使"五化"协同发展水平评价指标体系中的各项指标保持完整，本指标体系数据主要选自各省、市、自治区统计年鉴，经济与社会发展统计公报，以及相关的统计局网站，保证指标获取及指标体系构建的可操作性。

2. 指标体系的系统架构

徐维祥（2014）等人在对中国工业化、信息化、城镇化、农业现代化同步发展进行测度时，建立了"四化"指标体系①。舒季君与徐维祥（2015）在研究中国"四化"同步发展的时空分异及其影响因素时，将其以前建立的指标体系进行了简化，建立了包含工业化率在内的共16个三级指标的四化同步发展水平指标体系②。周振与孔祥智（2015）基于农业现代化视角研究中国"四化"协调发展格局及其影响因素时，构建了包含工业就业率在内的12个基础指标的"四化"协调发展水平指标体系③。刘凯、任建兰与张存鹏（2016）等人参照徐维祥、舒季君以及周振等人的研究，并进一步丰富，将描述绿色化发展水平的森林覆盖率、工业三废排放率等指标加入原有的"四化"研究中，构建了包含人均GDP在内共40个三级指标的中国"五化"协同度评价指标体系④。马艳（2016）以湖北省为分析样本对区域"五化同步"发展水平与影响因素进行测度与分析

① 徐维祥、舒季君、唐根年：《中国工业化、信息化、城镇化、农业现代化同步发展测度》，载《经济地理》2014年第9期，第1~6页。
② 徐维祥、舒季君、唐根年：《中国工业化、信息化、城镇化和农业现代化协调发展的时空格局与动态演进》，载《经济学动态》2015年第1期，第76~85页。
③ 周振、孔祥智：《中国"四化"协调发展格局及其影响因素研究——基于农业现代化视角》，载《中国软科学》2015年第10期，第2~26页。
④ 刘凯、任建兰、张存鹏：《中国"五化"协同发展水平演变研究》，载《经济问题探索》2016年第4期，第27~34页。

时,其参考刘凯等人研究的成果,并结合区域研究的实际,构建了湖北省"五化"同步发展水平评价指标体系①。

本节在借鉴刘凯及马艳等人研究成果的基础上,围绕新型工业化、信息化、城镇化、农业现代化及绿色化的内涵和关系,根据科学性、层次性、系统性、完备性、可操作性等评价指标体系设计的基本原则,建立了准则层包含新型工业化、信息化、城镇化、农业现代化及绿色化的 5 个一级指标,指标层包含工业增加值占比、电话普及率、人口城镇化率、农业劳动生产率以及建成区绿化覆盖率在内的 35 个基础指标的城市群"五化"协同发展水平评价指标体系。指标体系具体设计如表 8 - 1所示。

表 8 - 1　　　　城市群"五化"协同发展水平评价指标体系

目标层	准则层	指标层（单位）	指标属性
城市群"五化"协同发展水平评价指标体系	新型工业化 G	G_1 工业增加值占 GDP 比重（%）	正向指标
		G_2 第二产业劳动力工业增加值（万元/人）	正向指标
		G_3 第二产业劳动生产率（万元/人）	正向指标
		G_4 第二产业就业人数占比（%）	逆向指标
		G_5 工业高科技化率（%）	正向指标
		G_6 人均规模以上重工业产值（万元/人）	逆向指标
		G_7 单位工业增加值能耗（吨标准煤/万元）	逆向指标
	信息化 X	X_1 电话普及率（%）	正向指标
		X_2 互联网普及率（%）	正向指标
		X_3 邮电业务指数（元/人）	正向指标
		X_4 每百人报刊使用数（份/百人）	逆向指标
		X_5 科技信息和文献机构研究经费占比（%）	正向指标
		X_6 全体居民交通与通讯支出指数（%）	正向指标
		X_7 电视综合人口覆盖率（%）	正向指标

145

① 马艳:《区域"五化同步"发展水平测度与影响因素分析——以湖北省为分析样本》,载《湖北社会科学》2016 年第 12 期,第 60~67 页。

目标层	准则层	指标层（单位）	指标属性
城市群"五化"协同发展水平评价指标体系	城镇化 C	C_1 人口城镇化率（%）	正向指标
		C_2 城镇就业人口占就业总人口比重（%）	正向指标
		C_3 每万人拥有建成区面积（平方公里/万人）	正向指标
		C_4 建成区面积占城市面积比重（%）	正向指标
		C_5 城镇每千人拥有公路里程（公里/千人）	正向指标
		C_6 每万人拥有公园面积（公顷/万人）	正向指标
		C_7 非农产业比重（%）	正向指标
	农业现代化 N	N_1 农业劳动生产率（万元/人）	正向指标
		N_2 农业机械化水平（瓦/公顷）	正向指标
		N_3 土地产出效率（吨/公顷）	正向指标
		N_4 农村居民恩格尔系数（%）	逆向指标
		N_5 人均粮食产量（千克/人）	正向指标
		N_6 农村居民人均纯收入（千元）	正向指标
		N_7 第一产业就业人数占总就业人数比重（%）	逆向指标
	绿色化 L	L_1 建成区绿化覆盖率（%）	正向指标
		L_2 每百人造林面积（公顷/百人）	正向指标
		L_3 人均污水排放量（吨/人）	逆向指标
		L_4 每公顷农作物农用化肥施用量（千克/公顷）	逆向指标
		L_5 每公顷农作物农药使用量（千克/公顷）	逆向指标
		L_6 单位 GDP 能耗（吨标准煤/万元）	逆向指标
		L_7 人均生活垃圾清运量（吨/人）	逆向指标

3. 评价指标的说明

新型工业化指数系统包含工业增加值占 GDP 比重等 7 个基础指标。G_1 工业增加值占 GDP 比重等于工业增加值除以地区生产总值。G_2 第二产业劳动力工业增加值等于工业增加值除以第二产业从业人数。G_3 第二产业劳动生产率等于第二产业产值除以第二产业从业人数。G_4 第二产业就业人数占比等于第二产业从业人数除以总就业人数，主要用来反映工业发展对城市群第二产业就业人员的影响。G_5 工业高科技化率等于城市群科技经费筹集总额除以工业增加值，这一指标可以很好地反映工业生产中所含的高科技含量，指标值越大表示工业发展所含高科技因素越高。G_6 人均规模以上重工业产值，该指标等于规模以上重工业产值除以总人数，该指标越大表明重工业的影响力越大，为逆向指标。G_7 单位工业增加值能耗指标，主要反映单位工业增加值所消耗的能源，是由以标准煤为单位的能耗总量除以工业增加值得到，该指标越小越好，为逆向指标。

信息化指数系统包含电话普及率等 7 个基础指标。X_1 电话普及率由电话总用户数与地区总人数相比产生，其中电话总用户数为地区固话用户数、地区小灵通用户数以及地区移动电话用户数总和。X_2 互联网普及率是由互联网接入用户数除以总人数得到。X_3 邮电业务指数由邮电业务量除以总人数所得，邮电业作为信息传送的传统行业，其指数可以很好反映信息化随时间变化的发展情况。X_4 每百人报刊使用数是由地区报刊期发数与地区总人数相比产生，每百人报刊使用数越低可以体现地区信息传播能力较好，该指标为逆向指标。X_5 科技信息和文献机构研究经费占比，该指标是由科技信息和文献机构研究经费除以科技经费筹集总额得到，信息产业是高端行业，信息产业的发展与高科技经费投入呈正相关关系。X_6 全体居民交通与通讯支出指数，该指标是由当年全体居民交通与通讯支出总额与前一年交通与通讯支出得到，若该指标大于 100%，则表示当年交通与通讯支出多于前年，该指标为正向指标。X_7 电视综合人口覆盖率，该指标为正向指标。考虑到指标的相关性以及数据的完整性，对部分描述信息化发展水平的传统指标（如每十万人大学生人数、科技人员比重等指标）进行了替换，新增指标可以很好地满足研究需要。

城镇化指数系统包含人口城镇化率等 7 个基础指标。C_1 人口城镇化率是由城镇人口除以总人口数得到，是反映城镇化发展水平的基础指标，人口城镇化率越高，城镇化发展水平越高。C_2 城镇就业人口占就业总人口比重，主要反映城镇化发展过程中对就业的吸纳能力。C_3 每万人拥有建成区面积是由城市建成区面积除以城镇人口得到，该指标为正向指标。C_4 城市建成区面积占城市面积比重由建成区面积除以城市面积得到，一般来说，城市建成区面积占比越高，城市建设越好，土地城镇化程度越高。C_5 城镇每千人拥有公路里程是由城镇公路里程总数除以城镇人口总数所得。C_6 每万人拥有公园面积是由城市公园总面积除以城镇总人口得到。C_4、C_5 与 C_6 均是反映城镇化发展过程中，城市基础设施是否能够满足城镇人口需求，均为正向指标。C_7 非农产业比重是由第二、三产业产值除以地区生产总值所得，一般来说，非农产业比重越大，城镇化发展水平越高。

农业现代化指数系统包含农业劳动生产率等 7 个基础指标。N_1 农业劳动生产率是由农林牧渔业总产值除以农林牧渔业从业人数得到，农业劳动生产率越高，农业现代化程度越高。N_2 农业机械化水平是由农业机械总动力除以耕地面积得到，单位耕地面积所获得的农业机械总动力越大，说明农业机械化水平越高，农业现代化发展水平越高。N_3 土地产出效率由粮食总产量除以粮食播种面积得到，该指标为正向指标。N_4 农村居民恩格尔系数是由农村居民食品支出除以农村居民总支出所得，为逆向指标。N_5 人均粮食产量是由粮食总产量除以总人数所得，一般来说，人均粮食产量越高，农业现代化水平越高。N_6 农村居民人均纯收入为正向指标。N_7 人均第一产业产值是由第一产业总产值除以总就业人数得到，为正向指标。

绿色化指数系统包含建成区绿化覆盖率等 7 个基础指标。L_1 建成区绿化覆盖率是由城市建成区绿化覆盖面积除以建成区总面积得到，一般来说，建成区绿化覆盖率越高，绿色化发展水平越高。L_2 每百人造林面积是由造林面积总数除以地区总人数产生，每百人拥有的造林面积越大则说明该地区在生态修复方面的投入越高，该指标为正向指标。L_3 人均污水排放量是由污水排放总量除以总人数得到，为逆向指标。L_4 每公顷农作物农用化肥施用量是由农用化肥施用量除以农作物播种面积得到，L_5 每公顷农作物农药使用量是由农药使用量除以农作物播种面积得到，这两个指标为逆向指标。一般来说，每公顷农作物农用化肥施用量与每公顷农作物农药使用量越大，地区农业发展对环境的负面影响越大，绿色化水平越低。L_6 单位 GDP 能耗由地区能源资源消耗总额除以 GDP 得到，单位 GDP 能耗越大则经济发展对能源消耗越大，则绿色化水平越低，该指标为逆向指标。L_7 人均生活垃圾清运量是由生活垃圾清运量除以总人数得到，为逆向指标。

8.2.2　指标数据处理及权重确定

评价指标权重的确定有很多方法，一般可以分为三大类，分别是以专家调查法为代表的主观赋权法、以熵权法为代表的客观赋权法以及将主观赋权与客观赋权法结合使用的主客观赋权法。王靖与张金锁（2001）对综合评价过程中确定权重的几种方法做了比较，认为在样本数据比较完整的情况下，熵值法确定的权重可信度较高①。杜宏成与闫玉静（2009）通过对综合评价过程中不可缺少的权重确定方法进行比较，认为德尔菲法与AHPA 法由于主要依靠专家经验，不受样本限制，使用范围较广，缺点是主观性太强，并认为在具有完整样本数据的情况下，应使用熵权法②。王爱平与周焱（2015）等人以湄潭县基本农田划定为例对指标权重的方法进行了比较研究，认为主成分分析法的应用有严格条件限制，熵权法可以区分指标之间的差异，为最优权重确定方法③。黄安胜与徐佳贤（2013）则根据王靖等人比较的结果，采用熵权法确定其所研究的"新四化"综合发展水平评价指标体系中各指标权重④。李会涛（2013）在对湖北省"四化"协调发展评价及政策研究过程中，利用熵值法对其所选取的指标进行分层确定权重⑤。刘凯、任建兰与张存鹏（2016）在研究中则将其选取的40 个三级指标作为统一整体，用熵权法确定各指标权重⑥。

相对于其他权重确定方法，熵权法的精确度较高、客观性较强，能够较好地解释测算所得到的结果。此外，较强的适应性是熵权法的另一优点。利用熵权法进行指标权重的确定时，可以灵活地结合其他方法使用。熵权法的缺点在于其权重的确定比较依赖于样本，应用受限。考虑到本节研究精确性、客观性需要以及本节所收集样本具有完整性等优势，熵权法的缺点对结果的影响远小于其优点。本节将参考李会涛等人的研究，利用熵权法对城市群"五化"协同发展水平评价指标体系中的指标进行分层确定权重。

熵权法的基本思路是根据指标变异性的大小来确定客观权重。一般来

149

---

①　王靖、张金锁：《综合评价中确定权重向量的几种方法比较》，载《河北工业大学学报》2001 年第 2 期，第 52 ~ 57 页。

②　杜宏成、闫玉静：《综合评价中不可缺少的部分——权重的确定》，载《黑龙江科技信息》2009 年第 3 期，第 58、211 页。

③　王爱平、周焱、李枋燕、龙剑峰、陈洋、张慧：《指标权重方法比较研究——以湄潭县基本农田划定为例》，载《贵州大学学报（自然科学版）》2015 年第 2 期，第 135 ~ 140 页。

④　黄安胜、许佳贤：《工业化、信息化、城镇化、农业现代化发展水平评价研究》，载《福州大学学报（哲学社会科学版）》2013 年第 6 期，第 28 ~ 33 页。

⑤　李会涛：《湖北省"四化"协调发展评价及政策研究》，武汉理工大学，2013 年。

⑥　刘凯、任建兰、张存鹏：《中国"五化"协同发展水平演变研究》，载《经济问题探索》2016 年第 4 期，第 27 ~ 34 页。

说，若某个指标的信息熵越小，表明指标值的变异程度越大，提供的信息量越多，在综合评价中所能起到的作用也越大，其权重也就越大。相反，某个指标的信息熵越大，表明指标值的变异程度越小，提供的信息量也越少，在综合评价中所起到的作用也越小，其权重也就越小。

1. 指标数据处理

在系统评价方案中，各指标的计量单位有所不同，因而不能直接进行加权运算，需要对指标的初始数值进行标准化处理，以消除变量间的量纲差异，即数据的无量纲化、标准化或者归一化。比较常用的是线性无量纲化法，它又包括标准化处理法、极值处理法、线性比例法、向量规范法等。郭亚军与易平涛（2008）对上述几种常见的线性无量纲化方法的性质进行了分析，认为极值法与标准化法较为优越[①]。易平涛（2009）等人为了解决静态无量纲化方法在处理动态综合评价过程中的时序数列会消除数据隐含增量的问题，其对线性无量纲化法进行了改进[②]。江文奇（2012）在郭亚军等人研究的基础上，通过无量纲化方法对属性权重影响的敏感性和方案保序性进行了研究，认为极值无量纲化与功效系数法保序性较好[③]。朱喜安与魏国栋（2015）通过对熵值法中无量纲化方法优良标准的探讨，认为极值无量纲化法是对熵值法较好的改进方法[④]。参考以上学者的研究结果并结合本节研究的实际，将采用极值无量纲化法对熵权法进行改进来确定指标权重。

城市群"五化"协同发展水平评价指标体系共包含 35 个基础指标 G_1，G_2，$\cdots$，G_7，X_1，X_2，$\cdots$，X_7，C_1，C_2，$\cdots$，C_7，N_1，N_2，$\cdots$，N_7，L_1，L_2，$\cdots$，L_7，本指标体系各指标权重的确定将分层处理，即将新型工业化、信息化、城镇化、农业现代化、绿色化各自视为一个部分，对其所属的七个基础指标的权重进行确定，七个指标权重之和为 1。在前序处理

---

① 郭亚军、易平涛：《线性无量纲化方法的性质分析》，载《统计研究》2008 年第 2 期，第 92 ~ 100 页。

② 易平涛、张丹宁、郭亚军、高立群：《动态综合评价中的无量纲化方法》，载《东北大学学报（自然科学版）》2009 年第 6 期，第 882 ~ 892 页。

③ 江文奇：《无量纲化方法对属性权重影响的敏感性和方案保序性》，载《系统工程与电子技术》2012 年第 12 期，第 2520 ~ 2523 页。

④ 朱喜安、魏国栋：《熵值法中无量纲化方法优良标准的探讨》，载《统计与决策》2015 年第 2 有，第 13 ~ 15 页。

的基础上，对准则层的五个指标进行权重确定。指标层与准则层指标权重的确定均采用熵权法。

现将以新型工业化为例，对其所属的 7 个基础指标的权重进行确定。首先将 7 个基础指标按顺序标记为 G_1，G_2，$\cdots$，G_7，其中 $g_{ab} = \{g_{11}, \cdots g_{7n}\}$。并设 m_{ab} 为各指标标准化以后的数值，$m_{ab} = \{m_{11}, \cdots, m_{7n}\}$，则有

对于正向指标，采用以下公式对原始数据进行标准化

$$m_{ab} = \frac{g_{ab} - \min(g_a)}{\max(g_a) - \min(g_a)} \tag{8-1}$$

其中，$\max(g_a)$ 为第 a 个指标的最大值，$\min(g_a)$ 为第 a 个指标的最小值。

对于逆向指标，采用以下公式对原始数据进行标准化

$$m_{ab} = \frac{\max(g_a) - g_{ab}}{\max(g_a) - \min(g_a)} \tag{8-2}$$

2. 指标权重确定

根据信息论关于"熵"的定义，新型工业化 7 个基础指标的信息熵 S_j 计算如下：

$$S_\alpha = -\left[\ln(7)\right]^{-1} \sum_{a=1}^{7} p_{ab} \cdot \ln p_{ab} \tag{8-3}$$

其中，$p_{ab} = m_{ab} \cdot \left(\sum_{a=1}^{7} m_{ab}\right)^{-1}$，如果 $P_{ab} = 0$，则定义 $\lim_{P_{ab} \to 0} P_{ab} \cdot \ln P_{ab} = 0$

根据以上公式及规则，计算出各项指标的信息熵分别为 S_1，S_2，$\cdots$，S_7。根据所获得的信息熵值来计算各个指标的权重 W_a，所用公式如下：

$$W_a = \frac{1 - S_a}{7 - \sum S_a} \tag{8-4}$$

据此来确定新型工业化各项基础指标的权重。信息化、城镇化、农业现代化以及绿色化基础指标的权重采取同样方法。需要注意的是由于准则层的指标仅有 5 个，该 5 个指标的信息熵及权重的计算公式及方法如下：

$$S_a = -\left[\ln(5)\right]^{-1} \sum_{a=1}^{5} p_{ab} \cdot \ln p_{ab} \tag{8-5}$$

其中，$p_{ab} = m_{ab} \cdot \left(\sum_{a=1}^{5} m_{ab}\right)^{-1}$，如果 $P_{ab} = 0$，则定义 $\lim_{P_{ab} \to 0} P_{ab} \cdot \ln p_{ab} = 0$。

根据以上公式及规则，计算出各项指标的信息熵分别为 S_1，S_2，$\cdots$，S_5。根据所获得的信息熵值来计算各个指标的权重 W_a，所用公式如下：

$$W_a = \frac{1 - S_a}{5 - \sum S_a} \qquad (8-6)$$

3. 发展指数计算

发展指数的计算包括新型工业化发展指数、信息化发展指数、城镇化发展指数、农业现代化发展指数、绿色化发展指数以及"五化"整体发展指数。

考虑到计算发展指数时需要对原始数据进行汇总求和，为了剔除数据度量单位不一致的影响，将会对原始数据进行无量纲化处理。由于前面已经使用了极值法与熵权法相结合对原始数据进行了无量纲化并对各层指标进行了权重确定。考虑到样本容量较大、指标个数较多、时间序列较长，并且为了与前面无量纲化部分进行区分。下面将采用直线型无量纲化处理方法。仍以新型工业化为例，计算公式如下：

对于正向指标，采用以下公式对原始数据进行无量纲化：

$$Z_{ab} = \frac{g_{ab}}{\max(g_a)} \qquad (8-7)$$

对于逆向指标，采用以下公式对原始数据进行标准化

$$Z_{ab} = \frac{\max(g_a) + \min(g_a) - g_{ab}}{\max(g_a)} \qquad (8-8)$$

采用加权求和法计算新型工业化发展指数、信息化发展指数、城镇化发展指数、农业现代化发展指数、绿色化发展指数，计算公式分别如下：

$$G_g = \sum_{r=1}^{7} a_r \cdot i_r \qquad (8-9)$$

$$X_x = \sum_{s=1}^{7} \beta_s \cdot n_s \qquad (8-10)$$

$$C_c = \sum_{e=1}^{7} \gamma_e \cdot u_e \qquad (8-11)$$

$$N_n = \sum_{u=1}^{7} \delta_u \cdot f_u \qquad (8-12)$$

$$L_l = \sum_{t=1}^{7} \varepsilon_t \cdot g_t \qquad (8-13)$$

其中，G_g、X_x、C_c、N_n、L_l 分别为新型工业化发展指数、信息化发展指数、城镇化发展指数、农业现代化发展指数、绿色化发展指数，α_r、β_s、

γ_e、δ_u、ε_t 分别为各指标的权重，i_r、n_s、u_e、f_u、g_t 分别为各指标无量纲化值。

采用简单算术平均数计算"五化"整体发展指数，计算公式如下：

$$T_t = G_g \cdot W_g + X_x \cdot W_x + C_c \cdot W_c + N_n \cdot W_n + L_l \cdot W_l \qquad (8-14)$$

其中，W_g、W_x、W_c、W_n、W_l 分别为准则层五个指标的权重，T_t 为"五化"整体发展指数。

8.2.3 城市群"五化"协同发展水平评价方法

"五化"协同发展是指新型工业化、信息化、城镇化、农业现代化以及绿色化多者之间相互制约、相互融合、相互补充、协调发展的系统关系。农业作为经济社会发展的基础，农业现代化可以为新型工业化、城镇化、信息化的发展提供物质支撑，新型工业化、信息化的发展也会对农业现代化的水平提出更高要求并为农业现代化提供机械以及技术等方面的支持。新型工业化是信息化、城镇化以及农业现代化的重要驱动力。新型工业化的发展会将资金、技术以及人力资源积聚到城市附近或者城市内部，会促使一部分农业人口转化为非农人口，会促进一部分农村土地转化为非农土地，城镇化由此发展。新型工业化发展会对信息化发展提出更高要求，促使信息化水平不断提高。城镇化一方面可以满足工业化、信息化发展所需要的劳动力及土地等要素；另一方面也对农业加快现代化进程施加更大压力。信息化的发展主要是为新型工业化、信息化、城镇化以及绿色化提供必要的技术支持与服务。绿色化是对其他"四化"发展的补充与协调，强调在注重"量"发展的同时也要注重"质"的发展。"五化"协同发展不是同步发展，而是新型工业化、信息化、城镇化、农业现代化以及绿色化相互作用、相互促进，形成互为支撑、互为动力、互为补充、相互协调的有机整体，进而渗透到地区经济、政治、文化建设的各个环节，最终提升地区整体实力。因此，整个社会经济的发展过程就是"五化"协同发展的过程。

1. 城市群"五化"协同发展水平评价方法

"五化"协同发展水平的测度与评价一般有同步度模型、HR 综合评价模型与耦合协调度模型。徐维祥与舒季君（2014）采用 PLS 通径模型与空间距离测度模型对我国"新四化"同步发展水平进行了测度，该模型主要是通过计算系统发展的同步度来定量研究各子系统的协调发展水平[①]。黄祥芳与陈建成（2015）在测度江西省11市"四化"耦合协调发展水平时，通过计算"四化"发展的耦合协调度来实现[②]。周振与孔祥智（2015）在参考徐维祥等人的基础上，运用HR综合评价模型对我国"四化"协调发展及其影响因素进行了研究，该模型主要是通过计算指标之间的变异系数来反映各指标之间的发展差异[③]。刘凯等（2016）认为耦合协调度模型具有协调度分类，具有较强的主观性，其参照周振等人的研究运用HR综合评价法对我国"五化"协调发展水平进行了研究[④]。马艳（2016）在刘凯等人研究的基础上，利用变异系数对耦合协调度模型进行了改进，并利用改进后的模型对区域"五化同步"发展水平进行了测度[⑤]。

综上来看，耦合协调度模型在测算子系统发展的协调程度上更为精确。HR综合评价模型在进行协调发展水平测度时较为简单，但精确度较低，并且借助于结果分析与判断的难度较大。本书将参考黄祥芳与马艳等人的研究，计算城市群"五化"协同发展耦合协调度来对城市群"五化"协同发展情况进行评价，由于本节所使用的指标是分层确定权重的，在耦合协调度模型中引入变异系数的意义不大且可能还会造成数据失真，故使用的耦合度计算将沿用传统的做法。

2. 城市群"五化"协同发展耦合协调度

耦合与协调是来自理工科的概念。耦合是指组成整体的各个子系统之间或者组成子系统各个要素之间相互影响的关系，协调则是指组成整体的各个子系统或者组成子系统的各个要素之间和谐共生的关系。本节借用耦

---

① 徐维祥、舒季君、唐根年：《中国工业化、信息化、城镇化、农业现代化同步发展测度》，载《经济地理》2014年第9期，第1~6页。

② 黄祥芳、陈建成、周伟：《江西省11市"四化"耦合协调发展水平测度》，载《城市问题》2015年第3期，第67~74、104页。

③ 周振、孔祥智：《中国"四化"协调发展格局及其影响因素研究——基于农业现代化视角》，载《中国软科学》2015年第10期，第2~26页。

④ 刘凯、任建兰、张存鹏：《中国"五化"协同发展水平演变研究》，载《经济问题探索》2016年第4期，第27~34页。

⑤ 马艳：《区域"五化同步"发展水平测度与影响因素分析——以湖北省为分析样本》，载《湖北社会科学》2016年第12期，第60~67页。

合与协调的概念，对城市群"五化"协调发展的关系进行研究，运用耦合度与耦合协调度计算公式来测度城市群"五化"发展水平。

计算城市群"五化"协同发展耦合协调度，公式如下：

$$OH = \left[(G_g \cdot X_x \cdot C_c \cdot N_n \cdot L_l) \cdot \left(\frac{G_g + X_x + C_c + N_n + L_l}{5} \right)^{-5} \right]^k \tag{8-15}$$

$$OHXT = (OH \cdot T_t)^{\frac{1}{2}} \tag{8-16}$$

其中，k 为系统常量，OH 为城市群"五化"耦合度，$OHXT$ 为城市群"五化"协同发展耦合协调度，T_t 为"五化"整体发展指数。对于系统常量 k 的取值，一般沿用以下做法：当整体包含 2 个子系统时，系统常 k 量取 4；当整体包含 3 个子系统时，系统常 k 量取 6；当整体包含 4 个子系统时，系统常量 k 取 8；当整体包含 5 个子系统时，系统常量 k 取 10，以此类推。由于本节研究的"五化"协同包含 5 个子系统，故 k 取 10。$OHXT$ 城市群"五化"协同发展耦合协调度的取值范围位于 [0，1] 内。$OHXT$ 越接近 0，则表明"五化"协同发展水平越低，$OHXT$ 越接近 1，则表明"五化"协同发展水平越高。为了便于直观地观察城市群"五化"协同发展的水平，参考马艳（2016）等人的研究，按照等距划分法将城市群"五化"协同发展耦合协调度取值划分为 9 个半开区间及 1 个全闭区间，每一个取值区间代表一种发展水平。详细的城市群"五化"协同发展耦合协调度与其对应的协同发展水平情况，如表 8-2 所示。

表 8-2　城市群"五化"协同发展耦合协调度与"五化"协同发展水平对应表

城市群"五化"协同发展耦合协调度 $OHXT$	"五化"协同发展水平
[0，0.1)	Ⅰ级不协同
[0.1，0.2)	Ⅱ级不协同
[0.2，0.3)	Ⅲ级不协同
[0.3，0.4)	Ⅳ级不协同
[0.4，0.5)	Ⅴ级不协同
[0.5，0.6)	Ⅴ级协同

城市群"五化"协同发展耦合协调度 $OHXT$	"五化"协同发展水平
[0.6, 0.7)	Ⅳ级协同
[0.7, 0.8)	Ⅲ级协同
[0.8.0.9)	Ⅱ级协同
[0.9, 1.0]	Ⅰ级协同

据表8－2中显示，Ⅰ级不协同为最不协同，Ⅴ级不协同为最低程度不协同，Ⅰ级协同为最协同，Ⅴ级协同为最低程度协同。

8.2.4　模型应用说明

1. 城市群基础指标的原始数据

城市群基础指标的原始数据主要来源于中国城市统计年鉴，省、自治区、直辖市的统计年鉴、经济与国民经济和社会发展统计公报，地级市、各盟市的统计年鉴、国民经济和社会发展统计公报。由于城市群往往有几个城市组成，需要对来自统计年鉴的原始数据进行一定的处理，一般是将各城市的指标通过求和或者平均的方式来获得城市群相应的指标。本节指标层所包含的基础指标多为占比等二级数据，这在一定程度上降低了因直接采用单个城市数据求和或者平均带来的线性关系。时间序列数据中存在个别年份数据缺失的情况，故采用计算相邻4年的算术平均数来补齐。

2. 无量纲化处理

本节在利用熵权法确定指标权重与求解"五化"发展指数、"五化"整体发展指数的过程中，均对原始数据进行了无量纲化，采用的方法分别为极值无量纲化法与直线无量纲化法，两种方法并无矛盾之处。在确定指标权重时对原始数据利用极值法进行标准化，主要是用来对避免熵权法确定指标权重过程中的一些缺点，可以视为是对熵权法的一种改进。在计算"五化"发展指数、"五化"整体发展指数时采用直线法对原始数据进行标准化，主要是考虑到为了使"五化"之间可以进行横向比较，而需要标准化的样本容量较大，故采用简单实用的直线无量纲化方法。

8.3 呼包鄂城市群"五化"协同 发展水平评价

为了对呼包鄂城市群"五化"协同发展水平进行分析,下面将利用本章第2节所建立的城市群"五化"协同发展水平评价模型,并选取2000~2015年共16年的统计数据对呼包鄂城市群"五化"协同发展水平进行分析与评价。

8.3.1 呼包鄂城市群"五化"协同发展水平评价指标体系

根据第8.2节建立的城市群"五化"协同发展水平评价指标体系,通过搜集中国城市统计年鉴、内蒙古统计年鉴、呼和浩特统计年鉴、包头市统计年鉴、鄂尔多斯统计年鉴以及三市国民经济与社会发展统计公报,并按照指标体系的需要对相关原始数据进行处理得到呼包鄂城市群新型工业化、信息化、城镇化、农业现代化、绿色化指标以及观察值。利用熵权法计算指标层各指标权重。具体步骤为:首先,对各指标观察值进行标准化;其次,计算各指标的信息熵;最后,确定各基础指标权重。指标权重计算结果如表8-3所示。

表8-3 呼包鄂城市群"五化"协同发展水平评价指标体系(含权重)

目标层	准则层及权重		指标层(单位)及权重		指标属性
城市群"五化"发展水平评价指标体系	新型工业化 G	0.1864	G_1 工业增加值占 GDP 比重(%)	0.1931	正向指标
			G_2 第二产业劳动力工业增加值(万元/人)	0.1419	正向指标
			G_3 第二产业劳动生产率(万元/人)	0.1438	正向指标
			G_4 第二产业就业人数占比(%)	0.0812	逆向指标
			G_5 工业高科技化率(%)	0.1334	正向指标
			G_6 人均规模以上重工业产值(万元/人)	0.1360	逆向指标
			G_7 单位工业增加值能耗(吨标准煤/万元)	0.1706	逆向指标

目标层	准则层及权重		指标层（单位）及权重		指标属性
城市群"五化"发展水平评价指标体系	信息化 X	0.1791	X_1 电话普及率（%）	0.1544	正向指标
			X_2 互联网普及率（%）	0.0919	正向指标
			X_3 邮电业务指数（元/人）	0.1387	正向指标
			X_4 每百人报刊使用数（份/百人）	0.1669	逆向指标
			X_5 科技信息和文献机构研究经费占比（%）	0.1416	正向指标
			X_6 全体居民交通与通讯支出指数（%）	0.1394	正向指标
			X_7 电视综合人口覆盖率（%）	0.1671	正向指标
	城镇化 C	0.1901	C_1 人口城镇化率（%）	0.1757	正向指标
			C_2 城镇就业人口占就业总人口比重（%）	0.1442	正向指标
			C_3 每万人拥有建成区面积（平方公里/万人）	0.1450	正向指标
			C_4 建成区面积占城市面积比重（%）	0.1498	正向指标
			C_5 城镇每千人拥有公路里程（公里/千人）	0.1151	正向指标
			C_6 每万人拥有公园面积（公顷/万人）	0.1060	正向指标
			C_7 非农产业比重（%）	0.1642	正向指标
	农业现代化 N	0.2135	N_1 农业劳动生产率（万元/人）	0.1034	正向指标
			N_2 农业机械化水平（瓦/公顷）	0.1612	正向指标
			N_3 土地产出效率（吨/公顷）	0.1573	正向指标
			N_4 农村居民恩格尔系数（%）	0.1568	逆向指标
			N_5 人均粮食产量（千克/人）	0.1734	正向指标
			N_6 农村居民人均纯收入（千元）	0.1009	正向指标
			N_7 第一产业就业人数占总就业人数比重（%）	0.1471	逆向指标
	绿色化 L	0.2309	L_1 建成区绿化覆盖率（%）	0.1231	正向指标
			L_2 每百人造林面积（公顷/百人）	0.1072	正向指标
			L_3 人均污水排放量（吨/人）	0.1429	逆向指标
			L_4 每公顷农作物农用化肥施用量（千克/公顷）	0.1612	逆向指标
			L_5 每公顷农作物农药使用量（千克/公顷）	0.1644	逆向指标
			L_6 单位 GDP 能耗（吨标准煤/万元）	0.1385	逆向指标
			L_7 人均生活垃圾清运量（吨/人）	0.1627	逆向指标

准则层指标权重的确定依然采用熵权法，详细的过程与前面对基础指标权重确定过程一致，准则层指标的权重详见表8-3。

8.3.2 呼包鄂城市群"五化"发展指数及整体发展指数

根据表8-3所示的各指标权重、城市群"五化"发展指数以及"五化"整体发展指数公式，计算出2000～2015年呼包鄂城市群新型工业化发展指数、信息化发展指数、城镇化发展指数、农业现代化发展指数、绿色化发展指数以及"五化"整体发展指数。

从2000年以来呼包鄂城市群"五化"发展指数的变化情况来看（见表8-4与图8-11），呼包鄂城市群新型工业化、信息化、城镇化、农业现代化以及绿色化发展水平总体上均有所提高，除极个别特殊年份外，"五化"发展水平的变化基本保持一致。

表8-4 2000～2015年呼包鄂城市群"五化"发展指数

"五化"发展指数	2000年	2001年	2002年	2003年	2004年	2005年	2006年	2007年
新型工业化发展指数	0.60	0.61	0.60	0.58	0.58	0.59	0.60	0.61
信息化发展指数	0.55	0.57	0.58	0.56	0.62	0.62	0.65	0.67
城镇化发展指数	0.66	0.67	0.69	0.70	0.68	0.74	0.81	0.85
农业现代化发展指数	0.53	0.55	0.62	0.70	0.70	0.73	0.76	0.76
绿色化发展指数	0.77	0.72	0.71	0.64	0.75	0.75	0.78	0.82
"五化"发展指数	2008年	2009年	2010年	2011年	2012年	2013年	2014年	2015年
新型工业化发展指数	0.65	0.64	0.65	0.68	0.69	0.69	0.70	0.72
信息化发展指数	0.68	0.76	0.80	0.77	0.80	0.86	0.85	0.92
城镇化发展指数	0.84	0.87	0.84	0.87	0.92	0.96	0.97	0.99
农业现代化发展指数	0.81	0.83	0.82	0.90	0.92	0.90	0.89	0.90
绿色化发展指数	0.75	0.61	0.79	0.77	0.78	0.78	0.84	0.84

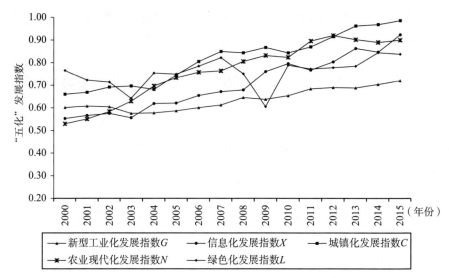

图 8-11 2000~2015 年呼包鄂城市群"五化"发展指数

呼包鄂城市群新型工业化但发展水平稳步提升，发展水平较低。2000~2015 年城市群新型工业化发展指数持续上升，2000 年、2015 年新型工业化发展指数分别为 0.60、0.72，平均每年增长 0.8%，增速稳定且较慢。从近 16 年的数据来看，新型工业化发展水平总体要低于其他四化的发展水平。

从 2000 年以来呼包鄂城市群信息化发展指数的变化趋势来看，呼包鄂城市群信息化发展速度较快，2000 年城市群信息化发展水平要低于新型工业化、城镇化以及绿色化的发展水平，2015 年信息化发展水平仅低于城镇化发展水平。城市群信息化发展基本以 2009 年与 2015 年为界限分为三个阶段：2009 年以前信息化水平总体排名第四；2009 年城市群信息化发展指数为 0.76，信息化发展水平超过绿色化发展水平，排名升至第三，并一直维持到 2014 年；2015 年城市群信息化发展指数为 0.92，信息化发展水平超过农业现代化，排名升至第二。

呼包鄂城市群城镇化发展速度较快，发展水平高于城市群其他四化的发展水平。城镇化指数由 2000 年 0.66 持续上升至 2015 年 0.99。从近 16 年城市群城镇化的发展情况来看，2000~2004 年城镇化发展指数保持稳定，城镇化发展稳定；2004~2008 年城镇化发展指数迅速提高，城镇化快速发展；2008~2010 年城镇化发展指数恢复稳定，城镇化发展平缓；2010

年以后城镇化发展指数继续增长，城镇化继续发展，2015 年末达到近 16 年来最高水平。

城市群农业现代化发展水平提升较快，具有明显阶段性。城市群农业现代化发展具有明显的阶段特征，2000～2012 年为快速发展阶段，2012 年以后为速度调整阶段。2012 年以前城市群农业现代化发展指数上升很快，由 2000 年的 0.53 上升至 2012 年的 0.92，绝对量上升了 0.39，上升幅度为 73.58%，表明城市群农业现代化水平有很大提高；2012 年以后农业现代化发展指数下降且保持稳定，发展指数基本围绕平均值 0.90 上下波动，城市群农业现代化发展水平趋于平稳。

城市群绿色化发展波动较大，发展水平提高不明显，绿色化发展潜力较大。总体来看，2000～2015 年城市群绿色化发展指数变化不大，仅提高 7 个百分点；城市群绿色化发展在 2003 年与 2009 年发生明显波动，绿色化发展指数急剧下降，主要是受国内及国际经济环境影响，扭转经济低迷的工农业生产消耗了大量的能源以及农业辅助材料并对环境造成了明显的影响；2010 年以后城市群绿色化发展指数保持平稳，绿色化水平没有得到很大提高，城市群绿色化发展潜力较大。

在计算"五化"发展指数的基础上，利用加权平均法即城市群"五化"整体发展指数公式计算呼包鄂城市群"五化"整体发展指数，权重为指标体系中准则层各指标权重。呼包鄂城市群"五化"整体发展指数计算结果如下：

总体来看（见表 8 - 5 与图 8 - 12），2000～2015 年呼包鄂城市群"五化"整体发展水平持续提高。2015 年"五化"整体发展指数为 0.87，较 2000 年 0.63 提高了 0.24，上升幅度达到 38.10%。具体来看，呼包鄂城市群"五化"整体发展水平变化呈现明显的"三阶段"：第一阶段是 2000～2003 年，城市群"五化"整体发展指数比较平稳，基本围绕在均值 0.63 上下波动，"五化"整体发展水平保持平稳；第二阶段是 2004～2009 年，城市群"五化"整体发展指数缓慢上升，由 0.67 上升至 0.74，"五化"整体发展水平缓慢发展；第三阶段是 2009～2015 年，城市群"五化"整体发展指数迅速提高，由 0.74 上升至 0.87，绝对上升 0.13，上升幅度为 17.57%，"五化"整体发展水平迅速提高。

表 8 - 5   2000 ~ 2015 年呼包鄂城市群"五化"整体发展指数表

指标	2000 年	2001 年	2002 年	2003 年	2004 年	2005 年	2006 年	2007 年
"五化"整体发展指数	0.63	0.63	0.64	0.62	0.67	0.69	0.73	0.75

指标	2008 年	2009 年	2010 年	2011 年	2012 年	2013 年	2014 年	2015 年
"五化"整体发展指数	0.75	0.74	0.78	0.80	0.82	0.84	0.85	0.87

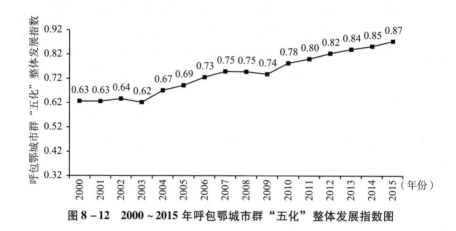

图 8 - 12   2000 ~ 2015 年呼包鄂城市群"五化"整体发展指数图

8.3.3 呼包鄂城市群"五化"发展耦合协调度

为了研究呼包鄂城市群"五化"协同发展水平，需要计算呼包鄂城市群"五化"耦合度及"五化"协同发展耦合协调度。根据城市群"五化"耦合度公式和"五化"协同发展耦合协调度公式以及呼包鄂城市群"五化"发展指数与城市群"五化"整体发展指数，计算出呼包鄂城市群2000 ~ 2015 年共 16 年"五化"耦合度及"五化"协同发展耦合协调度（见表 8 - 6）。

表 8 - 6   2000 ~ 2015 年呼包鄂城市群"五化"耦合度表

指标	2000 年	2001 年	2002 年	2003 年	2004 年	2005 年	2006 年	2007 年
呼包鄂城市群"五化"耦合度	0.79	0.79	0.79	0.79	0.81	0.83	0.85	0.86

指标	2008 年	2009 年	2010 年	2011 年	2012 年	2013 年	2014 年	2015 年
呼包鄂城市群"五化"耦合度	0.86	0.86	0.88	0.89	0.90	0.91	0.92	0.93

根据"五化"协同发展耦合协调度公式（8－16）计算出 2000～2015 年呼包鄂城市群"五化"协同发展耦合协调度并按时间序列绘制成图表。

总体来看（见表 8－7 与图 8－13），2000 年以来呼包鄂城市群"五化"协同发展水平有所提高，由 2000 年Ⅳ级协同水平提高到 2014 年Ⅱ级协同水平，2015 年延续了Ⅱ级协同发展水平。2000～2015 年呼包鄂城市群"五化"协同发展耦合协调度基本位于［0.60，0.80］内，并且长期处于［0.7，0.8］之间。从"五化"协同发展耦合协调度的变化趋势来看，2000～2004 年呼包鄂城市群"五化"协同发展水平逐渐提高，2004～2008 年"五化"协同发展水平逐渐降低，2008 年至 2010 年协同发展水平发生波动，2010 年以后"五化"协同发展水平持续上升。

表 8－7　　　　2000～2015 年呼包鄂城市群"五化"协同发展耦合协调度表

指标	2000 年	2001 年	2002 年	2003 年	2004 年	2005 年	2006 年	2007 年
呼包鄂城市群"五化"协同发展耦合协调度	0.63	0.70	0.73	0.73	0.74	0.73	0.73	0.72

指标	2008 年	2009 年	2010 年	2011 年	2012 年	2013 年	2014 年	2015 年
呼包鄂城市群"五化"协同发展耦合协调度	0.77	0.67	0.80	0.79	0.78	0.78	0.80	0.81

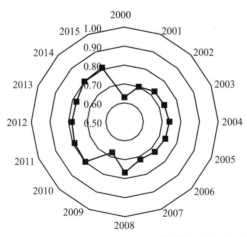

图 8－13　2000～2015 年呼包鄂城市群"五化"协同发展耦合协调度雷达图

8.3.4 呼包鄂城市群"五化"协同发展存在的问题分析

1. 呼包鄂城市群紧凑度低,"五化"空间协同发展难度大

方创琳(2008)等人认为城市群紧凑度是指城市群在形成和发展过程中,所展现的城市、产业、交通、人才等要素按照一定的经济或技术联系在空间上保持相对集中的状态,城市群紧凑度一般包括城市群产业紧凑度、城市群空间紧凑度和城市群交通紧凑度等类型,紧凑度必须控制在合适的范围之内,过高、过低的紧凑度水平都不利于城市群发展[①]。

城市群产业紧凑发展主要表现为三次产业之间以及三次产业内部的各大行业之间在产业发展总量、产业结构以及空间布局方面具有一致性、集中性。一般来说,城市群的发育程度越高,其产业紧凑程度越高。城市群空间紧凑发展主要是指城市群内部各城市之间的相互联系比较紧密、城市群人口的密度较大、城市群所属范围内的各等级城市分布比较集中。城市群空间紧凑程度与城市群的发展程度也是相互关联的,发展程度较高的城市群,其空间紧凑度必然较高。城市群交通的紧凑发展主要是指城市群内部已经建立了空中交通、陆上交通、水路交通相结合的多层次、立体型交通网络体系,城市群内部各城市之间的交通通达性很好,城市群内部通勤时间较短。与前两者相似,城市群交通紧凑程度也与城市群发展的成熟度有关。城市群发展程度越高,城市群产业、空间、交通发展也更加紧凑,而这三者发展的紧凑程度越高,又会反过来促进城市群发展得更加成熟。

根据方创琳等人的研究,呼包鄂城市群综合紧凑度低于0.15,属于不紧凑发展状态。在城市群产业紧凑发展方面,呼包鄂城市群产业紧凑度指数不足0.0001,产业发展不紧凑,城市群产业结构的不紧凑发展表现得更加明显。在城市群空间紧凑发展方面,呼包鄂城市群空间紧凑度在我国所有城市群的发展排名中明显靠后,呼包鄂城市群空间发展紧凑度较低。在城市群交通紧凑发展方面,呼包鄂城市群交通紧凑度指数较低,主要是因为空路、铁路以及公路通达性还存在较大问题。

---

① 方创琳、祁巍锋、宋吉涛:《中国城市群紧凑度的综合测度分析》,载《地理学报》2008年第10期,第1011~1021页。

2. 新型工业化发展水平低,"五化"协同发展动力不足

新型工业化作为"五化"发展及其协同发展的动力,其发展情况直接影响到城市群"五化"的协同发展。从呼包鄂城市群新型工业化发展指数来看(见表 8 - 4),其新型工业化发展指数长期低于 0.70,新型工业化发展水平较低,新型工业化无法发挥其对信息化、城镇化、农业现代化以及绿色化的驱动作用,"五化"协同发展水平提升有限。

新型工业化的动力作用主要体现在以下几个方面。第一,新型工业化的发展需要高素质的劳动力以及必需的土地资源。一方面,新型工业化发展会将农村高素质劳动力从全体农村劳动力中剥离出来并吸引入城市,实现农村人口的非农化,这一过程就是人口城镇化;另一方面,新型工业化的发展会促使城市不断扩张,实现农业土地非农化,这一过程即土地城镇化。第二,新型工业化的发展会对信息化水平提出更高要求并为信息化的发展提供必要的资金及设备支持。第三,新型工业化发展会通过工业反哺农业的方式为农业发展提供先进的机械设备及先进技术。第四,新型工业化与传统工业化的最重要的区别是其本身就包含绿色化要求,新型工业化的发展将带动城市群绿色化的发展。新型工业化长期保持低水平并且缓慢发展,必将导致"五化"协同发展动力不足。

从呼包鄂城市群新型工业化发展概况来看,其发展水平低、发展速度慢的原因主要有以下三个原因。首先,工业发展过度依赖劳动力,工业设备、工业机器人以及自动化技术应用不够。从 2000~2015 年城市群第二产业就业人数占总就业人数的占比来看,2011 年以前第二产业就业人数占比一直呈现上升趋势,表明工业发展对劳动力依赖性逐渐升高,2011 年以后第二产业就业人数占比低幅下降,工业发展对劳动力依赖性依然很大。其次,工业发展高科技含量低,研究成果未能很好地进行输出。2000 年以来城市群工业高科技化率一直处于下降趋势,表明工业发展对研究成果及科技成果转化程度不高。最后,重工业发展较快,并在工业总产值中占有较大比例,2000 年以来人均规模以上重工业产值一直呈现上升趋势,表明重工业的发展较快、发展水平较高,2015 年人均规模以上重工业产值为 9.81 万元/人。重工业的占比过高及发展过快将不利于城市群新型工业化水平的提升。

165

3. 信息化发展较为独立，"五化"协同发展融合度不够

信息化作为"五化"发展及其协同发展的方法与手段，充分发挥其对新型工业化、城镇化、农业现代化以及绿色化的服务能力，将有利于"五化"发展及其协同发展。经历了 2000~2015 年共 16 年的发展，呼包鄂城市群信息化发展指数由 0.55 提高至 0.92，提高幅度 67.27%。截至 2015 年末，信息化发展指数已经跃居"五化"发展指数第二位，发展水平较高。就信息化发展指数与其他四化发展指数的变动趋势来看，信息化发展指数与其他四化发展指数变动趋势不统一，信息化发展指数变化较为独立。2014 年以前，城市群信息化发展水平较低，难以满足城镇化、农业现代化，以及绿色化的发展需求。2014 年以后，信息化发展迅速，但是其他四化的发展趋势主要是趋于稳定或小幅下降，信息化发展未能充分发挥其服务四化的作用，城市群"五化"协同发展受到影响。

信息化对其他"四化"发展的服务作用或者融合作用主要体现在以下几个方面。从新型工业化角度来看，信息化可以为工业生产收集更可靠的需求信息，并改进传统工业生产的研发、生产、销售环节，使其智能化、高端化；从城镇化发展角度来看，信息化可以装备城市的基础设施，丰富城市基础设施的功能并提高城市基础设施的质量，增强城市的吸引力；从农业现代化角度来看，信息化可以丰富农产品的销售渠道，畅通农产品销路，打破农业生产的地域限制；从绿色化角度来看，信息化的服务力主要体现在对环境、污染等方面更加及时、精确的监测与反馈。

从 2000 年以来呼包鄂城市群信息化发展主要指标的变动情况来看，呼包鄂城市群信息化发展速度较快，发展水平较高。2000 年以来城市群邮电业务指数、电话普及率、电视综合人口覆盖率以及互联网普及率都有较大幅度上升，无论是传统的信息工具，还是电话、电视以及互联网等新型信息传播工具都得到了很好的普及与应用，信息化服务具有较强的支撑力。城市群信息化发展水平的变动趋势与其他四化的变动趋势相差较大，信息化服务不足的主要原因在于信息化发展与其他"四化"发展的融合度不够，其服务的支撑力难以发挥作用。

4. 农业现代化发展趋缓，"五化"协同发展后继无力

农业现代化是"五化"发展及其协同发展的基础，呼包鄂城市群农业

现代化发展速度趋缓，发展水平趋于停滞，城市群"五化"协同发展后继无力。从呼包鄂城市群农业现代化发展指数来看，2011 年前农业现代化发展较快，2011 年农业现代化发展指数为 0.90，2011 年以后农业现代化发展指数持续下降，2015 年农业现代化发展指数为 0.90，趋于稳定。短期来看，由于农业现代化发展水平要低于城镇化以及信息化发展水平，这将直接导致城镇化与信息化持续发展的基础薄弱。长期来看，新型工业化以及绿色化将会迎来高速发展阶段，发展水平趋于稳定的农业现代化水平也不利于新型工业化与绿色化的发展。

农业现代化作为新型工业化、信息化、城镇化、绿色化发展的基础主要体现在以下几个方面。首先，农业现代化的发展为新型工业化提供生产所需的原材料以及源源不断的劳动力。农业现代化的发展将会提高农产品的产量以及质量，满足了工业生产的基本需求。农业现代化的发展将大批的剩余劳动力解放出来，服务于新型工业化发展。农业现代化对信息化的支撑作用与新型工业化的情况类似。其次，农业现代化的发展可以为城镇化扩张提供必要的土地，也可以为城镇化发展提供必要的人口。农业现代化必将提高土地的生产效率，为农业土地非农化提供空间。被转化的农业人口除了服务于新型工业化发展之外，也将从事城市建设等行业，这将有利于城市基础设施建设。最后，农业现代化的发展将会减少对农用化肥、农药的使用量，减少秸秆焚烧、土地滥垦，科学放牧，直接提高绿色化发展水平。

呼包鄂城市群农业现代化发展水平趋稳且发展速度停滞的主要原因有以下两方面。第一，农业现代化发展过程中机械化水平低且发展速度较慢。从 2000~2015 年呼包鄂城市群农业机械化水平变化情况来看，16 年来城市群农业机械化水平由每公顷 3.55 千瓦上升至每公顷 6.18 千瓦，平均每年仅增加 0.16 千瓦/公顷，仅为湖北省全省年平均增加值的一半[①]，机械化水平及机械化年增速都较低，第一产业就业人数的高占比也说明城市群农牧业生产机械化程度的低水平。第二，农业发展并未从根本上提高农牧民的生活水平直接影响了对农业现代化水平的评价。表面上来看，农业现代化发展提高了农牧民的生活水平，2015 年农牧民全年人均纯收入 13.86 千元，是 2000 年农牧民人均纯收入 2.51 千元的 5.52 倍。与此同

---

① 李会涛：《湖北省"四化"协调发展评价及政策研究》，武汉理工大学，2013 年。

时，农牧区居民恩格尔系数在经历短期下降以后迅速上升，2000 年农牧民居民恩格尔系数为 22.02%，而 2015 年居民恩格尔系数已经达到 26.44%。农牧民花费在食品上的支出有增无减，其生活质量实际上并未得到提高。

5. 绿色化发展的波动性大，"五化"协同发展波动明显

绿色化发展的波动性大，城市群"五化"协同发展波动明显。考虑到绿色化是"五化"发展的基本要求，绿色化发展发生剧烈波动将会影响城市群整体"五化"协同的发展水平。城市群绿色化发展水平有所降低，与其他四化发展趋势不统一，这在一定程度上也影响了"五化"协同发展。从城市群 2000 年以来绿色化发展指数的变化情况来看，城市群绿色化发展依次经历了发展水平降低、发展水平上升、发展水平降低、发展水平平稳、发展水平上升等阶段，并且发展水平下降与上升的速度很快。与此相对应，城市群"五化"协同发展系数也经历了相应的波动。2007 年、2009 年"五化"协同发展水平急剧下降，与同期绿色化的发展趋势变动保持一致。

作为"五化"发展的基本要求，绿色化对新型工业化、信息化、城镇化、农业现代化的要求具体体现在以下四个方面。绿色工业化，即工业化的发展要兼顾环境保护、资源节约，这与新型工业化发展的目的一致；绿色信息化，主要是要求信息传输媒介的健康化、信息内容的文明化；绿色城镇化，要求城镇化发展要保护城市环境、把握合理的城镇化进程；绿色农业现代化，要求保护耕地、保护湿地、减少化肥农药使用、生产绿色农牧食品等。总体来看，绿色化的发展是要求提高其他四化的发展水平与发展速度的同时提高其发展质量。

呼包鄂城市群绿色化发展水平呈现剧烈波动且发展水平下降的主要原因是城乡绿色化发展步调不统一。城市绿色化发展趋势良好，农牧区绿色化发展状态不佳，城市群整体绿色化发展受影响。从 2000 年以来呼包鄂城市群建成区绿化覆盖率的变化情况来看，城市群建成区绿化覆盖率由 22.33% 上升至 40.07%，城市群城镇建成区绿化覆盖率不断提高，城镇绿色化发展水平不断提高。从农牧区方面来看，2000 年以来每公顷农作物农用化肥施用量与农药使用量分别由 164.05 千克、1.56 千克增加至 269.09 千克与 2.35 千克，农牧区绿色化发展水平不断下降。

8.4　呼包鄂城市群"五化"协同发展对策建议

坚持科学发展观，贯彻创新、协调、绿色、开放、共享发展新理念，不断提高发展的质量与效益，按照"五化"协同发展的要求，以农业现代化发展为基础，将深化农牧区改革、构建现代农牧业经营体系、提高农牧业综合生产能力作为着力点，充分发挥农业现代化的基础作用；以新型工业化发展为动力，将实现产业转型、深化工业供给侧结构性改革作为关键点，充分发挥新型工业化的主导作用；以城镇化发展为载体，将全面提高城镇发展质量及转变城镇化发展方式分别作为中心和导向，充分发挥城镇化的带动作用；以信息化为工具，将网络强区战略、"互联网＋"行动计划和大数据发展战略作为带动点，充分发挥信息化的支撑作用；以绿色化发展为基本要求，将生态保护、资源节约、循环经济作为目标点，充分发挥绿色化的引领作用，进而大力推进城市群新型工业化、信息化、城镇化、农业现代化和绿色化的深度融合、深层互动。

8.4.1　呼包鄂城市群"五化"协同发展目标

呼包鄂城市群"五化"协同发展以打造"工业新型、信息畅通、城市靓丽、农业现代、生态和谐"的区域新型城市群为总体目标。本节在参照相关资料①的基础上，制定了呼包鄂城市群"五化"协同发展预期指标，2020 年、2025 年以及 2030 年的预期指标如表 8 - 8 所示。

---

① 《内蒙古自治区国民经济和社会发展第十三个五年规划纲要》《内蒙古自治区信息化发展"十三五"规划》《内蒙古自治区"十三五"新型城镇化规划》《湖南省国民经济和社会发展"十三五"规划纲要》等文件。

表 8-8　　　　　　呼包鄂城市群"五化"协同发展预期指标

五化	发展水平			
	主要指标*（单位）	2020 年	2025 年	2030 年
新型工业化	工业增加值（千亿元）	5.02	5.72	6.52
	第二产业就业人数（万人）	122.81	120.35	117.94
	第二产业劳动生产率（万元/人）	48.00	56.64	66.84
信息化	互联网接入用户数（万人）	273.70	465.29	791.00
	行政审批与公共服务事项在线办理率（%）	80.00	88.00	96.80
	邮电业务总量（亿元）	15.60	18.70	22.00
城镇化	人口城镇化率（%）	79.00	83.00	86.00
	公路里程（万公里）	3.63	4.00	4.39
	城市建成区面积（平方公里）	700.32	888.18	989.10
农业现代化	农业机械总动力（万千瓦）	854.69	991.96	1150.67
	粮食产量（万吨）	421.19	463.30	509.64
	农村居民恩格尔系数（%）	0.21	0.17	0.14
绿色化	城市建成区绿化覆盖面积（万公顷）	3.22	4.51	6.31
	造林面积（万公顷）	23.52	32.93	46.10
	农用化肥施用量（万吨）	28.80	25.92	23.33
"五化"协同	"五化"协同发展耦合协调度	0.85	0.89	0.94

注：*本处所使用的"主要指标"指呼包鄂城市群"五化"协同发展水平评价指标体系中反映每一子系统发展水平的权重较大的指标的原始计算指标及其相关指标，下同。

新型工业化方面，工业转型取得重大突破，中高端制造业以及战略性新型产业获得较大发展，工业高科技含量不断提高，城市群多元工业产业支撑体系基本形成。

信息化方面，城市群电信、互联网、宽带以及云计算中心等信息化基础设施更加完善，政务和社会领域信息化、工业信息化、智慧城市群、农牧业信息化以及绿色信息化等信息化应用更加丰富，电信业务、云计算产业以及电子商务交易等信息消费量大幅上涨，信息安全保障机制更加健全。

城镇化方面，城市群城镇化程度进一步提高，农业转移人口非农化水平进一步提高，城市基础设施更加完善、城镇环境更加宜居，城市发展的模式更加科学合理。

农业现代化方面,城市群农牧区改革深入创新,农牧业生产绿色化水平达到一定高度,惠农惠牧机制逐步建立与完善,现代农牧业经营体系基本建立,农牧业综合生产能力大幅提升。

绿色化方面,城市群生态环境质量持续改善,森林覆盖率、城市建成区绿化覆盖率大幅提高,绿色化生产与生活方式深入人心。工业"三废"排放量、生活垃圾处理量、农业生产化肥与农药使用量大幅减少,能源消耗量大大下降。

"五化"协同发展方面,经过 2017 ~ 2020 年、2021 ~ 2025 年、2026 ~ 2030 年三个阶段的发展,城市群"五化"在发展水平、合作关系、发展速度以及发展质量等方面的协同水平将大大提高。城市群"五化"协同发展耦合协调度按照年均 1% 的增长速度发展,到 2030 年"五化"协同发展耦合协调度发展到 0.94 左右,城市群"五化"协同发展达到Ⅰ级协同水平。

8.4.2 推进呼包鄂城市群"五化"协同发展进程的对策措施

1. 提升呼包鄂城市群紧凑度,实现"五化"发展空间协同

推进呼包鄂城市群"五化"协同发展必须提升城市群紧凑度以实现"五化"发展空间的协同。城市群紧凑度与城市群的发育程度紧密相关,发育程度越高则城市群发展紧凑度越高。考虑到城市群的发育程度的发展相对客观,提升呼包鄂城市群紧凑度,主要从推进城市群交通网络建设、城市群产业集群建设以及城市群公共服务共享等方面来着手。

(1)完善城市群交通网络,打造"互联互通呼包鄂"。积极推进城市群内新机场的建设以及旧机场的搬迁改造,不断提高城市群航空运输能力。就目前而言,城市群要抓住自治区建立以鄂尔多斯伊金霍洛国际机场为中心的西南部通用机场群的契机,加快呼和浩特、包头与鄂尔多斯三大航空枢纽的建设,完善三大枢纽之间的协作能力。呼和浩特要全面开工建设和林格尔新机场,加快推进老牛湾通用机场项目。包头市要积极开展新机场的选址以及建设工作,在新机场投入使用前要充分发挥二里半机场在客运及物流等方面的运输作用。鄂尔多斯要充分利用伊金霍洛国际机场开

通国际航线的契机，完善机场的各项基础设施。在完善现有机场、航线的基础上，要适当增加城市群范围内小型机场的数量并增加航线。

铁路建设方面，积极推动呼和浩特到鄂尔多斯之间的直连铁路——呼准鄂快速铁路的建设，加强呼和浩特与鄂尔多斯之间的联系。积极推进呼张高铁延伸段的建设，将高铁建设延伸至包头市与鄂尔多斯市，在呼包鄂三市开行动车组的基础上，增加三城市之间动车开行对数，并适时将运行时速提高到 260km/h 及以上，将目前的运行时间缩短一半，实现呼和浩特与包头、呼和浩特与鄂尔多斯、包头与鄂尔多斯之间 30 分钟直达。在未来，可以考虑修建呼和浩特、包头、鄂尔多斯之间的城际铁路，使三市之间的铁路交通更加便捷。

公路建设方面，要充分发挥呼和浩特作为内蒙古首府城市的优势，加大呼和浩特与包头市、鄂尔多斯市高速公路的连通程度，将各旗县纳入城市群"大交通"高速公路网络中来，对城市群之间的高速通行收费予以低化，合理分布高速公路服务区，不断提升高速公路服务质量。

此外，各城市内部要大力发展城市公交、地铁、轻轨等公共交通建设。完善各城市公共交通网络，将城市公交的运行线路延长至郊区、旗县、苏木甚至嘎查。在此基础上，逐步实现各城市之间的公交无缝对接。积极推进青城地铁、包头地铁的建设与施工，推进鄂尔多斯城市轻轨的施工，完善城市群内部各城市轨道交通建设，充分发挥地铁、轻轨等快速交通工具的作用。推进城市群公共交通一卡通工程建设，实现城市群内公共交通消费免换卡。

（2）推动产业园区化，打造"产业紧凑呼包鄂"。提高呼包鄂城市群产业紧凑度就必须解决其产业集群发展存在的产业集聚动力不足、发展错位、产业园区低专业性与低协调性等问题，这些问题的解决主要通过引导产业集聚、整合产业园区、推动产业园区加速发展三个途径来解决。

城市群产业集聚发展必须依据其各大产业发展的基础以及优势。就目前发展来看，城市群内部各城市均有各自产业发展的优势，呼和浩特适宜发展以服务业为主导的服务产业集群以及以云计算为中心的云服务产业集群，包头市适宜发展以高端制造业以及战略性新兴产业为主导的工业产业集群，鄂尔多斯可以凭借其强大的资金优势以及光伏、生物医药等产业基础发展与此相关的产业集群。城市群必须依据该产业集群发展的总体方向，引导城市群产业的流动与集聚。

　　呼包鄂城市群应以提高产业园区的专业性以及增强各园区之间协作性为出发点，对城市群各产业园区进行明确的定位以及必要的整合。城市群产业园区的整合要从城市群整体的角度出发，以呼和浩特内蒙古电子商务产业园区、包头装备制造业产业园区、鄂尔多斯高新技术产业园区等特色产业园区为范例。以呼和浩特内蒙古电子商务产业园区为例，根据该园区发展电子商务及其配套产业的定位，首先必须对入驻企业进行必要的筛选，以保证园区发展的专业性，对已经入驻的非标的企业进行必要的撤离，对符合入驻条件的企业要加以引导。在实现产业园区专业的基础上，要推进各产业园之间的沟通与协作。

　　城市群推动产业园区加速发展可以从完善产业园区基础设施、提供更加规范的园区管理、出台多样化的优惠政策来实现。具体来看，产业园区在建立时就应该配套较为完整的基础设施，但是这些基础设施的老化速度较快，城市群需要对老化的基础设施加以修缮并要根据实际所需加以改造升级。在园区管理方面，城市群需要根据产业园区的发展定位实行差异化管理、针对性管理。

　　（3）建立服务共享平台，打造"服务共享呼包鄂"。在城市群公共服务共享建设方面，呼包鄂城市群可以学习国内长江中游城市群的做法，打造就业信息、教育资源以及医疗卫生共享平台。

　　呼包鄂三市的劳动力数量、劳动力素质以及劳动力性别比方面都存在较大差异，建立就业信息共享平台，有利于劳动力在三市之间有序流动，进而促进城市群整体就业水平的提高，减少摩擦性失业的出现。就业信息共享平台要实现线上与线下相结合的方式，线上主要是对城市群范围内的就业信息进行宣传以及从业人员的信息共享，线下要成立城市群专门的人力资源查验机构、培训机构、维权机构，分别对就业人员素质的真实性进行核实、从业技能进行提升、工作环境以及薪资福利进行保障。

　　呼包鄂三市由于高等学府以及科研机构的布局有所差异，呼和浩特在教育方面独具优势，教育资源共享平台的搭建有利于城市群内部教师、科研等资源的充分使用。教育资源共享的推动，一方面要在城市群内部实现优秀师资的合理有序流动，尤其是要实现具有明显师资优势的城区与师资劣势的旗县之间的师资流动；另一方面，城市群要按照学校教育层次的不同制定明确的教学硬件设施标准，并依据标准对相关学校的设施进行补充。

就呼包鄂城市群医疗卫生发展的现状来看，三市在医疗卫生体系方面的合作空间依然很大，可以考虑建立城市群医疗卫生共享平台。城市群医疗卫生服务共享平台的搭建，建议从以下几点入手：第一，建立呼包鄂城市群居民健康信息电子档案库，档案库记载居民所有的就医及诊断记录，个人健康电子档案以其身份证件进行编号；第二，推行城市群医疗一卡通，在诊断结果、费用报销等方面实现互通互认；第三，推动医疗资源流向农牧区等基层地区，实现基本医疗卫生服务均等化。

2. 提高新型工业化发展水平，实现"五化"发展质量协同

（1）智能工业与劳动力培训相结合，缓解人力资源的劣势。传统工业化过程是人力资源优势得以充分发挥的过程。新型工业化过程将会逐渐减少对大规模劳动力的需求并提高对劳动力素质的要求，呼包鄂城市群人力资源现状的劣势就显现出来，解决这一问题需要从以下两方面入手。

一方面，培养"新型"人才，加大工业从业人员培训。在"新型"人才培养方面，城市群各级政府可以加大与区内高校与区外高校的合作，对愿意在限期内留在呼包鄂城市群并支援城市群新型工业发展的专业技术人才进行定向培养，并给予合理的人才补贴，需要明确规定各层次人才来呼包鄂城市群发展的补贴标准，解决高层次人才的家属户口、工作与子女学习问题，免去其后顾之忧。政府与企业均要建立科研部门，并加大人才的流动与政企合作，方便专业技术人员的后续研究。在基层工业从业人员方面，企业要加大对工人的技术培训与生产设备使用培训。技术培训可以采用定期定时网络课程和现场教学相结合的方式。企业可以与工业生产设备提供商进行沟通，由设备供应商增派专业技术人员对企业员工进行设备使用专项培训，企业同时要扩大此项培训的受众范围。除了培训以外，企业还需对工人进行不定期考察，督促工人认真学习的同时也可以对培训情况进行反馈，不断提高培训的效果。政府还应设置相关的技术资格认定，对获得资质认可的高级工人予以奖励。

另一方面，倡导工业生产自动化与智能化，创新与引进先进技术设备。先进的技术设备是工业生产自动化与智能化的核心。政府需要鼓励企业加大 R&D 经费等科研经费的投入，积极进行先进技术设备的创新。具体的鼓励方式可以采取税收优惠或返还、专项资金支持、专利保护等方式。相对于技术设备的创新，技术设备引进将更加快速与直接。新型工业

生产需要大力引进先进的流水线机器等自动化设备以及智能机器人，推行
城市群工业生产智能化，进一步提高工业生产的效率。政府可以组织专门
的采购团赴西欧、美国、日本、韩国等新型工业化发展水平较高的国家进
行专项技术设备的直接采购与引进。企业也可以自主的与国内发达的长三
角城市群与京津冀城市群的相关企业合作，进行技术设备间接引进。无论
是技术设备的直接引进还是间接引进都要重视预期相配套的技术支持与服
务的完善性。

（2）推进城市群工业转型，发展高端制造业及绿色农畜产品加工业。
坚持工业转型是提高呼包鄂城市群新型工业化发展水平的根本途径。

以优化工业结构作为转型目标。城市群工业转型必须以优化工业结构
为目的，新型工业化的发展并不是完全排除传统工业发展的可能，新型工
业化是新型工业不断替代传统工业并在产业结构中占有一定的比重的过
程。工业转型必须优先发展科技含量高、资源消耗低、环境污染少的工
业，并逐步在工业结构中占有合理的比重。

以高端制造业发展为工业转型路径。城市群工业化发展过程中主要依
赖于煤炭、钢铁、发电等传统工业。新型工业化要在减少对重工业发展过
度依赖的基础上，积极发展先进装备制造业以及高新技术产业，推动传统
产业向集群化、绿色化、高端化方向转型。从目前城市群工业发展现状来
看，城市群制造业发展具有优良传统以及资源优势，高端制造业的发展是
城市群产业成功转型的路径。

以绿色农畜产品加工业为城市群工业转型亮点。绿色产品加工业的发
展要紧紧立足于城市群资源优势和区位基础，大力发展乳品业、羊毛产品
业、牛羊肉制品业。绿色农畜产品加工业的发展要充分发挥蒙牛、伊利、
鄂尔多斯以及汗达等龙头企业的优势，制定和完善乳品业以及羊毛产品业
的行业标准，以便于城市群绿色农畜产品的出口。

（3）畅通产业转移渠道，合理布局工业企业。除了工业转型以外，城
市群新型工业化发展必须要有合理的布局，这就要通过必要的产业转移来
实现。

完善城市群内城市基础设施以及产业园区基础设施。呼包鄂城市群基
础设施的完善重点问题在于合作问题与融资问题。城市群内部各城市之间
的国资部门以及城投集团可以加强沟通与合作，对城市群基础设施的建设
进行统一规划与分工。在融资方面可以学习江苏省苏州、无锡与常州的模

175

式，由各城市国资部门共同出资设立城市群级别的政府融资平台企业，可以提高企业的信用等级进而拓宽其融资渠道。产业园区基础设施的完善重点在于管理和融资问题。在管理方面，可以成立相应的园区管理委员会进行具体管理，包括其所辖产业园区内各项基础设施的续建、管养、修复等。在融资方面，成立管委会所属融资平台单位，并由管委会进行相应的资产划拨，由企业进行银行借款等间接融资以及债券借款、股票筹资等直接融资。

依据《呼包鄂城市群 2016～2020 发展规划》关于城市群内部各区位的功能定位，逐步引导产业实现合理转移。以具有重工业传统的包头市为新型工业布局的中心，一方面发挥其工业发展的优势；另一方面也有利于其传统工业产业的转型。呼和浩特市则利用首府城市的优势集聚科研院校及科技人才进行新型工业化的相关研究，此外还要延续其第三产业的发展利好，大力发展与新型工业相关的工业服务业以及高新技术产业，鄂尔多斯要对其能源资源进行深加工，为城市群新型工业发展提供必要的能源以及原材料。

3. 开辟信息化融合新途径，实现"五化"发展介质协同

探索城市群信息化与新型工业化、城镇化、农业现代化以及绿色化的新融合途径，有利于发挥信息化的服务能力，实现"五化"发展介质协同。

（1）发展互联网＋工业。"互联网＋工业"是从研、产、销三个方面来充分发挥信息化对工业化发展的装备作用，城市群发展"互联网＋工业"要注重智能园区及智能工厂建设、大数据的应用以及信息平台开发。

智能园区建设方面，城市群应在合理定位功能分区的基础上，打造智能园区、智能工厂，有计划地将信息技术嵌入到园区及工厂的建设、装修过程中去，并在工业产品设计、生产过程中大量应用信息技术与设备。

在大数据应用方面，要充分发挥和林格尔中国云谷的作用，支持云计算中心向企业、高校、研究机构等提供数据租售、分析预测、决策支持等服务。还可以鼓励和督促企业建立本行业的大数据库，并对其提供数据租售等业务给予支持。

在平台开发与应用方面，要建立城市群工业联合采销平台，平台要为工业企业提供采购一直到销售等完整流程的一揽子服务。平台不仅包括城

市群内部的工业企业，还应该包括经甄别后的城市群外部企业，这样才能保证"互联网 +"服务的完整性。

（2）建设智慧城市群。信息化与城镇化相互融合可以通过建立智慧城市群来实现。呼包鄂智慧城市群的建设要从以下几个方面入手。

第一，完善智慧城市群基础设施。城市群应在呼和浩特市与鄂尔多斯市 2015 年度"宽带中国"示范城市以及包头市 2016 年度"宽带中国"示范城市建设的基础上，为"宽带中国"示范城市群建设做准备。一方面，不断完善城市的网络市政基础设施建设，推进移动通信 4G 建设工程、城市移动 WiFi 安装工程、传统宽带光纤化改造工程，要在 2020 年实现城镇居民家庭 50M 宽带基本覆盖；另一方面，不断完善农牧区的网络设施的建设，坚持固定网络与移动互联网络相结合的覆盖方式，逐步推进农牧区的"村村通网络"工程，要在 2020 年实现农牧区居民家庭 12M 宽带基本覆盖。城市群整体还要对传统的互联网协议进行升级，逐步将 IPV6（第六版互联网协议）由个别高校内部普及至城市群内部所有高校甚至城市群。

第二，城市群内部需要加强合作。呼包鄂智慧城市群的建设离不开呼和浩特市、包头市及鄂尔多斯市三市之间的沟通与合作。三市应在自治区成立的呼包鄂协同发展领导小组的基础上，成立"智慧呼包鄂"建设小组，负责牵头智慧城市群规划、建设以及信息化资源的分配工作。

第三，保障智慧城市群的信息安全。信息安全是智慧城市群建设的重要组成部分，信息安全对公共信息的保护意义巨大。城市群信息安全建设一方面可以通过加强监管来实现，包括对移动通信、互联网等多渠道监管；另一方面，要严厉打击电信诈骗、网络诈骗、线上赌博、网络涉黄、网络传销等威胁信息安全的犯罪行为，加大对该类行为的处罚力度。

（3）发展互联网 + 农业。发展"互联网 + 农业"必须优先建设好城市群农牧区的互联网相关的基础设施，包括互联网光缆与宽带、移动与固定终端设备、农产品供销平台。

互联网宽带的铺设方面，可以在自治区基本公共服务均等化基础上增添"村村通网络"工程。该工程的建设可以在"宽带中国"示范城市群建设的过程中同步进行。

固定与移动终端设备开发方面，终端设备的设计必须符合农民使用的实际，设备应简便且易操作。比如设计老年人专用电脑、专用平板设备、蒙文版移动设备等。设备所加载的软件 App 也要符合农牧区居民应用的实际。

农产品供销平台的使用方面可以使用现有的淘宝网、京东网，也可以由城市群相关组织牵头，开发具有地域特色的农畜产品供销网络平台。"互联网 + 农业"模式的推广可以从目前发展较好的且具有特色农产品生产地区入手，然后充分利用示范效应，扩大"互联网 + 农业"的应用范围。此外，还要完善城市群农牧区的物流配送网点的建设和布局。

（4）发展互联网 + 生态。城市群信息化建设与绿色化建设可以通过发展"互联网 + 生态"来实现。城市群"互联网 + 生态"建设主要包括推广环境保护信息化、资源管理信息化两个方面。

环境保护信息化建设主要是充分发挥信息技术及设备的监测与远程处理功能。在环境监测方面，应以城市群的行政区域为界限，构建"水—陆—空"多层次监测系统，实现对城市环境状况的实时监控。搭建环境监测云平台，将卫星遥感、自然地理以及社会公众等反馈的信息进行采集、传输、汇总、处理、反馈，即在环境监测基础上制定环境保护的决策。

资源管理的信息化主要是指信息技术与设备在资源利用、资源节约以及资源保护等方面发挥作用。在资源利用与节约方面，以水资源为例，应建立和完善城市群防汛抗旱指挥系统、地下水等水资源管理系统、加速水利等设施数据中心建设、强化水务信息资源采集、汇总以及共享，充分发挥水利管理信息系统的作用。在资源保护方面，以草原资源为例，建立草原防火应急管理智能系统、沙尘暴监测与预警系统、防火远程网络视频监控系统，进而打造北疆绿色生态防护屏障。

4. 加快农业现代化发展步伐，实现"五化"发展速度协同

（1）积极推进农牧区供给侧结构性改革。城市群加快发展现代农牧业，必须积极推进农牧区供给侧结构性改革。呼包鄂城市群农牧区供给侧结构性改革的重点主要集中在土地制度改革以及耕种与放牧方式的转变。

土地制度改革方面，城市群农牧区土地制度改革要稳步推进，可以参照和林格尔县土地改革试点。首先要制定和完善农牧区土地的所有权、承包权、经营权的分离的规则与办法；其次，要完善农牧区土地征收与管理制度，落实对征地及拆迁的合理补偿与补贴；最后，要对从农牧业生产中

分离出来的农牧民进行再就业培训、安排就业、给予更高标准的社会保障。

城市群农牧区供给侧结构性改革还应该转变种植业耕种方式以及畜牧业的放牧形式。在种植业以及畜牧业产值保持稳定的前提下，要对土地贫瘠、生态破坏较为严重的耕地以及草原实行休耕、休牧政策，休耕与休牧的期限要根据土地贫瘠的程度以及生态破坏的严重程度实行差异化定制策略。

（2）大力支持工业反哺农牧业。城市群要大力创新工业对农牧业的反补举措，变单纯 "输血" 或者单纯 "造血" 为 "输血" 与 "造血" 相结合，并特别强调 "造血" 的重要性。

"输血" 一般指的是政府对农牧业的转移支付。伴随着农业税等税种的取消，农业转移支付给农牧业发展带来的作用越来越明显。短期来看，城市群还要加大对农牧业发展的支持，可以增加对农牧业发展的资金支持，也可以是对农牧区基础设施建设的支持，或者是农牧民生活及社会保障的支持。长期考虑，在农牧业发展到一定程度的基础上要减少对农牧业的持续性转移支付。

"造血" 一般是指非简单的资金转移支持，包括工业对农牧业的设备等的帮扶。一方面，可以将工业生产的先进管理经验以及工业生产的先进机械设备不断引入农牧区，推进农牧业机械化的不断发展；另一方面，可以设立农牧区工厂，比如设立玉米食品加工厂等，将农产品等就地加工，降低农产品转移的成本，提高农产品的附加值。农牧区工厂可以为农牧民提供就业岗位，提高其生活水平和生活质量。

（3）努力引导城市支援农牧区。城市群城市支援农牧区的重点在于基本公共服务均等化工作的推进。

在推进城乡基本公共服务均等化方面，城市群可以实行城区与县乡实现捆绑制度，由发达的城区为落后的农牧区提供对口支援。如可以将呼和浩特市玉泉区与呼和浩特市清水河县进行捆绑，由玉泉区的负责人对清水河县的基础设施建设工作进行监管、问责，并为清水河县的建设提供必要的财力、物力以及人力支持。采取城市内部的对口支援的方式减少了跨政府沟通之间的难度。

除了在硬件设施上由城市对农牧区进行对口支援。在社会保障制度方面，政策应该加大向农牧区倾斜的力度。以城乡统筹大病医疗保险为例，城镇和乡村在享受同等保障的条件下，政府应该对农牧民缴纳的相关保险费用给予一定的补贴。而社会养老保险等其他社会保障项目的做法应该与此一致。

（4）打破农牧业融资僵局，改善农牧区金融环境。在引入民间资本方面，政府要与社会即民间资本的合作，大力发展 PPP 项目，尤其是农村基础设施建设项目。比如道路、桥梁、灌溉管渠等项目，城市群各级政府可以在这些项目上引进社会资本，充分发挥社会资本在公益项目中的作用。

在金融机构方面，要打破对农业发展银行等政策性银行的依赖，大力发挥城市群农商银行、包商银行、鄂尔多斯银行等地方法人银行对农业、农村以及农民的优惠贷款的优势，积极引进股份制银行以及其他城市商业银行所控股的村镇银行等小微金融机构。

在融资产品方面，在引入民间资本以及银行贷款的基础上，通过发行债券产品以及信托产品来扩大融资规模。以债券产品为例，已经建立起来的道路、桥梁、灌溉管渠等收费项目可以集合起来建立资产池，引入金融租赁等机构对集合资产进行购买然后售后返租给这些项目的管理公司，以集合资产收费权为标的，发行资产证券化产品。

5. 稳定绿色发展质量，实现"五化"发展目的协同

（1）发展"生态工业"，大力推进工业绿色化。城市群工业绿色化的发展方向主要是发展"生态工业"，"生态工业"的发展又主要包括"低碳工业"以及"循环工业"两个方面。

工业绿色化发展首先要实现能源节约和减少工业废弃物的排放量。在能源节约方面，企业要加大对能源利用的研究，积极使用最新的高效率生产设备，并不断更新生产流程与生产方法以提高能源的使用效率。在减少工业废弃物的排放量方面，政府及相关组织要对企业的工业废弃物的排放进行分类监测并进行实时反馈，督促企业进行处理，企业自身需要安装废弃物处理装置，包括污水处理装置、废气转化装置等，在能源使用上，企业要尽量使用清洁能源或者可以充分燃烧的品质较好的传统能源，企业还应该拨付专项资金以应对废弃物泄漏等紧急状况。

城市群"循环工业"的发展要根据循环经济发展的减量化、资源化、再利用的具体要求，在工业生产的源头上减少研发、生产、流通、消费等环节的废弃物产生，遏制"量产、量消、量废"的传统生产发展模式和资

源利用方式，在工业园区以及企业各层面，工业产品研发、生产、流通、消费各环节推动整个工业循环发展。在循环型工业推进过程中，要积极推进企业间、行业间、产业间共生共存，形成循环链接的产业体系，鼓励产业集聚、集群、集约发展。实施清洁生产，园区循环化改造，实现能源梯级利用、水资源循环利用、废物交换利用。

（2）发展循环农牧业，大力推进农业绿色化。积极发展循环农牧业，建立生态农牧业产业体系。遏制农作物秸秆焚烧、农村生活垃圾倾倒、牲畜粪便荒废等现象，将秸秆、生活垃圾、牲畜粪便集中起来进行处理，农作物的秸秆可以用来制作家禽及家畜的饲料，牲畜粪便可以用作耕地的天然肥料。

农畜产品的生产要严格执行国家关于农药、化肥、动物医药与激素等产品使用的相关规定，大力发展绿色农牧业，不断提高农畜产品质量。保护耕地、湿地与林地，城市群内要设置自己的耕地红线，禁止湿地破坏，对乱砍滥伐、乱开垦加以严惩。

设立村一级的垃圾处理机构，对农牧区的垃圾进行收集与集中，并按垃圾种类进行分类处理，禁止垃圾的随地倾倒。考虑到绿色化发展的特殊性，城市群还应该建立城乡统一的奖惩体系来鼓励与约束。奖励的措施可以包括家庭荣誉、环保礼品，惩罚的措施主要包括罚金等。

（3）污染治理和生态修复相结合，建设"绿色呼包鄂"。城市群发展绿色化要以建设"绿色呼包鄂"为目标，坚持城市群污染治理与生态修复相结合。

第一，要加强城市群环境污染问题治理。农牧区的环境污染主要集中在农用化肥、农药以及生物用药对农牧区的水资源、大气资源以及土壤资源的破坏。生态问题主要集中在农牧区矿山开采，过度放牧等导致的耕地、草地与林地破坏。城市群的环保部门、检验检疫部门以及大气水资源监测部门可以联合起来，对农牧区的大气、水、土壤资源以及农畜产品源进行不定时的抽查以及实施实时监测，防止农牧区使用过度的化学制剂，对已经污染的资源要进行及时治理。而对于农牧区的生态破坏问题的治理，要归责到人，坚持"谁破坏，谁治理"，并禁止过度放牧。对于城区的环境污染，要督促各企业完善污染自处理设施，并加大对违法违规排放的处罚力度。可以通过参考类似机动车驾驶计分体制建立企业环境保护计分体制，对于扣分严重的企业在给予严重警告的基础上并处罚金，情节特别严重的企业将被吊销营业执照。

第二，要加大城市群生态修复力度，打造生态城市群。城市群要在自治区整体生态修复规划的框架下，制订城市群生态修复工作计划。深入实施三北防护林、天然林保护、退牧还草和区域绿化等重点生态工程。城市群要积极落实新一轮草原生态补奖政策，完善禁牧和草畜平衡制度，大力发展林、沙、草产业。此外，城市群要加强自然保护区、生态功能区和野生动植物资源保护。

第9章 呼包鄂城市群经济高质量发展路径探索

十九大报告明确指出，我国经济已由高速增长阶段转向高质量发展阶段，要推动经济发展质量变革、效率变革、动力变革。经济高质量发展的核心区域应该为区域经济增长极的城市群，城市群因其产业、人才、科技等的集聚，为形成新动能，提高经济发展质量和效益创设了良好的环境。城市群与产业集群的耦合发展是实现城市群经济高质量发展的必然选择。

9.1 城市群经济发展质量评价指标体系的构建

9.1.1 经济发展质量评价指标体系构建原则

党的十九大报告明确指出，经过长期努力，中国特色社会主义进入了新时代，这是我国发展新的历史方位。这意味着中国经济已进入了一个新的发展阶段，这是未来中国现代化经济建设的全局背景和行动纲领。目前，学术界对高质量发展的评价体系的研究还处在起步阶段，尚未达成共识。构建科学的经济发展质量评价指标体系要在广泛借鉴已有研究成果的基础上，更要体现新时代对经济发展提出的新要求，体现系统性、动态性、多维性，要淡化经济增速指标，注重关注长远发展目标。因此，在建立一个适宜的、合理的经济发展质量指标体系时需要遵循以下原则。

1. 坚持科学性与实用性相结合

科学性既要求指标体系符合经济发展客观规律、坚持实事求是，也要求指标体系力求全面、准确、完整地体现高质量发展基本内涵，还要求指标之间的逻辑关系、指标权重及赋值科学合理。实用性既要求指标体系对经济高质量发展有指导作用，体现问题导向和目标导向，反映区域发展实情，也要求评价指标可获得、可评估，有可采用的统计数据。

2. 坚持过程性与阶段性相结合

高质量发展是一个量变积累向质变提升的过程，需要相当长时间才能完成，同时高质量发展阶段本身有初始阶段、形成阶段和成熟阶段之分。由于每个阶段要解决的问题不尽相同，评级高质量发展的指标也不尽相同，指标选取、指标类型、指标赋值都要体现高速增长向高质量发展转变阶段性进程、阶段性目标等。

3. 坚持一致性与差别性相结合

一致性指选取适用于评价区域各领域的共性指标，这些指标涵盖高质量发展的主要方面。差别性指高质量发展评价指标的选取要体现资源型地区的发展特点和发展重点，是适用于资源型地区发展特点的个性指标。

9.1.2　经济发展质量评价指标体系的选择及解释

1. 指标的选取

结合十九大报告对经济高质量发展的要求，参考任保平、文丰安（2018）提出的时代中国高质量发展的判断标准[①]，作为构建高质量发展评价体系的参照系，结合指标体系的建立原则，充分考虑了新时代呼包鄂城市群经济发展的状况和特殊性，构建包含以下五个维度的评价体系，即经济发展有效性、经济发展创新性、经济发展稳定协调性、经济发展可持续性、经济发展共享性，选取适合呼包鄂城市群的指标，建立的城市群经济发展质量评价指标体系，如表 9-1 所示。

[①]　任保平、文丰安：《新时代中国高质量发展的判断标准、决定因素与实现途径》，载《改革》2018 年第 4 期，第 5~16 页。

表9-1　　　　　　　　　经济发展质量评价指标体系

总目标	方面指标	基础指标	单位	指标属性
经济发展质量	经济发展有效性（X1）	人均GDP（X11）	元	正向
		经济增长率（X12）	%	正向
		全社会劳动生产率（X13）	元/人	正向
		投资效果系数（X14）	%	正向
	经济发展创新性（X2）	R&D经费投入强度（X21）	%	正向
		万人自然科学技术人员数（X22）	人/万人	正向
		R&D人员全时当量（X23）	人年	正向
		有科研机构企业占规模以上企业比重（X24）	%	正向
		全要素生产率增长率（X25）	%	正向
	经济发展稳定协调性（X3）	居民消费价格指数波动率（X31）	%	负向
		城镇登记失业率（X32）	%	负向
		第一产业比较劳动生产率（X33）	—	正向
		第二产业比较劳动生产率（X34）	—	正向
		第三产业比较劳动生产率（X35）	—	正向
		对外依存度（X36）	%	正向
		实际利用外资额占GDP比重（X37）	%	正向
		城乡居民收入比（X38）	—	负向
	经济发展可持续性（X4）	单位GDP能耗（X41）	%	正向
		节能环保支出占财政支出的比重（X42）	%	负向
		建成区绿化面积覆盖率（X43）	%	正向
		空气质量达到或好于Ⅱ级的天数占比（X44）	%	正向
		污水处理率（X45）	%	正向
		工业固体废物综合利用率（X46）	%	正向
	经济发展共享性（X5）	居民人均可支配收入增长率（X51）	%	正向
		城镇居民家庭恩格尔系数（X52）	—	负向
		农村居民家庭恩格尔系数（X53）	—	负向
		社会消费品零售总额（X54）	万元	正向
		一般公共服务支出占财政支出比重（X55）	%	正向
		卫生医疗、社会保障和就业补助支出占财政支出比重（X56）	%	正向

2. 指标的解释

构建的评价指标体系共有 5 个维度，涉及 29 个基础指标，指标体系中的部分基础指标的数值直接从统计年鉴中获得，其他指标通过计算获得。

（1）经济发展有效性方面评价指标。经济发展有效性是衡量高质量经济发展的首要标准，同时也是判断经济持续增长的基本条件。因此，本节选取人均 GDP、经济增长率这两项指标衡量经济规模水平的增加。经济发展有效性主要通过效率的高低来体现，一般用经济资源投入与产出的比例关系来表示。每一单位经济资源投入获得的产出越多，说明其经济资源的产出效率就越高，经济发展就比较有效，经济发展质量就越高。本节将选取全社会劳动生产率，投资效果系数来入手分析经济效率。其中全社会劳动生产率为地区生产总值与地区就业总人口的比重，即单位劳动投入创造的产值，因此，选取全社会劳动生产率作为衡量经济发展质量的重要标准。投资效果系数反映了一定时期国民收入增加额与同期社会投资额之间的比例关系，反映固定资本为社会所创造的价值，是全面评价投资使用效率的综合指标，可用来说明投资规模和经济发展之间关系，这一指标从固定资产投资效率角度出发反映经济发展质量，有利于提高固定资产投资的科技水平和优化投资结构。

（2）经济发展创新性方面评价指标。经济发展创新性主要以科学技术和人才为依托，以创新为驱动力，以发展拥有自主知识产权的新技术和新产品为着力点。科学技术和人才是创新型经济最重要的两个支撑要素，科学技术投入和人才投入关系着经济发展的质量，因此选取 R&D 经费投入强度、万人自然科学技术人员数、R&D 人员全时当量来体现地方政府对科学技术、人才投入的重视度。其中，R&D 人员全时当量（即全年从事 R&D 活动累积工作时间占全部工作时间的 90% 及以上人员的工作量与非全时人员按实际工作时间折算的工作量之和）是国际上通用的用于比较科技、人力投入的指标。技术创新是高质量发展的动力。对高质量发展的微观主体来说，企业采用新的生产方式和经营管理模式，开发新产品、提高产品质量、增加产品附加值，提高生产效率，从而推动整体经济向高质量方向发展。因此，选取有科研机构企业占规模以上企业比重、全要素生产率增长率作为衡量要素投入和产出之间对比关系的重要经济指标。全要素生产率是高质量发展的动力源泉，本质上是一种资源配置效率新发展最好的指标。它是指包括技术进步、组织创新、专业化和生产创新等各种要素，是反映投入水平既定的条件下，所达到的额外生产效率。因此选取全要素生产率增长率作为衡量经济发展质量的核心指标。

（3）经济发展稳定协调性方面评价指标。经济发展稳定协调性方面，稳定性是基础，协调性是在国民经济持续稳定发展基础上实现经济更好、更协调的发展。稳定性是指宏观经济发展速度保持在一个合理范围内波动，且不出现较大的波动，使资源得到优化配置并得以充分利用。国民经济平稳运行，经济发展的稳定性就好，资源有效配置效率越高，经济发展质量就高。因此，选取居民消费价格指数波动率、城镇登记失业率两项指标来衡量经济发展的稳定性，其中居民消费价格指数波动率 =（报告期居民消费价格指数 – 基期居民消费价格指数)/基期居民消费价格指数。以此评价经济发展质量，有利于保持价格总水平、就业水平的基本稳定，促进国民经济持续稳定发展。经济发展协调性通过经济结构之间关系的协调来体现。经济结构包括产业结构、城乡结构、区域结构和贸易结构等，经济结构的合理和协调程度可以作为评价经济发展质量高低的基本标准。产业结构在国民经济体系中占主导地位，可以体现产业之间相互依赖和相互影响的关系，因此，如果产业之间能够相互服务和相互促进，产业之间就是协调的。产业结构的协调性可以用第一、第二、第三产业的比较劳动生产率来衡量。比较劳动生产率（即一个部门或产业的产值与在此部门或产业就业人员比重的比率），它反映 1% 的劳动力在该部门创造的产值（或收入）比重，能客观地反映一个部门当年劳动生产率的高低。国际贸易结构是经济发展中最为活跃的一环，影响着对外开放对高质量发展作用机制的有效发挥。因此选取对外依存度、实际利用外资额占 GDP 比重来综合反映区域的贸易结构。其中，对外贸易依存度又称为对外贸易系数，是指一国的进出口总额占该国国民生产总值或国内生产总值的比重，反映一国（或地区）对国际市场的依赖程度，也是衡量一国（或地区）对外开放程度的重要指标。经济高质量发展在于缩小城乡差距，优化城乡结构，因此选取城乡居民收入比来衡量城乡结构，该指标是一个负向指标。

（4）经济发展可持续性方面评价指标。经济发展可持续性要求高质量发展在注重经济发展速度的同时，也要注重为经济发展所付出的社会代价。长期粗放式经济发展方式必然付出巨大的资源和环境破坏的代价，这样的经济是低质量的，人民生活质量是低下的。因此，高质量发展的标准必须将环境保护的发展水平放在重要的位置。

选取单位 GDP 能耗、节能环保支出占财政支出的比重、污水处理率、工业固体废物综合利用率、空气质量达到或好于 II 级的天数占比、建成区绿化面积覆盖率六项指标来衡量经济发展的可持续性。其中，能源加工转换效率是指报告期内一次能源产品经过加工转换后，产出的各种能源产品及其制品的数量，与同期投入加工转换的各种一次能源数量的比率。它是观察能源加工转换装置和生产工艺先进与落后、管理水平高低等的重要指标。

（5）经济发展共享性方面评价指标。经济发展共享性即高质量的经济发展应是人民生活的高质量，旨在充分调动人民群众的积极性、主动性、创造性，不断改善民生，提升社会保障，使人民群众有更多的获得感，不断扩大中等收入阶层，实施脱贫攻坚和推进基本公共服务均等化方面，让全体人民共享发展成果。因此选用居民人均可支配收入增长率，社会消费品零售总额、恩格尔系数、一般公共服务支出占财政支出比重、医疗卫生、社会保障和就业补助支出占财政支出比重等指标来衡量经济发展的共享发展。

9.2　城市群经济发展质量综合评价

9.2.1　综合评价方法的选择

对于多指标进行综合评价时存在多个指标权重数据的确定问题，一般采用主观赋权法和客观赋权法两种。主观赋权法主要包括模糊评价法、德尔菲法、层次分析法等，而客观赋权法则包含多元统计中常见的主因子分析法、主成分分析法、熵值法等。以广义角度来讲，在我国目前出现的相关文献中主要采用熵值法、相对指数法、因子分析法、层次分析法、主成分分析法等方法对经济发展质量进行综合评价。然而方法各有优劣，如熵值法能够反映指标信息熵的效用价值，且其权重往往比德尔菲法和层次分析法更具说服力，但它对于指标之间的关系反映不够全面。而相对指数法则是将各个分类指标赋予同等权重，使得主观认为各维度对总体贡献是相同的，加权平均法也同样存在权重的结构问题。层次分析法同样是通过主观判断对各维度赋予权重，受人为因素影响较大，主观性较强。因子分析法虽然能够避免权重确定的主观性和指标之间的相关性问题，但是其公共因子没有具体的经济含义。主成分分析与因子分析法的原理基本相当，但是不同的是，在应用上因子分析法更加侧重于成因分析的评价，而主成分分析则更偏重于信息贡献影响的综合评价，且其权重的确定较为客观，主要是根据数据自身特征所确定的，该权重能够对经济发展各维度与各个基础指标对于总指数的贡献大小进行充分反映。林海明（2005）认为主成分分析更注重信息贡献影响力的评价，而因子分析法更倾向于对成因清晰性的评价[①]。对经济增长质量多指标综合评价，多数学者采用主成分分析法。朱楠等（2014）以主成分分析方法，计算我国东南沿海地区的经济增长质量，并对经济增长质量展开评价[②]；马强文（2015）[③]、彭茜薇（2015）[④]等人以主成分分析方法分别测度和评价湖北省、湖南省经济增长质量；曹麦（2017）以主成分分析方法测度中国各省经济增长质量[⑤]。基于此，以主成分分析方法计算基础指标的权重，采用同样的方法计算合成方面指数以及经济增长质量指数。

9.2.2　主成分分析法的模型与步骤

主成分分析也称主分量分析，是由霍特林于 1933 年首先提出的。主成分分析是利用降维的思想，在损失很少信息的前提下把多个指标转化为几个综合指标的多元统计方法。通常把转化生成的综合指标称之为主成分，其中每个主成分都是原始变量的线形组合，且各个主成分之间互不相

①　林海明、张文霖：《主成分分析与因子分析的异同和 SPSS 软件——兼与刘玉玫、卢纹岱等同志商榷》，载《统计研究》2005 年第 3 期，第 65～69 页。

②　朱楠、郭晗：《我国东部沿海地区经济增长质量的测度与评价研究》，载《西北大学学报（哲学社会科学版）》2014 年第 1 期，第 162～168 页。

③　马强文、白稳：《经济增长质量评价及影响因素分析——以湖北省为例》，载《宏观质量研究》2015 年第 2 期，第 1～9 页。

④　彭茜薇、苏方林：《湖南省经济增长质量的测度及分析》，载《经济数学》2015 年第 3 期，第 48～53 页。

⑤　曹麦：《中国经济增长质量测度——基于转型升级的视角》，载《调研世界》2017 年第 3 期，第 61～64 页。

关，这就使得主成分比原始变量具有某些更优越的性能。这样在研究复杂问题时就可以只考虑少数几个主成分而不至于损失太多信息，从而更容易抓住主要矛盾，揭示事物内部变量之间的规律性，同时使问题得到简化，提高分析效率。

1. 主成分分析法的模型

设 X 是一个有 n 个样本和 P 变量的数据表，即

$$X = (x_{ij})_{nxp} = \begin{vmatrix} e_1^T \\ \cdots \\ e_n^T \end{vmatrix} = [x_1, \ x_2, \ \cdots, \ x_p]，其中，$$

样本点 $e_i = (x_{i1}, \ x_{i2}, \ \cdots, \ x_{ip})^T \in R^P$，变量 $x_i = (x_{1j}, \ x_{2j}, \ \cdots, \ x_{nj}) \in R^n$，$i = 1, \ 2, \ \cdots, \ p$

那么，第 i 个主成分就可以表示为 $F_i = a_{1i}X_1 + a_{2i}X_2 + \cdots + a_{pi}X_p$

且 F_i 满足：①$a_{1i}^2 + a_{2i}^2 + \cdots + a_{pi}^2 = 1$；

②F_i 与 $F_j(i \neq j, \ i, \ j = 1, \ 2, \ \cdots, \ p)$ 不相关；

③$Var(F_i) = \lambda_i$，其中 λ_i 为矩阵 X 的协方差矩阵 V 的特征根。

2. 主成分分析法的步骤

第一，设综合评价共有 P 项指标，将指标进行标准化处理；

第二，进行无量纲化处理；

第三，计算指标的相关矩阵 V，求 V 的前 m 个特征值记 $\lambda_1 \geq \lambda_2 \geq \cdots \geq \lambda_m > 0$；相应的正交化特征向量 $a_i = (a_{1i}, \ a_{2i}, \ \cdots, \ a_{pi})$，$i = 1, \ 2, \ \cdots, \ m$；

第四，设方差累计贡献率 $Q_m = \sum_{i=1}^{m} Var(F_i) / \sum_{j=1}^{p} S_{i^2} = \sum_{i=1}^{n} \lambda_i / \sum_{j=1}^{p} S_{i^2}$，当累计贡献率 Q_m 达到一定数值时，取 m 个主成分 $F_i = a_{1i}X_1 + a_{2i}X_2 + \cdots + a_{pi}X_p$ $(i = 1, \ 2, \ \cdots, \ q)$，得到综合评价函数 $I = (Q_1F_1 + Q_2F_2 + \cdots + Q_mF_m) / \sum_{i=1}^{m} Q_i$，其中 Q_m 表示主成分 F_1，F_2，$\cdots$，F_m 可以以 Q_m 的精度来概括原来的 P 个指标；

第五，将每一个样本的均值化数值带入上式中求得各样本的综合评价函数值，根据综合评价函数值对样本进行分析评价。

9.2.3　指标数据的收集、处理与权重确定

1. 指标数据的收集

以呼包鄂城市群为研究对象，从 2000~2016 年，对 X11~X56 共 29 个指标的数据来建立模型，本节所采用的数据主要来源于《呼和浩特统计年鉴》（2001~2017）、《包头统计年鉴》（2001~2017）、《鄂尔多斯统计年鉴》（2001~2017）、《内蒙古统计年鉴》（2001~2017）、《中国科技统计年鉴》、《中国环境统计年鉴》、《中国能源统计年鉴》、《中国高技术产业统计年鉴》以及个别年份各省份国民经济和社会发展统计公报。

2. 指标数据的处理

在采用主成分分析的方法进行实证分析时，由于收集以及计算出来的原始数据具有不可公度性，因此在实证分析前，需要对原始进行处理。评价指标可以分为正向、逆向指标（见表9-1）。本节采用取倒数法将逆向指标转化为正向指标，公式为：

$$y_{ij} = \frac{1}{x_{ij}}, \qquad (9-1)$$

为消除数据的量纲和量级影响，采用 Z-score 标准化方法进行无量纲化，公式为：

$$X_{ij'} = \frac{X_{ij} - \overline{X_{ij}}}{\delta_j}, \qquad (9-2)$$

其中，X_{ij} 为指标值；$\overline{X_{ij}}$ 为该项指标的平均值；δ_{ij} 为该项指标的标准差。

3. 权重确定

在做主成分分析前需要对五个维度的数据表进行 KMO 检验，KMO 值 $\in [0,1]$，如果 KMO 小于 0.5，则不能进行主成分分析，只有 KMO 大于 0.5 时，才能进行主成分分析，并且 KMO 越靠近 1，做主成分分析的效果越好。经济发展质量各维度 KMO 值数据均通过了检验，适宜做主成分分析，检验结果如表9-2所示。

表 9 – 2   **KMO 检验和 Bartlett 球度检验结果图**

维度	KMO 值	Bartlett's Test of Sphericity		
		Approx. Chi-Square	df（自由度）	Sig.（P 值）
经济发展有效性	0.753	80.213	6	0
经济发展创新性	0.772	59.913	10	0
经济发展稳定协调性	0.585	98.403	28	0
经济发展可持续性	0.574	76.792	15	0
经济发展共享性	0.596	103.055	15	0

运用 SPSS 21.0 进行主成分分析，得到各维度指标的主成分统计特征（见表 9 – 3）。由表 9 – 3 可知，经济发展质量五个维度指数的第一、二、三主成分综合原始数据信息的能力比较强，因此主要采用该维度的第一、二、三主成分来给指标体系中各指标赋予适当的权重具有较强的合理性、可行性。

192   表 9 – 3   **主成分特征值与贡献率**

维度	成分	特征根	方差贡献率（%）	累计方差贡献（%）
经济发展有效性	1	3.581	89.531	89.531
经济发展创新性	1	3.544	70.888	70.888
经济发展稳定协调性	1	3.563	44.539	44.539
	2	2.076	25.947	70.486
经济发展可持续性	1	2.964	49.400	49.400
	2	1.512	25.194	74.594
	3	1.034	17.225	91.819
经济发展共享性	1	4.105	68.420	68.420

基于协方差的主成分分析，可得第一主成分的各基础指标变量各自相应的权重，再运用同样的方法得出各维度指标的权重（见表 9 – 4）。

表 9-4　　　　　　　　各基础指标系数权重与各维度权重

维度	基础指标	基础权重	维度权重
经济发展 有效性 （X1）	人均 GDP（X11）	0.5094	0.3102
	经济增长率（X12）	-0.4846	
	全社会劳动生产率（X13）	0.4988	
	投资效果系数（X14）	-0.5068	
经济发展 创新性 （X2）	R&D 经费投入强度（X21）	0.4032	0.3843
	万人自然科学技术人员数（X22）	0.5099	
	R&D 人员全时当量（X23）	0.4956	
	有科研机构企业占规模以上企业比重（X24）	0.4791	
	全要素生产率增长率（X25）	-0.3198	
经济发展 稳定协调性 （X3）	居民消费价格指数波动率（X31）	0.1309	-0.1851
	城镇登记失业率（X32）	-0.2484	
	第一产业比较劳动生产率（X33）	0.2701	
	第二产业比较劳动生产率（X34）	0.2289	
	第三产业比较劳动生产率（X35）	0.3604	
	对外依存度（X36）	0.3395	
	实际利用外资额占 GDP 比重（X37）	0.0685	
	城乡居民收入比（X38）	0.2842	
经济发展 可持续性 （X4）	单位 GDP 能耗（X41）	0.2096	0.1589
	节能环保支出占财政支出的比重（X42）	0.1680	
	建成区绿化面积覆盖率（X43）	0.3809	
	空气质量达到或好于 Ⅱ 级的天数占比（X44）	0.0815	
	污水处理率（X45）	0.3646	
	工业固体废物综合利用率（X46）	0.2077	

续表

维度	基础指标	基础权重	维度权重
经济发展共享性（X5）	居民人均可支配收入增长率（X51）	－0.2720	0.3316
	城镇居民家庭恩格尔系数（X52）	0.4640	
	农村居民家庭恩格尔系数（X53）	－0.3233	
	社会消费品零售总额（X54）	0.4852	
	一般公共服务支出占财政支出比重（X55）	－0.4482	
	卫生医疗、社会保障和就业补助支出占财政支出比重（X56）	0.4121	

9.3 城市群经济发展质量综合测度结果分析

如前部分所述，在采用主成分分析法确定各基础指标权重的基础上合成各方面指数，以同样的方法合成经济发展质量指数。得出各主成分系数后，将每个主成分对应的系数除以其主成分特征根作为主成分表达式中各指标的系数，可以得出主成分表达式，同样的方法可以合成经济发展质量的综合得分的指数值（见图9－1）。

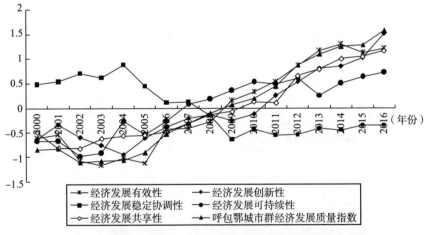

图9－1　2000~2016年呼包鄂城市群经济发展质量综合指数

9.3.1　呼包鄂城市群经济发展质量纵向评价

从呼包鄂城市群经济发展质量综合指数可以看出（见图 9 - 1），2000 ~ 2016 年，呼包鄂城市群经济发展质量综合指数总体呈现上升趋势。

分阶段来看，呼包鄂城市群经济发展质量综合指数在 2000 ~ 2003 年下降幅度较小，由 2000 年的 - 0.85 下降到了 2003 年的 - 1.09，主要由于在该阶段经济发展创新性不足和经济发展有效性下降所导致的；2003 年以后，经济发展质量综合指数呈现稳定增长的态势，在 2009 年实现了由负值向正值的转变，在此阶段呼包鄂城市群稳定协调性指数下降幅度较大，而经济发展有效性、创新性、可持续性、共享性均呈现上升趋势，综合作用结果促进在此期间经济发展质量指数的稳定上升，其中，2009 ~ 2013 年间增长速度最快，由 0.07 增长到了 1.10，增长率高达 146.7%，2013 ~ 2014 年经济发展质量指数增长速度放缓，到了 2015 年小幅下降，2016 年又开始呈上升的趋势。为更进一步分析呼包鄂城市群经济发展质量问题，本节将从经济发展有效性、经济发展创新性、经济发展稳定协调性、经济发展可持续性以及经济发展共享性五个维度来进行详细的讨论。

9.3.2　呼包鄂城市群经济发展质量分维度分析

1. 经济发展有效性维度分析

经济发展有效性是促进经济质量发展的重要因素，该项指标所占整体的权重为 0.3102。其变化过程可以分为两阶段：2000 ~ 2005 年发展缓慢，经济发展有效性指数从 2000 年的 - 0.617 下降到 2005 年的 - 1.120，对经济发展质量指数的发展起到阻碍作用；2006 ~ 2016 年发展迅速该项指标稳步提升，2009 年开始达到了正值，2014 ~ 2015 年有所回落，2016 年小幅上升，近年来的整体状况良好，促进呼包鄂城市群经济发展质量的提升。

从其内部影响因素来看，在经济发展有效性这一维度中，经济增长率和投资效果系数的权重为负值，分别为 - 0.4846 和 - 0.5068，表明对经济发展起阻碍作用，无法提升呼包鄂城市群经济发展的有效性。人均 GDP 和全社会劳动生产率的权重为正值，分别为 0.5094 和 0.4988，表明这两

195

项指标对经济发展起到了促进作用。内部指标综合作用结果导致经济发展有效性得分整体上升。从原始数据来看，人均 GDP 和全社会劳动生产率在不断的上升，尤其是人均 GDP 在 2006～2012 年增速最快，促进了经济的有效性带动经济的发展；而经济增长率和投资效果系数的波动趋势较为一致，都是从 2000～2004 年增长，到了 2005 年，分别达到最大值，经济增长率为 30.4%、投资效果系数为 61.7%，2006 年以后开始不断地下降，对经济发展的有效性产生阻力作用，表明呼包鄂城市群必须转变依靠高投资拉动经济增长的发展模式，寻求新的经济增长点。

2. 经济发展创新性维度分析

经济发展创新性对经济质量发展过程起到关键作用，该项指标所占整体的权重为 0.3843。在新时代经济发展过程当中，科技创新的驱动作用将日益凸显。呼包鄂城市群经济发展创新性指数变化过程可以分为三个阶段：2000～2004 年处于发展下降的阶段，由 2000 年的 -0.63 下降到 2004 年的 -0.94，对经济发展质量指数的发展有一定的阻碍作用；2005～2007 年处于整体快速发展的阶段，对经济发展质量指数上升的促进作用日益增强；2008～2016 年处于发展增速放缓阶段，对经济发展指数的促进作用放缓。

从其内部影响因素来看，在经济发展创新性这一维度中，仅全要素生产率增长率这一项指标为负，其值为 -0.3198，表明全要素生产率对经济发展起阻碍作用，无法提升呼包鄂城市群经济发展的创新性。R&D 经费投入强度、万人自然科学技术人员、R&D 人员全时当量以及有科研机构企业占规模以上企业比重的权重为正值，分别为 0.4032、0.5099、0.4956 及 0.4791，表明这四项指标对经济发展起到了促进作用。内部指标综合作用结果导致经济发展创新性得分整体上升。从原始数据来看，R&D 经费投入强度在 2000～2009 年的变化波动较大，2009 年以后该项指标持续上升，拉动了经济发展的创新性对于经济发展的促进作用；万人自然科学技术人员在 2000～2009 年几乎是停滞发展的状态，长期稳定在每万人拥有 6～7 个自然科学技术人员的状态，在 2009 年以后实现了快速的增加，到 2016 年实现了每万人拥有 18 个左右的自然科学技术人员；科研机构企业占规模以上企业比重和 R&D 人员全时当量同万人自然科学技术人员变化波动趋势相似。由此可见，科技人才和科研机构的发展与壮大对于经济发展创新性的推动作用效果显著，但全要素生产率无法发挥作用，极大地阻碍呼包鄂城市群创新性的提高，这将是未来呼包鄂城市群发展的重中之重。

3. 经济发展稳定协调性维度分析

经济发展稳定协调性维度权重为负值 − 0.1851，表明经济发展稳定协调性不利于呼包鄂城市群经济发展质量综合指数的提升。其变化过程可以分为三个阶段：2000 ~ 2004 年处于较为稳定阶段；2005 ~ 2009 年处于整体滑落的阶段，其得分从 2005 年的 0.48 跌落至 2009 年的 − 0.64，且在 2008 年首次从正值变为负值；2009 ~ 2016 年再次处于发展稳定阶段，其得分在 − 0.36 ~ − 0.64 区间波动，稳定协调性指数较低。

从其内部影响因素来看，在经济发展稳定协调性维度中，仅城镇登记失业率这一项指标为负，其值为 − 0.2484，表明城镇登记失业率不利于经济发展稳定协调性。居民消费价格指数波动率、第一产业比较劳动生产率、第二产业比较劳动生产率、第三产业比较劳动生产率、对外依存度、实际利用外资额占 GDP 比重以及城乡居民收入比的权重为正值，分别为 0.1309、0.2701、0.2289、0.3604、0.3395、0.0685 及 0.2842，表明这七项指标对经济发展稳定协调性起到了促进作用。内部指标综合作用结果导致经济发展稳定协调性得分整体下降。从原始数据来看，第三产业比较劳动生产率的波动趋势较为平稳，其中第一产业比较劳动生产率从 2001 年 0.34 下降到了 2016 年的 0.15，第二产业比较劳动生产率在 2000 ~ 2002 年波动幅度较大，此后保持稳定，第三产业比较劳动生产率在 1 ~ 2 区间变动；实际利用外资额占 GDP 比重和城乡居民收入比从 2006 ~ 2016 年没有明显的变化；对外依存度的下降趋势明显，2000 ~ 2016 年从 12.93% 下降到了 2.54%，下降了 10.39 个百分点，拉低了经济发展稳定协调性的得分。因此，呼包鄂城市群经济的协调发展，关键在于结构的调整。实现产业结构的高级化，协调第一、二、三产业的产出与就业的协调，不断调整城乡收入结构以及利用好国际市场促进产业发展是未来努力的方向。

4. 经济发展可持续性维度分析

经济发展可持续发展维度权重为 0.1589，表明经济发展可持续性对呼包鄂城市群经济发展质量综合指数的提升有一定的促进作用。其演变过程大致经历了如下阶段：2000 ~ 2003 年平缓下落，2004 年上升之后 2005 年又回落，2005 ~ 2012 年处于整体不断上升的阶段，其得分从 2005 年的

-0.48 增长至 2012 年的 0.60，且在 2007 年首次完成从负值到正值的转变；2013 年小幅下降之后又呈现稳定上升的趋势。

从其内部影响因素来看，在经济发展可持续性这一维度中，单位 GDP 能耗、节能环保支出占财政支出的比重、建成区绿化覆盖率、空气质量达到或好于二级的天数占比、污水处理率以及工业固体废物综合利用率的权重均为正值，分别为 0.2096、0.1680、0.3809、0.0815、0.3646 及 0.2077，表明这六项指标均对经济发展可持续性起到了促进作用。内部指标综合作用结果导致经济发展可持续性得分整体上升。从原始数据来看，单位 GDP 能耗自 2005 年开始逐年递减，建成区绿化覆盖率从 2000 年的 22.11% 增长到 2016 年的 45.58%，污水处理率更是在 2016 年达到了 93.16%；节能环保支出占财政支出的比重总体在扩大，这说明呼包鄂城市群在近 10 年的对于能源的使用效率方面加大了扶持力度并且取得了一定的成果，但是值得注意的是近年来空气质量达到或好于二级的天数占比越来越小，下一步应更加重视对于空气污染的治理。

5. 经济发展共享性维度分析

经济发展共享性是新时代大背景下衡量经济高质量发展的一项重要指标，也是体现中国特色社会主义道路优越性的重要维度。该项指标占经济发展质量的权重为 0.33。呼包鄂城市群经济发展共享性的得分情况大致经过了如下变化过程：2001 年有小幅的下降，2002～2016 年处于不断上升趋势，其中，2001～2006 年处于增速较缓阶段，对经济发展共享性的促进作用相对不明显；2007～2016 年处于整体快速发展的阶段，对经济发展共享性得分上升的促进作用日益增强。

从其内部影响因素来看，在经济发展共享性这一维度中，居民人均可支配收入增长率、农村居民家庭恩格尔系数及一般公共服务支出占财政支出比重三项指标为负，其值分别为 -0.2720、-0.3233 及 -0.4482，表明居民人均可支配收入增长率、农村居民家庭恩格尔系数及一般公共服务支出占财政支出比重对经济发展共享性起阻碍作用，因此未来呼包鄂城市群应不断提高居民收入水平，尤其是农村居民收入，实施脱贫攻坚和推进基本公共服务均等化方面，让全体人民共享发展成果。城镇居民家庭恩格尔系数、社会消费品零售总额以及卫生医疗、社会保障和就业补助支出占财政支出比重的权重为正值，分别为 0.4640、0.4852 及 0.4121，表明这三项指标对经济发展共享性起到了促进作用。内部指标综合作用结果导致经济发展共享性得分整体上升。从原始数据来看，居民人均可支配收入增长率有逐步减少的趋势，尤其是在 2012 年，首次跌落到负值，增长率为 -22.73%；农村居民家庭恩格尔系数除了在 2011～2013 年有快速的增长之外，其余年份均保持在一个相较稳定的状态；而城镇居民家庭恩格尔系数和卫生医疗、社会保障和就业补助支出占财政支出比重在 2000～2016 年整体呈现小幅下降的趋势，对于经济发展共享性的促进作用不明显；社会消费品零售总额在这期间实现了快速的增长，从 2000 年的 184.2763 亿元增长至 2016 年的 3608.4822 亿元，消费水平的提高极大地提升了呼包鄂城市群经济发展共享性的得分。

9.4　城市群经济发展困境及原因分析

9.4.1　经济发展有效性不足，经济抗风险能力差

提高经济有效性对于不同发展层次的城市经济发展均呈现促进作用，但是促进作用有所降低。呼包鄂城市群的经济发展有效性主要还是依靠人均 GDP 增长的拉动作用。在 2000～2012 年，基本保持两位数经济增速，经济得到快速发展，2012 年以后呼包鄂城市群经济增速明显放缓，2016 年经济增速下降为 7.53%，经济增长率对经济发展有效性的推动力作用日益减弱；这可能与我国进入新常态，经济从高速增长转向中高速增长的国情有关；另外，呼包鄂城市群投资效果系数在 2000～2016 年大幅降低，说明单位投资增加的国民收入在减少，这对呼包鄂城市群经济发展有效性产生较大阻力，未来发展呼包鄂城市群必须转变依靠高投资拉动经济增长的发展模式，寻求新的经济增长点，从而促进呼包鄂城市群经济发展有效性的发展，推动经济高质量发展的作用。

9.4.2　经济发展创新性程度不够，经济发展动力亟须转换

当城市经济发展水平较高时，随着供给侧改革和需求侧改革的不断深

入，生产要素得到合理配置，技术进步成为经济新的增长点，创新性对经济增长的推动作用显著提升。呼包鄂城市群经济发展长期以来主要依靠资源优势、高投资拉动经济增长，这样的经济发展是数量型方式，经济发展的质量不高。如果经济发展依赖于经济资源配置效率，那么经济发展就是质量型方式，经济发展质量就较高。从呼包鄂城市群全要素生产率增长率来看，全要素生产率增长率指标权重为 -0.3198，表明对经济发展创新性起阻碍作用。从原始数据来看，呼包鄂城市群全要素生产率增长率波动比较大，整体呈现下降趋势，在 2012 ~ 2016 年期间，全要素生产率增速也急剧放缓，表明对经济增长的贡献也越来越弱，其实这是不符合产业发展的规律。分析全要素生产率增长率下降的主要原因是，呼包鄂城市群产业技术含量低、产品单一附加值小，生产经营方式粗放。而 R&D 经费投入强度在 2016 年达到最大值，仅为 1.05%，低于全国平均水平（2.13%），表明呼包鄂城市群在科技与人力资本投入上仍很欠缺，劳动力素质不高，在科技投入方面仍需加强。企业作为创新的微观主体，其创新力的提高是实现经济高质量发展的重要一环。据呼包鄂城市群数据显示，2000 ~ 2016年，R&D 人员全时当量、有科研机构企业占规模以上企业的比重这两项指标数据虽然有所提高，但是与全国发达城市群区域相比仍有较大差距。由此可见，呼包鄂城市群的创新能力极其缺乏，尤其是企业的自主创新能力不足。究其原因主要是因为 2002 ~ 2012 年的煤炭黄金十年，煤炭产业的快速发展，导致大量投资都进入煤炭行业，严重挤占了其他产业发展的资本空间和市场空间，而当时正值我们国家发展战略性新兴产业的加速期，呼包鄂城市群相关战略性新兴产业在发展的关键时期，没有得到很好的扶持和资本投资，导致错过了产业转型升级的一个很好的机会。现阶段，呼包鄂城市群企业发展对科技日益强烈的需求与科技供给能力不足的矛盾突出，同时，企业的自主创新能力弱，拥有自主知识产权的企业不多，科研基础条件落后，投资不足，对产业结构的调整升级形成了很大的制约。因此，重视对科技创新的投入，将创新驱动作为经济发展的根本动力，发挥科学技术的主导性作用，提高自主创新能力，加快经济创新转型，是提升呼包鄂城市群经济发展质量的重要环节。

9.4.3 经济发展不稳定、不协调性阻碍发展质量提升

实证结果显示，经济发展稳定协调性对经济发展质量的权重为负值

（-0.1851），经济发展稳定协调性不利于呼包鄂城市群经济发展质量综合指数的提升，这主要是由于呼包鄂城市群长期对单一产业的过度依赖等问题导致的。从原始数据来看，呼包鄂城市群第二产业比较劳动生产率偏高，主要是因为呼包鄂地区经济结构都是围绕煤炭资源的开发、利用而建立起来的，尤其是依靠包头与鄂尔多斯的能源化工业来带动经济的发展，对资源的依赖性过高，第一产业、第三产业的发展尤为落后，城市的从业人员也大多集中在煤炭资源产业领域，而且发展模式较为粗放，产业结构的不协调严重阻碍了经济的协调发展。而且对外依存度、实际利用外资额占比以及城乡收入比这三项指标对经济发展稳定协调性方面指数的提升作用很小。这说明呼包鄂城市群经济的协调发展，关键在于结构的调整。因此该地区要破除产业单一化局面、加快产业多元化发展，实现区域产业结构调整升级，构建多极支撑的现代产业体系。经济新常态下传统产业和战略性新兴产业是经济发展的重要支撑，需要推动产业结构向高端化攀升，加快技术升级和产品升级步伐，发展新兴产业以及利用好国际市场促进产业发展是未来努力的方向。

9.4.4　经济发展可持续性面临新挑战，生态环境质量有待提高

提高经济持续性对于呼包鄂城市群经济发展起到促进作用，单位 GDP能耗自 2005 年开始逐年递减，而单位产出 GDP 能耗仍很大，即 2016 年达到最低值 0.7572 吨标准煤/万元，表明达到 1 万元生产总值，需要消耗0.7572 吨标准煤，经济发展仍需要能源的大量投入，资源利用效率不高，这也是呼包鄂城市群经济转型发展，实现高质量发展的难点。面对生态环境的不断恶化，呼包鄂城市群加大了对生态环境的保护，建成区绿化覆盖率从 2000 年的 22.11% 增长到 2016 年的 45.58%、污水处理率更是在2016 年高达 93.16%；节能环保支出占财政支出的比重总体在扩大，这说明呼包鄂城市群在近 10 年对于生态环境保护方面加大了扶持力度并且取得了一定的成果。但与此同时，呼包鄂城市群又面临新的挑战，近年来空气质量达到或好于二级的天数占比越来越小；工业固体废物综合利用率也在逐年下降，说明呼包鄂对于工业废物的利用效率不高，这些都是当前经济发展可持续性面临新的问题。因此呼包鄂城市群发展需要转变技术创新的方式，进行生态化技术创新，由资源初开发和初加工逐步向资源深开

发、深加工、精加工转变，由粗放、低效、高耗能的发展方式向集约、高效、低耗能的可持续发展转变，这种技术创新方式可以实现资源的高效综合利用，降低环境污染和生产成本，将资源优势转变为生态优势、竞争优势。同时加强资源环境保护工作，将生态环境保护放在重要位置，加强经济发展的可持续性。

9.4.5 经济发展共享程度不足，城乡居民生活质量差距较大

通过对经济发展共享性的维度评价可以看出，呼包鄂城市群经济发展共享性得分的提升，最主要得益于社会消费品零售总额的快速增长，从2000年的1842763万元增长至2016年的36084822万元。但居民人均可支配收入增长率有逐步减少的趋势，尤其是在2012年，首次跌落到负值，增长率为 −22.73%；城镇居民家庭恩格尔系数下降，而农村家庭恩格尔系数上升，且呼包鄂城市群居民收入差距较大，收入分配不合理，这样的经济发展是低质量的。在推进基本公共服务均等化方面，卫生医疗、社会保障和就业补助支出占财政支出比重在2000~2016年整体呈现小幅下降的趋势，对于经济发展共享性的促进作用不明显。一般公共服务支出呈现下降趋势，尤其2012年以后，下降趋势明显，这表明呼包鄂城市群人民共享发展成果的程度不高，在推进基本公共服务均等化方面还有很大的发展空间。这使得呼包鄂城市群的经济发展共享性程度不足，城乡居民生活质量差距仍很大。

9.5 推进呼包鄂城市群经济高质量
发展的对策建议

促进呼包鄂城市群经济高质量发展，必须全面落实新发展理念，必须坚持问题导向和目标导向，着力解决总量经济发展不充分、经济抗风险能力差、产业体系不优、开放程度不深、技术创新不足、共享程度不足等问题。今后一个时期，要按照高质量发展的根本要求，强化创新驱动，加快新旧动能转换，聚力构建现代产业体系，加快发展开放型经济，推动经济转型升级，努力推进城乡融合发展，推动质量变革、效率变革、动力变

革，加大对生态环境保护，提高保障和改善民生水平，不断提高人民群众的获得感、幸福感、安全感。

9.5.1　优化产业结构，实现产业转型升级

经济结构优化是转变经济发展方式的核心问题，也是呼包鄂城市群高质量发展的主攻方向。实现高质量发展要从总量扩张转向结构优化，经济结构要向高端化、智能方向发展。经济结构转型升级是高质量发展的重要标志，也是高质量发展的基本途径。

1. 积极构建现代产业体系，着力优化产业结构

高质量发展中的创新是技术创新、产品创新、产业创新、管理创新、战略创新、模式创新、市场创新的集成创新，产业创新处于重要地位，需要以产业创新为高质量发展构建现代化的产业体系。

（1）培育战略性新兴产业，大力发展先进制造业。呼包鄂城市群阻碍经济发展的症结在于产业结构的不协调。应转变呼包鄂城市群单一产业结构，发展先进制造业和壮大现代服务业并举，培育战略性新兴产业和改造提升传统产业并行。以自身的基础设施和发展优势，呼包鄂城市群应向电力及新能源、新材料、节能环保、生物医药等新兴产业转变。借助地理位置优势可以发展太阳能、风能、生物能等新能源，依靠天然优势可以发展稀土、特种合金等产业，内蒙古自治区政府应给予重点支持以及政策倾斜，保证人才、物力、财力的充足供应，新的技术、新的工艺以及新的材料要大力推广，形成产业结构转化升级的动力。要大力促进现代服务业的发展，进一步增加新的经济增长点，使服务业成为呼包鄂城市群产业的主要支撑。以高新技术和现代信息技术改造传统产业，大力发展循环经济，这些经济活动的开展都离不开生产性服务业的支持，生产性服务业不仅创造了价值，同时也是呼包鄂城市群产业结构转型升级的主要动力。生活服务业为居民消费水平的提高、改善居民生活质量提供保障。因此，加大对现代服务业的投资，重点发展科研事业，教育、文化、广播电视事业，金融业，旅游业，信息咨询服务业，交通运输业和邮政仓储业等，做到生产性服务业和生活性服务业协调发展。

（2）着力提升产业价值链，推动产业迈向中高端水平。构建现代化产

业体系需要在产业结构上实现合理化和高级化。在实现高质量发展的过程中，需要依据全球第三次产业革命的发展趋势加快产业创新，构建现代产业体系，促进产业结构向全球价值链的高端攀升。

政府通过制定产业政策引导资金、技术、人才、产业等的集聚来孵化高新企业和高新技术，通过有选择的产业政策，延伸产业链，提高附加值，促进产业结构升级，加强与发达地区的合作与交流，获得后发优势，在自然资源基础上重视高级要素的开发，兼顾长期利益与短期利益，有效配置资源，实现资源型地区的跨越式发展。市场方面引导资金流向实体经济，缓解企业资金压力，提升企业研发技术。呼包鄂地区传统资源型行业居于主导地位，附加值低，服务业发展依赖于传统产业，较为滞后，优化产业结构可着力于以下做法：在传统资源型产业的基础上，利用优质煤炭资源，优化配置现有人力、物力和财力资源，实行煤电一体化开发，提高煤炭资源就地转化能力，实现煤电综合利用，延长产业链，提高资源利用率，形成煤—发和创新能力，提高产品科技含量和附加值。电—粉煤灰—新型建材和煤—煤矸石—新型建材以及煤—电—碳素产品等主导产业链条；推动重大技术突破，大力发展资源深加工类新材料、高精尖新材料产业；基于既有科技创新园区，整合科技创新平台，汇聚创新要素，靠政府组织风投资金、人才、技术、专利等，完善成果转化的链条配套，充分创造条件发展节能环保、高端装备制造等战略性新兴产业，提升产业转换能力，以高端制造和低碳发展为目标构建高质量发展的现代化产业体系和创新链。

（3）推进数字经济与实体经济的深度融合，促进传统产业改造。推动数字经济与实体经济深度融合，以数字经济助推实体经济发展，既是推动经济发展质量变革、效率变革、动力变革的重要驱动力，也是实现经济高质量发展的重要着力点。通过科技投入与人力资源的结合大力发展战略性新兴产业、信息数字产业、高新技术产业、先进制造业，增加高质量产业部门的供给。紧跟5G时代，充分发挥呼包鄂地区气候冷凉、区位适中、电力充沛等优势，围绕基础建设、数据应用、产业开发"三维一体"，实施大数据战略，发展数字经济，建设智慧城市，推进人工智能、大数据、互联网与实体经济的深度融合，在融合基础上促进传统产业改造。加强顶层设计和管理，组建大数据产业发展局，出台促进大数据发展政策措施。构建大数据全产业链，做大做强云计算、物联网、移动互联网、可信计算机等产业，建设以云计算全产业链为特色的国家级经济技术开发区，建设国家级大数据产业基地，加快云计算与民生工程、产业项目、实体经济的融合步伐，以此推动呼包鄂地区大数据产业发展，建设智慧城市群；开展大数据招商引资，吸引上下游产业链项目落地。实施"互联网＋"行动，在政府治理、公共服务和城市建设等领域广泛应用大数据，推动大数据与制造业、现代农业、服务业深度融合，以信息化促进新型工业化、新型城镇化和农业现代化。

2. 优化能源生产结构，有效化解过剩产能和淘汰落后产能

呼包鄂城市群经济的迅速发展主要得益于丰富的煤炭资源，丰富的煤炭资源推动电力、钢材、化工等资源密集型产业的快速发展，进而实现地区生产总值的快速增长。电力、钢材、煤化工等产业的技术较为落后、环境污染严重，并且产能过剩，导致资源的极大浪费，不符合可持续发展的要求。

在经济高质量发展要求下，优化能源产业结构，有效化解过剩产能、淘汰落后产能是当务之急。重点是布局煤炭深加工、煤层气转化等高端项目和新能源发电基地。研究布局煤炭储配基地，鼓励煤矸石、矿井水、煤矿瓦斯等煤矿资源综合利用。结合电力市场需求变化，适时研究规划建设新外送通道的可行性，提高蒙电外送能力。布局太阳能薄膜等移动能源产业，打造移动能源领跑者。以企业为主体，建设煤炭开采及清洁高效利用境外产能合作示范基地。政府应大力支持开展煤炭消费等量、减量替代行动，扩大天然气、电能等清洁能源和可再生能源替代试点范围，因地制宜发展地热能、太阳能等可再生能源。加强对"煤改电"、农村电网改造升级的资金补贴支持，提高区内电力消纳能力。加快推进煤炭清洁高效利用，推动焦化、煤化工等重点领域实施清洁生产技术改造。在农村居民用煤等重点替代领域，实施一批电能替代工程。加快实施民用、工业"煤改气"工程。坚持煤电结合、煤运结合、煤化结合，深化能源体制改革，鼓励煤炭、电力、运输、煤化工等产业链上下游企业进行重组或交叉持股，打造全产业链竞争优势。鼓励有条件的煤炭和电力企业通过资本注入、股权置换、兼并重组、股权划转等方式，着力推进煤矿和电站联营。鼓励呼包鄂城市群探索建立能源清洁高效利用综合补偿机制，支持新兴能源产业及相关产业发展和生态修复。

9.5.2 充分发挥创新驱动力，培育高质量发展的新动能

实现高质量发展，首要的是强调科技创新，重点解决创新能力和人力资本不足的问题，把创新作为第一动力，依靠科技创新不断增强经济的创新力和竞争力，进一步提高供给体系的质量。实现质量变革、效率变革、动力变革，提高全要素生产率，使经济发展动力从传统增长动能转向新的增长动能。从要素驱动、投资驱动转换到创新驱动，充分发挥创新引领作用，推动社会进入全面创新阶段，引领增长质态升级。

1. 重视人力资本投资，提升劳动力供给质量

在现有劳动力资源基础上，提高劳动力供给质量，我们应以提升劳动力的素质和技能水平为起点，推动劳动生产率的稳步上升。一般认为，加大对劳动力的人力资本投入是提高劳动者素质最直接最有效的方式。提高劳动者素质并不仅仅是加大教育投入，提高受教育的水平，因为即使有了高素质高技术的人才，生产效率也可能处于较低的水平，关键问题在于制度性的障碍也会阻碍人力资本优势的发挥。提高劳动者素质可从以下几方面着手：加大教育投入，提高受教育的水平；构建统一的协调机制，以综合配套改革的思路来统筹，深入推进收入分配制度改革、户籍制度及相关社保制度改革，打破劳动力流动的障碍，促进劳动力的流动，改善劳动力结构；以劳动力市场的竞争性和自由流动性提供鼓励人力资本投资的刺激信号；营造高素质人才引进、培养、开发的制度环境，充分激发人的创新能力，发掘人才潜力，建立有利于人才发展的激励机制。总之，高质量劳动力的优势在于提高生产效率，提高投资回报率，用人才的创新精神为企业、社会创造效益，以人才的积聚推进呼包鄂城市群的经济发展。

2. 提高国有企业和民营企业效率与质量，注重供给主体的质量

创新驱动是高质量发展的第一动力，也日益成为引领国家或地区转型升级与产业变革的重要推动力。在创新驱动过程中，企业是最基本的市场供给主体，只有激发企业活力，提升企业效率，才能构建高质量发展的微观主体。

一是在高质量发展的宏观科技创新层面，要以科技创新形成高质量发

展的技术创新支持体系。支持创新型企业的发展，创新型企业是未来企业发展的趋势，未来呼包鄂城市群应深入实施创新型企业培育计划、强化人才与服务两大保障、深化产学研三方协同创新，围绕产业转型发展中的重大问题和关键问题，政府或者行业协会应鼓励高等院校、科研院所、微观企业三者共同成立产学研协同创新基地，整合科技创新资源解决问题；自治区、市、县三级联动、部级科技部门协同，统筹配置科技创新专项资金，针对优质和重要的项目计划，加强前期、中期支持，有重点、有针对性地精准资助；注重培育区域协同创新中心，避免盲目跟风造成重复建设与资源浪费，提升呼包鄂城市群创新能力与创新成功率。

二是从企业角度来讲，要以提高自主创新能力为目的，实现企业创新链、资金链、产业链和政策链的有机结合，促进开发新产品、采用新材料，扩大新品种，加速老产品的更新换代，提高其生产的技术水平和管理水平，提升企业产品的质量水平、技术水平和服务水平。要以提高企业的整体素质为目标，努力培育出具有竞争力的企业，不断提高科研机构企业占规模以上企业占比，不断提高企业研发经费占主营业务收入占比等体现创新性的市场效益指标。

3. 提高全要素生产率，培育高质量发展新动能

从呼包鄂城市群全要素生产率来看，呼包鄂地区仍处在粗放的经济增长模式。为提升呼包鄂城市群经济发展质量，必须着力提高全要素生产率，培育高质量发展新的增长动力和竞争优势。提高全要素生产率推动高质量发展，关键在于处理好政府和市场关系，完善有利于资源优化配置的体制机制和政策措施。以政府"有形之手"构建和维护使市场"无形之手"充分发挥作用的体制机制。在宏观层面，应建立以鼓励企业创新和提质增效为导向的市场激励机制。在微观层面，发挥市场"无形之手"的作用。政府不能缺位也无法替代的职能是营造平等使用生产要素、公平参与市场竞争、允许自由进入退出的公平竞争机制和优胜劣汰环境。在任何时候，技术进步都是全要素生产率提高的源泉。而人力资本除了直接成为劳动生产率提高的源泉，还是提高全要素生产率的必要条件，因此加快技术进步、加大对人力资本投资是提高全要素生产率的重要手段。同时，要完善有利于全要素生产率提高的政策机制。如果各项经济政策分工不清晰、运作不协调，往往会造成杠杆率高、产能过剩等问题，不利于全要素生产

率的提高。

9.5.3 加快融入京津冀一体化进程，承接京津冀产业转移

着力优化区域结构。发展基础好的城市区域，要加快提升创新能力、增强辐射带动能力和区域竞争力。对呼包鄂城市群而言，加强与京津冀地区的协作联动发展，是加快创新驱动转型升级，提高整体发展水平、综合竞争力和可持续发展能力最直接、最有效、最现实的重大战略机遇。呼包鄂地区是京津冀能源主要供应地、重要生态屏障，区域经济协同发展，产业互补，生态协作，且地理相邻、文化相通。呼包鄂城市群应加快融入京津冀一体化进程中，一是强化交通基础设施建设方面的合作，加快交通网络项目推进力度，与北京构建进京农副产品"绿色通道"；与天津共同推进两地之间高速公路、铁路、港口的规划建设；与河北加快构建适应两省合作发展要求的综合交通网络，完善便捷的交通网络。二是强化能源合作，呼包鄂城市群作为京津冀发展的能源供应"大后方"，继续推进与北京在煤炭、电力领域的长期合作，启动煤层气等清洁能源开发利用方面的合作，为北京提供稳定、清洁的能源保障；加强与天津在煤炭、新能源领域的合作；促进与河北在煤炭、电力、煤化工、煤层气等方面的产销合作，与京津冀地区一起加强区域内资源能源的合理开发和可持续利用。三是强化生态文明建设领域的合作，加快推进京津风沙源治理、三北防护林建设等重点生态工程建设，共同开展大气环境质量保障联防联控行动，实现有天同蓝，有山同绿，有水同清。四是强化经济和产业合作，深化与北京、天津在装备制造、汽车、新能源、精细煤化工、新材料、高新技术和节能环保领域的合作，与天津要实现优势互补、产业链对接和相互延伸，重点支持企业在能源、农业、经贸、旅游、文化、交通、煤化工、钢铁、装备制造等领域开展合作，探索三地产业转移飞地经济模式。

9.5.4 加强生态环境保护，提高资源利用效率

1. 推进资源综合利用，有效提升自然资源利用率

自然资源是资源型城市最大的经济增长动力，如何将自然资源利用最

大化，充分挖掘出其收益是呼包鄂城市群资源型区域经济发展的重点。推进资源综合利用可以大大提高资源的利用效率。资源的综合利用包括的内容丰富，如对矿产资源开采过程中一并开采共生矿、伴生矿等资源，对尾矿再次开发利用；对社会生产和消费过程中产生的废旧物资、农林废弃物等分类回收，再生利用。推进资源综合利用不仅可以节约资源，保护环境，也可以产生循环经济、规模经济等效应。循环经济不仅可以减轻环境压力，而且能够使资源得到充分利用，发展矿产品深加工利用技术，以煤为例，推进煤电一体化、煤电铝一体化、煤电化一体化、煤焦化一体化、煤化工一体化等的发展，延伸产业链，提高资源利用效率，提高资源附加值。规模经济效应对于不可再生的资源来说尤其重要，大大提高了资源的利用效率，发展规模经济不仅要加大对经济总量的投入，而且要注意生产要素的优化组合，使资产向优势行业聚集，优化资产分布结构，形成专业化分工，降低成本，提高效率，切实取得规模收益。

2. 加快替代资源的开发，发展低碳、循环经济

替代资源的开发从另一个角度拓宽了可利用资源的范围。积极调整资源结构，缩减传统不可再生资源的比例，提高低碳、清洁能源的比例。发展洁净煤，扩大煤的气化液化等洁净利用和煤层气利用，加快水能、风能、太阳能等自然力的开发和利用，减少不可再生资源的消耗速度。大力发展低碳、循环经济。以煤炭资源清洁高效利用为主线，围绕洁净煤技术、节能技术、新能源技术以及 CO_2 捕集、封存和利用技术开发，实施低碳科技创新专项，实现核心技术重大突破，引领和支撑低碳创新行动。推进产业减碳、企业低碳和低碳社会建设主题计划。提高产业门槛，在煤、焦、冶、电、化工、水泥等高能耗产业，推广使用低碳工艺技术装备。

3. 完善自然资源的法规体系，加强生态环境保护

自然资源法规体系的完善是解决自然资源问题的关键所在。需加快构建系统完整的自然资源法规体系，用严格的法律制度保护自然资源。建立健全自然资源的法规体系，当务之急是把自然资源的开采使用、消耗、环境损害和生态效益纳入经济社会发展评价体系，推动自然资源的开采和利用走上规范化、法律化、制度化轨道。完善自然资源的法规体系可在原有

法规体系基础上针对经济发展的现实需要，对自然资源领域的新事物、新问题和新矛盾增加新的法律条文，对原有的已经失去存在意义的部分条文予以废止；建立针对违反自然资源使用条例行为的惩罚制度，加大违法处罚力度，提高区域性、系统性防控考虑；加强政府对自然资源和生态环境的调控和监管。针对市场难以发挥作用的自然资源和生态环境公共物品，需要政府以立法形式进行规制和管理。

9.5.5　全面改善民生，强化经济成果共享

1. 提高农民生活水平，缩小城乡差距

经济高质量发展是人人共享的发展，提升呼包鄂城市群经济发展质量，一是要将经济发展的成果更大程度地惠及广大人民群众。进一步深化在就业、收入分配、教育和医疗等领域的体制改革，增强经济发展的共享性、公平性、公正性和可持续性，使发展成果更多地惠及全体人民，以提高劳动者的生活水平。一是进行分配制度改革，调整收入分配格局，缩小收入分配差距，维护社会公平正义，为实现人的全面发展创造条件。目前城乡收入过大的主要原因是，农民收入水平过低。因此需要大力增长农民收入，改善农民生活质量。二是加快现代化农业的建设，对农业生产技术进行改造升级，以科技引领农业生产技术的进步，逐步提升农业综合生产能力。要加快调整农业产业结构，大力发展农产品加工业以及相应配套的产业，延长农业产业链，增加农产品附加值，提高农业经济效益。积极推动农村二、三产业的发展，逐步加大县域经济规模，解决农牧民就业难的问题，增加居民的工资性收入。同时完善以税收、社会保障等为主要内容的再分配调节机制，逐步缩小收入差距，使经济发展成果更公平地惠及全体人民。

2. 着力推进精准扶贫，逐步减少贫困

精准扶贫，在十九大以后成为我国在新时代农村脱贫时遵循的基本战略，这对我国精准扶贫逐步推进具有重要而深远的影响。"扶贫先扶智"，提升贫困地区人口素质，实施教育精准扶贫，是减少贫困甚至是消除贫困的关键举措。实现教育精准扶贫，要精准筛选帮扶对象，给贫困家庭子女

提供教育支持。逐步加大学前教育资源向贫困地区的倾斜力度，对于高质量的民办幼儿园，一方面给予税费减免，另一方面将公办老师派驻民办幼儿园，以加强公办与民办幼儿园之间的交流，推动贫困地区幼儿园的多元化发展。

3. 积极推进公共服务均等化，持续强化经济发展成果分享

发展是解决民生问题的第一要务，着力解决呼包鄂城市群公共服务不均等等民生问题，通过合理政策的制定，不断推进公共服务均等化，持续强化经济发展成果的共享性，提高民生保障水平，努力建设人人共享发展成果的美好社会。转变一味追求 GDP 的发展思想，走一条能够为民众提供更多福祉的发展之路，在当下经济增速放缓的形势下，改善民生也是拉动经济增长，实现经济持续发展的重要手段。加强生活基础设施建设，完善公共交通系统，一方面可以解决居民出行难、出行不便的问题。另一方面提倡居民选择公共交通，可以减少环境污染，改善生态环境。加大教育、医疗、养老等方面的投资力度，缩小城镇居民与农村居民的生活质量的差距。

参 考 文 献

［1］曹麦：《中国经济增长质量测度——基于转型升级的视角》，载《调研世界》2017 年第 3 期。

［2］曹雄彬：《新型城镇化进程中产城融合动态耦合协同研究》，载《中国商论》2016 年第 17 期。

［3］陈丹红：《对产业集群产生与发展的思考》，载《合作经济与科技》2010 年第 2 期。

［4］陈国生、阳琴：《洞庭湖生态经济区城市群与产业群空间耦合发展研究——以湖南省岳阳市为例》，载《岳阳职业技术学院学报》2017 年第 3 期。

［5］陈剑锋：《基于产业集群的城市群演化理论分析与研究框架构建》，载《科技进步与对策》2010 年第 1 期。

［6］陈彦光、姜世国：《城市集聚体、城市群和城镇体系》，载《城市发展研究》2017 年第 12 期。

［7］陈雁云：《中国产业集群与城市群耦合发展研究》，江西人民出版社 2011 年版。

［8］陈雁云、朱丽萌、习明明：《产业集群和城市群的耦合与经济增长的关系》，载《经济地理》2016 年第 10 期。

［9］陈甬军、张廷海：《京津冀城市群"产城融合"及其协同策略评价》，载《河北学刊》2016 年第 5 期。

［10］崔新蕾、赵燕霞：《资源型城市群经济联系网络特征及演化研究——以呼包鄂城市群为例》，载《资源与产业》2018 年第 5 期。

［11］代合治：《中国城市群的界定及其分布研究》，载《地域研究与开发》1998 年第 2 期。

［12］杜宏成、闫玉静：《综合评价中不可缺少的部分——权重的确定》，载《黑龙江科技信息》2009 年第 3 期。

［13］方创琳、蔺雪芹：《武汉城市群的空间整合与产业合理化组织》，载《地理研究》2008 年第 2 期。

［14］方创琳、祁巍锋、宋吉涛：《中国城市群紧凑度的综合测度分析》，载《地理学报》2008 年第 10 期。

［15］方创琳、宋吉涛、张蔷、李铭：《中国城市群结构体系的组成与空间分异格局》，载《地理学报》2005 年第 5 期。

［16］方创琳：《改革开放 40 年来中国城镇化与城市群取得的重要进展与展望》，载《经济地理》2018 年第 9 期。

［17］方创琳：《中国城市群形成发育的新格局及新趋向》，载《地理科学》2011 年第 9 期。

［18］伏晓伟：《广西北部湾产业群与城市群的耦合发展研究》，广西大学，2013 年。

［19］付桂军、曹相东、齐义军：《区域城市群水资源承载力研究》，载《经济纵横》2015 年第 2 期。

［20］高楠、马耀峰、李天、白凯：《基于耦合模型的旅游产业与城市化协调发展研究——以西安市为例》，载《旅游学刊》2013 年第 1 期。

［21］宫秀芬：《基于历史视角的我国产业集群形成机制》，载《商业时代》2013 年第 28 期。

［22］官卫华、姚士谋：《城市群空间发展演化态势研究——以福厦城市群为例》，载《现代城市研究》2003 年第 2 期。

［23］郭凤城：《产业群、城市群的耦合与区域经济发展》，吉林大学，2008 年。

［24］郭荣朝、苗长虹：《基于特色产业簇群的城市群空间结构优化研究》，载《人文地理》2010 年第 5 期。

［25］郭亚军、易平涛：《线性无量纲化方法的性质分析》，载《统计研究》2008 年第 2 期。

［26］洪娟、廖信林：《长三角城市群内制造业集聚与经济增长的实证研究——基于动态面板数据一阶差分广义矩方法的分析》，载《中央财经大学学报》2012 年第 4 期。

［27］黄祥芳、陈建成、周伟：《江西省 11 市"四化"耦合协调发展水平测度》，载《城市问题》2015 年第 3 期。

［28］江曼琦：《对城市群及其相关概念的重新认识》，载《城市发展

研究》2013年第5期。

[29] 江文奇：《无量纲化方法对属性权重影响的敏感性和方案保序性》，载《系统工程与电子技术》2012年第12期。

[30] 姜江、胡振华：《内陆城市群产业集群的区域创新机制研究》，载《湖南师范大学社会科学学报》2012年第4期。

[31] 蒋天颖、华明浩、许强、王佳：《区域创新与城市化耦合发展机制及其空间分异——以浙江省为例》，载《经济地理》2014年第6期。

[32] 黄安胜、许佳贤：《工业化、信息化、城镇化、农业现代化发展水平评价研究》，载《福州大学学报（哲学社会科学版）》2013年第6期。

[33] 黎文飞、郭惠武、唐清泉：《产业集群、信息传递与并购价值创造》，载《财经研究》2016年第1期。

[34] 李东光、郭凤城：《产业集群与城市群协调发展对区域经济的影响》，载《经济纵横》2011年第8期。

[35] 李国梁：《河北省环省会城市群发展水平评价》，载《资源开发与市场》2009年第3期。

[36] 李会涛：《湖北省"四化"协调发展评价及政策研究》，武汉理工大学，2013年。

[37] 李雪平、邹荣：《产业集群与城镇化耦合互动关系研究》，载《中国商界（下半月）》2009年第5期。

[38] 李天歌：《陕西省产业集群发展评价及对策研究》，西安理工大学，2017年。

[39] 林海明、张文霖：《主成分分析与因子分析的异同和SPSS软件——兼与刘玉玫、卢纹岱等同志商榷》，载《统计研究》2005年第3期。

[40] 林敏：《产业群与城市群的耦合机制初探》，载《商场现代化》2009年第6期。

[41] 刘承良、段德忠、余瑞林、王涛：《武汉城市圈经济与资源环境系统耦合作用的时空结构》，载《中国人口资源与环境》2014年第5期。

[42] 刘凯、任建兰、张存鹏：《中国"五化"协同发展水平演变研究》，载《经济问题探索》2016年第4期。

[43] 刘晋军：《区域经济发展中的产业集群效应研究》，载《商业时代》2012年第14期。

[44] 刘升学：《协同视角下城市群建设与产业群优化研究——以湖

南省"3+5+6"城市群为例》，载《湖南社会科学》2012年第6期。

[45] 刘婷：《"呼包鄂"城市群产业结构趋同研究》，载《内蒙古科技与经济》2016年第14期。

[46] 刘艳军、李诚固、孙迪：《城市区域空间结构：系统演化及驱动机制》，载《城市规划学刊》2006年第6期。

[47] 刘艳军、孙迪、李诚固：《城市群发展的产业集群作用机制探析》，载《规划师》2006年第3期。

[48] 刘耀彬、李仁东、宋学锋：《中国区域城市化与生态环境耦合的关联分析》，载《地理学报》2005年第2期。

[49] 刘玉亭、王勇、吴丽娟：《城市群概念、形成机制及其未来研究方向评述》，载《人文地理》2013年第1期。

[50] 刘银岚：《城市群经济发展水平评价研究》，西安科技大学，2013年。

[51] 罗洪群、肖丹：《产业集聚支撑的川渝城市群发展研究》，载《软科学》2008年第12期。

[52] 马强文、白稳：《经济增长质量评价及影响因素分析——以湖北省为例》，载《宏观质量研究》2015年第2期。

[53] 马艳：《区域"五化同步"发展水平测度与影响因素分析——以湖北省为分析样本》，载《湖北社会科学》2016年第12期。

[54] 马志东、俞会新、续亚萍：《创新型产业与创新型城市互动发展研究——以京津冀地区为例》，载《经济研究参考》2018年第22期。

[55] 牟群月：《产业集群与城市群的耦合发展研究——以温台沿海城市群为例》，载《特区经济》2012年第5期。

[56] 宁越敏、高丰：《中国大都市区的界定和发展特点》，引自宁越敏：《中国城市研究（第一辑）》，中国大百科全书出版社2008年版。

[57] 牛方曲、刘卫东、宋涛、胡志丁：《城市群多层次空间结构分析算法及其应用——以京津冀城市群为例》，载《地理研究》2015年第8期。

[58] 欧光军、杨青、雷霖：《国家高新区产业集群创新生态能力评价研究》，载《科研管理》2018年第8期。

[59] 彭茜薇、苏方林：《湖南省经济增长质量的测度及分析》，载《经济数学》2015年第3期。

[60] 乔标、方创琳：《城市化与生态环境协调发展的动态耦合模型

及其在干旱区的应用》，载《生态学报》2005 年第 11 期。

[61] 任保平、文丰安：《新时代中国高质量发展的判断标准、决定因素与实现途径》，载《改革》2018 年第 4 期。

[62] 沈玉芳、刘曙华、张婧、王能洲：《长三角地区产业群、城市群和港口群协同发展研究》，载《经济地理》2010 年第 5 期。

[63] 宋吉涛、赵晖、陆军、李铭、蔺雪芹：《基于投入产出理论的城市群产业空间联系》，载《地理科学进展》2009 年第 6 期。

[64] 苏雪串：《城市化进程中的要素集聚、产业集群和城市群发展》，载《中央财经大学学报》2004 年第 1 期。

[65] 孙剑、龚自立：《产业集群成熟度模型及评价指标体系研究》，载《技术经济与管理研究》2010 年第 S2 期。

[66] 唐承丽、吴艳、周国华：《城市群、产业集群与开发区互动发展研究——以长株潭城市群为例》，载《地理研究》2018 年第 2 期。

[67] 田雨、张彬：《呼包鄂城市群府际合作问题研究》，载《内蒙古社会科学（汉文版）》2016 年第 1 期。

[68] 田时中、涂欣培：《长三角城市群综合发展水平测度及耦合协调评价——来自 26 城市 2002～2015 年的面板数据》，载《北京理工大学学报（社会科学版）》2017 年第 6 期。

[69] 佟宝全：《基于系统动力学的城市群发展情景仿真模拟——以呼包鄂地区为例》，载《干旱区资源与环境》2017 年第 4 期。

[70] 万宇艳：《中原城市群与产业群耦合发展研究》，载《地域研究与开发》2015 年第 3 期。

[71] 王爱平、周焱、李枋燕、龙剑峰、陈洋、张慧：《指标权重方法比较研究——以湄潭县基本农田划定为例》，载《贵州大学学报（自然科学版）》2015 年第 2 期。

[72] 王方依：《山东省城镇化与产业集群耦合发展研究》，载《现代商贸工业》2018 年第 8 期。

[73] 王欢芳、胡振华：《产业集群低碳化升级路径研究——以长株潭城市群为例》，载《现代城市研究》2012 年第 2 期。

[74] 王佳：《产业集群推动城镇化进程的机制研究——以河南省为例》，西南财经大学，2013 年。

[75] 王蕾、付桂军：《基于全要素生产率分析的呼包鄂城市群经济

增长路径》，载《前沿》2017 年第 7 期。

[76] 王琦、陈才：《产业集群与区域经济空间的耦合度分析》，载《地理科学》2008 年第 2 期。

[77] 王靖、张金锁：《综合评价中确定权重向量的几种方法比较》，载《河北工业大学学报》2001 年第 2 期。

[78] 王少剑、方创琳、王洋：《京津冀地区城市化与生态环境交互耦合关系定量测度》，载《生态学报》2015 年第 7 期。

[79] 王圣云、罗颖、李晶、廖纯韬：《长江中游城市群城乡协同发展演进与系统耦合机制》，载《南昌大学学报（人文社会科学版）》2018 年第 5 期。

[80] 王伟、张烁：《基于模块化的产业集群及其竞争优势研究》，载《南阳师范学院学报（社会科学版）》2016 年第 1 期。

[81] 邬丽萍：《城市群形成演化机理与发展战略》，中国社会科学出版社 2011 年版。

[82] 吴丰林、方创琳、赵雅萍：《城市产业集聚动力机制与模式研究的 PAF 模型》，载《地理研究》2011 年第 1 期。

[83] 吴勒堂：《产业集群与区域经济发展耦合机理分析》，载《管理世界》2004 年第 2 期。

[84] 吴利学、魏后凯、刘长会：《中国产业集群发展现状及特征》，载《经济研究参考》2009 年第 15 期。

[85] 习近平：《以新气象新担当新作为推进东北振兴》，http://news. cctv. com/2018/09/28/ARTInLgCeRzmqpclWGFhStRK180928. shtml。

[86] 项文彪、陈雁云：《产业集群、城市群与经济增长——以中部地区城市群为例》，载《当代财经》2017 年第 4 期。

[87] 徐境、石利高：《呼包鄂区域一体化发展的空间动力机制及模式框架研究》，载《干旱区资源与环境》2010 年第 7 期。

[88] 徐玉莲、王玉冬、林艳：《区域科技创新与科技金融耦合协调度评价研究》，载《科学学与科学技术管理》2011 年第 12 期。

[89] 徐淑云、林寿富、陈伟雄：《福建沿海城市群综合发展水平评价研究》，载《福建论坛（人文社会科学版）》2014 年第 6 期。

[90] 徐维祥、舒季君、唐根年：《中国工业化、信息化、城镇化、农业现代化同步发展测度》，载《经济地理》2014 年第 9 期。

[91] 徐维祥、舒季君、唐根年：《中国工业化、信息化、城镇化和农业现代化协调发展的时空格局与动态演进》，载《经济学动态》2015 年第 1 期。

[92] 姚士谋、陈振光、朱英明等：《中国城市群》，中国科技大学出版社 2006 年版。

[93] 姚士谋：《我国城市群的特征、类型与空间布局》，载《城市问题》1992 年第 1 期。

[94] 易平涛、张丹宁、郭亚军、高立群：《动态综合评价中的无量纲化方法》，载《东北大学学报（自然科学版）》2009 年第 6 期。

[95] 张虹：《创新型城市群与产业集群耦合演进关系研究》，载《北方经济》2008 年第 20 期。

[96] 张京祥、崔功豪：《城市空间结构增长原理》，载《人文地理》2000 年第 2 期。

[97] 张立军、刘春霞：《重庆市产业集群辨识及空间特征》，载《重庆师范大学学报（自然科学版）》2016 年第 3 期。

[98] 张莉萍：《中原城市群产业集聚与城市化的耦合效应研究》，载《现代城市研究》2015 年第 7 期。

[99] 赵云平：《内蒙古产业集群战略》，经济管理出版社 2010 年版。

[100] 赵增耀、陈斌：《城镇化与产业集群的耦合对技术创新效率的影响——基于江苏省的实证研究》，载《苏州大学学报（哲学社会科学版）》2017 年第 3 期。

[101] 曾鹏、张凡：《十大城市群"产业—人口—空间"耦合协调度的比较》，载《统计与决策》2017 年第 10 期。

[102] 周宏等：《现代汉语辞海》，光明日报出版社 2003 年版。

[103] 周一星：《中国都市区和都市连绵区研究》，引自《城市地理求索：周一星自选集》商务印书馆 2010 年版。

[104] 朱丽萌：《鄱阳湖生态经济区大南昌城市群与产业集群空间耦合构想》，载《江西财经大学学报》2010 年第 5 期。

[105] 周振、孔祥智：《中国"四化"协调发展格局及其影响因素研究—基于农业现代化视角》，载《中国软科学》2015 年第 10 期。

[106] 朱华晟：《集群系统：浙江服装产业的竞争优势之源》，载《浙江经济》2003 年第 4 期。

［107］朱楠、郭晗：《我国东部沿海地区经济增长质量的测度与评价研究》，载《西北大学学报（哲学社会科学版）》2014 年第 1 期。

［108］朱喜安、魏国栋：《熵值法中无量纲化方法优良标准的探讨》，载《统计与决策》2015 年第 2 期。

［109］左和平、杨建仁：《论产业集群绩效评价指标体系构建——以陶瓷产业集群为例》，载《江西财经大学学报》2010 年第 4 期。

［110］Gottmann Jean. Megalopolis, or the urbanization of the north eastern seaboard ［J］. *Economic Geography*, 1957 (3): 189 –200.

［111］Hall P, Pain K. *The Polycentric Metropolis: Learning from Megacity Regions in Europe* ［M］. London: Earthscan Ltd, 2006.

［112］McGee T G. The emergence of Desakota region in Asia: Expanding a hypothesis ［J］. *In: N Gin burg, B Koppel T G, McGee, The extended metropolis: Settlement transition in Asia. Honolulu: University of Hawaii Press*, 1991.

［113］Scott A J. *Global city-regions: trends, theory, policy* ［M］. Oxford: Oxford University Press, 2001.

后　　记

置身呼包鄂城市群，希冀能够有所贡献。有幸得到国家自然科学基金项目（批准号：71463042）支持，历时四年，终有所成。回首四年，心存感激。

在国家自然科学基金项目申请过程中，感谢学校科技处郇友等同志的支持和帮助，感谢课题组成员赵云平、齐义军、胡伟华、杨蕴丽、刘涛等的通力合作，感谢国家自然科学基金评审专家的意见和建议，感谢国家自然科学基金委辛勤工作的各位同志。

本书写作框架由付桂军确定。第1章由付桂军写作，第2章由付桂军、马跃等写作，第3章由付桂军、齐义军、吴金叶写作，第4章由付桂军、史越写作，第5章由付桂军、齐义军、吴金叶写作，第6章由齐义军、曹相东、巩蓉蓉写作，第7章由齐义军、吴金叶、巩蓉蓉写作，第8章由齐义军、余冰写作，第9章由付桂军、齐义军、巩蓉蓉写作。最后由付桂军进行了统稿。在此对吴金叶、曹相东、余冰、巩蓉蓉、史越、马跃参与本书写作表示感谢。

在本书写作过程中，经济管理学院研究生张凯、巩蓉蓉、史越、马跃、邬敏等做了大量的数据收集、整理工作，在此表示感谢。

本书的出版，得到了中国财经出版传媒集团副总经理吕萍女士的大力支持，在此表达由衷的谢意。感谢经济科学出版社宋涛等同志的辛勤工作，使本书能够早日出版。

本书在城市群与产业集群耦合发展、城市群"五化"协调发展和城市群经济高质量发展等方面进行了有益的探索，但难免存在许多不足、疏漏甚至错误之处，恳请同行专家批评指正。

付桂军

2018 年 12 月　于呼和浩特